U0927214

浙江省哲学社会科学重点研究基地（浙江省城市治理研究中心）重点课题“智慧城市建设3.0版及其商业模式创新研究”（14JDCS01Z）、杭州市科技计划软科学研究项目“城市化进程中杭州市‘城市病’应对策略研究”（20130834M27）资助

大城小镇：

城市化进程中城市病治理与小城镇发展

李明超 著

经济管理出版社
ECONOMY & MANAGEMENT PUBLISHING HOUSE

图书在版编目（CIP）数据

大城小镇：城市化进程中城市病治理与小城镇发展／李明超著．—北京：经济管理出版社，2017.11

ISBN 978-7-5096-5447-7

Ⅰ．①大…　Ⅱ．①李…　Ⅲ．①城市化—研究—中国　Ⅳ．①F299.21

中国版本图书馆 CIP 数据核字（2017）第 261112 号

组稿编辑：杨　雪
责任编辑：杨　雪
责任印制：黄章平
责任校对：董杉珊

出版发行：经济管理出版社
（北京市海淀区北蜂窝 8 号中雅大厦 A 座 11 层　100038）
网　　址：www. E-mp. com. cn
电　　话：（010）51915602
印　　刷：北京玺诚印务有限公司
经　　销：新华书店
开　　本：720mm×1000mm/16
印　　张：18.5
字　　数：274 千字
版　　次：2018 年 1 月第 1 版　　2018 年 1 月第 1 次印刷
书　　号：ISBN 978-7-5096-5447-7
定　　价：59.00 元

目　录

1 导 论

1.1 选题背景

城市化①是工业革命以来人类文明进步的重要成果，与工业化进程相辅相成，共同推动着经济社会发展。有关资料显示，1900 年世界上只有 13%的人口居住在城市，2007 年这一比例达到了 50%，2014 年达到 54%，预计到 2030 年将达到 60%，2050 年将超过 70%。从 1950 年到 2014 年，全球城市人口从 7.46 亿人增加至 39 亿人，1990 年全世界有 10 个人口上千万的超大城市，到 2014 年全球有 28 个这样的城市，一共居住着 4.5 亿人口，相当于世界城市人口的 12%。城市用只占地球面积不到 1%的土地容纳了世界 50%以上的人口，因此，城市化可谓是近代以来推动人类文明进步和经济社会发展的巨大引擎。

高速推进的城市化一方面给世界各国带来千载难逢的发展机遇，促进了经济繁荣和社会发展，另一方面也给城市自身可持续发展带来了诸多问题和挑战，引发了诸如城市人口膨胀、交通拥堵、环境污染、住房困难等一系列被称为“城市病”的社会问题，给人类正常的生产生活和生态空间造成了巨

① 城市化又称城镇化，目前国内学界存在两者混用的状况，官方文件多采用“城镇化”的说法，但也有部分文件采用“城市化”的说法，一些地方党委政府则坚持使用“城市化”，比如浙江省。虽然有学者认为两者之间存在差异，但笔者认为两者作为英文“urbanization”的中文翻译，在终极发展目标上并无差异，城镇化概念的提出体现了部分国内学者对西方城市化概念的误读，也体现了中国城市化进程特有的二元现象，即城、镇之间存在较大的差距。改革开放以来，大规模的乡改镇和乡镇合并浪潮，导致中国建制镇的实际设置标准和生产要素集中度降低，引发了学界关于集镇、建制镇城乡属性的争论。对于县城的城市属性一般没有争论，引起争议的根源主要在于建制镇的设置门槛和建设标准过低。为避免歧义和争议，本书主要采用比较常用的“城市化”一词。本书认为，从发展的态势来看，城镇化只是一种暂时性的现象和过渡性的提法，城市化才是代表城市发展大势所趋的最终目标。

大威胁。反映在卫生健康领域，最显著的特征是 20 世纪 70 年代以后，城市中慢性疾病、精神性疾病的患者人数显著增加，以各类癌症为代表的慢性非传染性疾病逐渐成为人类死亡的主要原因。从表面上看，慢性病往往是由个人生活方式和行为习惯所致，但从根源上看，则与传统城市化发展模式存在的种种弊端有很大关系，是城市化问题累积导致城市病蔓延恶化的结果。对此，联合国人居署 1996 年 6 月发布的《伊斯坦布尔宣言》中提出："我们的城市必须成为人类能够过上有尊严、健康、安全、幸福和充满希望的美满生活的地方。"根据联合国人居署发布的《2016 年世界城市状况报告》，目前排名前 600 位的主要城市中居住着 1/5 的世界人口，对全球 GDP 的贡献高达 60%，如不进行适当的规划和管理，发展迅速的城镇化会导致不平等、贫民窟和气候变化等社会问题的增长。联合国副秘书长、人居署执行主任克洛斯指出，自 1996 年联合国在伊斯坦布尔举行第二次人类住区会议以来，世界人口在过去 20 年间随着社会经济发展大规模向城镇迁移。在城市面貌发生巨变的同时，城镇化也带来了一系列挑战和机遇，人们迫切需要一个有凝聚力和切实可行的全新城市议程来有效规划未来可持续的发展。①

进入 21 世纪的第二个十年，20 世纪 80 年代曾在中国上演过的城市化发展模式和道路选择之争再次出现，其中有一种颇为流行的观点认为，改革开放近 40 年来，大量资源要素向东部特别是东部的大城市集聚，导致中国的资源要素空间集聚度太高。展望中国城市化发展进程，中国的大城市真的太大了吗？通过行政手段限制人口流动来人为控制大城市人口规模，依托大规模的小城镇建设让农民就地进城，就能解决当前城市化进程中出现的种种"城市病"吗？根据反映世界城市化进程的诺瑟姆 S 形曲线（见图 1），世界各国城市化一般都要经历三个阶段：第一阶段，人口城市化率在 30%以下，这是城市化水平较低、发展较缓慢的初级阶段；第二阶段，人口城市化率介于 30%和 70%之间，这是乡村人口大量向城市转移、城市化加速发展的阶段；第三阶段，人口城市化在 70%以上，这是城市人口比重增长又趋于缓慢甚至

---

① 财政部亚太中心．联合国发布《2016 年世界城市状况报告》[EB/OL]．[2017-09-28]http: iefi. mof. gov. cu/pdlb/dbjgzz/201605/t20160524-2002803. html.

接近停滞的高度城市化阶段。城市化是一个分阶段的动态发展过程，这已经被西方发达国家的城市化进程所充分证明，尽管国内有学者认为"城市化在达到30%后将进入高速增长时期"已经"不足为据"[①]。本书将城市化第二阶段即城市化加速期分为城市化前加速期（人口城市化率介于30%和50%的发展阶段）和城市化后加速期（人口城市化率介于50%和70%的发展阶段），认为城市化后加速期是城市病爆发和蔓延的阶段，各类城市问题叠加出现，会对城市化进程造成前所未有的压力和破坏，必须引起各方面广泛关注和高度重视，需要认真谋划应对策略并加以科学系统的治理。

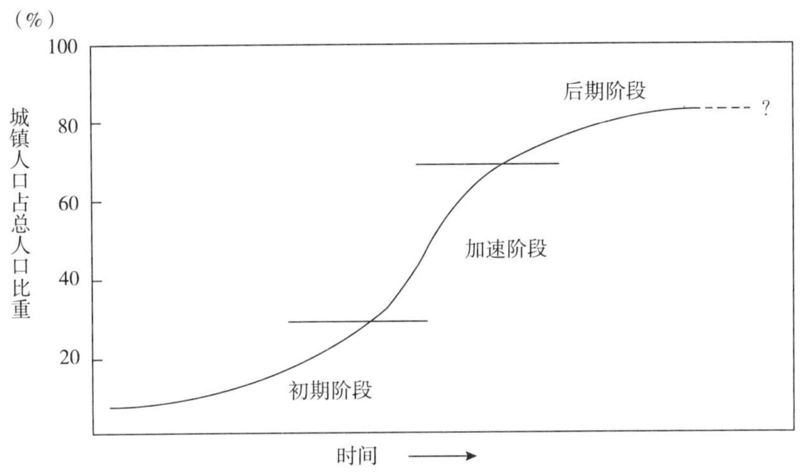

图 1-1 诺瑟姆 S 形曲线图

1.1.1 国际背景

西方发达国家早在19世纪工业化进程中就普遍迎来了城市化的洗礼，其在城市化进程中意识到了城市病的存在并率先开展研究。各国学者普遍将城市空间作为研究的出发点和落脚点，试图通过构建科学的城市空间规划方案来预防、缓解和治理城市病。以英国城市学家霍华德的《明日的田园城市》为开端，雅各布斯的《美国大城市的死与生》、柯布西耶的《明日的城市》、

① 张京祥．对中国城市化研究的再考察［J］．地理科学，1998（6）．

盖迪斯的《进化中的城市》、威廉的《小城市空间社会生活》、路易斯·沃思的《作为一种生活方式的城市性》、柯林的《拼贴城市》、盖尔的《人性化的城市》等一大批关于城市发展方向的经典论著相继问世，各种各样的城市病与人性化、自然化、和谐化导向的小城镇成为重点研究对象，规划建设田园城市逐步成为了诸多专家学者力主的舒缓城市问题、破解城市病的“药方”。城市病毕竟不是单纯的空间问题，它还与国家的经济社会结构具有千丝万缕的联系，破解城市病必须系统谋划、科学应对。虽然这些主张在空间层面率先实现“人与自然和谐”的思想并未成为引导城市发展的主流，世界各国的城市病问题依旧愈演愈烈，但后续的研究者围绕“城市精明增长”、“控制城市蔓延”、“紧凑型城市”等研究主题不断进行拓展和创新，成功推动了西方发达国家在大城市繁荣的同时兴起大批田园化特色小城镇。

回顾世界各国城市化历程，城市化演变与城乡二元经济结构演变、流动人口大规模迁徙具有密切的联系。第二次世界大战前所未有地冲击了世界秩序和国际版图，战争结束后，由西方国家主导的延续了上百年的殖民主义制度土崩瓦解，在亚洲、非洲、拉丁美洲陆续出现了众多新兴的发展中国家。这些国家在赢得民族解放斗争胜利之后所面临的首要任务就是发展经济，加快旨在摆脱落后的工业化进程，因此，发展中国家的经济增长与经济发展成为“二战”后经济学研究的重要课题。当时广为流行的经济增长理论认为，一些国家之所以比另一些国家生产水平更先进、生活水平更富裕、经济增长更快速，主要原因在于资本/劳动比率和储蓄率比较高，人口增长率比较低。传统的增长理论在单一资本主义经济框架内分析问题，强调资本/产出比率、储蓄率和收入分配份额的稳定状态。这些分析与发展中国家的现实存在一定的距离。美国经济学家阿瑟·刘易斯敏锐地捕捉到发展中国家技术和组织的二元性特征，开辟了二元经济发展分析方法，强调发展过程中储蓄率和投资率的增长趋势而不是稳定状态。刘易斯二元经济结构理论在现代发展经济学研究过程中开辟了一条新的路径，在经济学界引起了巨大的反响，并且吸引了许多学者对二元结构理论进行深入的研究。

二元经济结构模式以发展中国家经济结构的差异为基础，以劳动无限供给为前提，将剩余劳动力从传统部门向现代部门的转移与收入分配、资本积累和经济增长结合起来，分析了一个社会从传统农业经济向现代工业化经济转型的动力、过程与阶段。与以单一经济结构和生产要素的稀缺性为特征，以现有资源最优配置为研究中心的新古典主义经济学相比，二元经济结构发展的理论模型更贴近发展中国家的现实。当时流行的凯恩斯理论是以发达国家的失业和经济危机为研究对象的，将资本主义失业的原因归结为有效需求不足，主张通过刺激消费、刺激投资和对总需求进行管理来增加就业和消除危机。显然，凯恩斯理论也不能解释发展中国家经济发展所面临的问题。因此，二元经济结构理论的产生弥补了西方传统经济学的不足，成功创立了发展经济学这一新的学科领域。

1.1.2 国内背景

2011 年是对中国①城市化进程和流动人口管理都具有特殊意义的一年，当年全国城镇人口比重达到 51.27%，比上年上升了 1.32 个百分点，中国人口城市化率首次超过 50%，开始进入城市化后加速期；当年全国城市流动人口为 2.3 亿人。在 2012 年 3 月 5 日召开的人大十一届五次会议上，政府工作报告提出：2012 年中国全年的经济增长目标是 7.5%。2012 年实际经济增速 7.8%，近 8 年以来增速首次低于 8%，引发全球投资者对中国经济结构转型以及政策走向的广泛关注。多年来，“保 8”一直是中国宏观经济领域最重要的目标定位和发展指引，因为经济增长和就业稳定的正相关关系，结合国内外经济发展的历史经验，不少人认为当中国 GDP 增速低于 8%时将会出现大规模的失业，因此“保 8”被视为维持中国经济增长的一条红线。而现实是，中国虽然每年都制定 8%的增长目标，实际上都会“超额”完成，就连被认为最难“保 8”的 2009 年，在“四万亿计划”等一揽子计划的刺激下，GDP 也实现了 9.2%的高速增长。数据显示，从 2003 年至 2011 年，中国 GDP 实际增长了 1.5 倍，年均增速 10.7%（见图 1-2）。随着中国经济体量的增大（2012

① 为便于数据统计和统一研究对象，本书所指的“中国”一般指中国大陆，不包括中国台湾、中国香港、中国澳门。

年 GDP 已超过 50 万亿元），如今 GDP 每增长一个百分点的分量与过去相比已大不相同。中国经济体制改革和经济结构调整转型进入“深水区”后，改革发展的内涵和外延都出现了新变化。普遍的观点是，中国经济的高速增长时代已经结束，未来的经济增速将保持在 7%~8%的“中速增长区间”。“十二五”期间，中国不再提 GDP 增长“保 8”的目标，而是设定年均 GDP 增长 7%的新目标，就是出于经济中长期发展、开启战略性调整和加快转变发展方式的规划主线考虑。改革开放以来，中国经济在经历近 40 年的高速增长之后，需要由量的增长向质的发展转变。

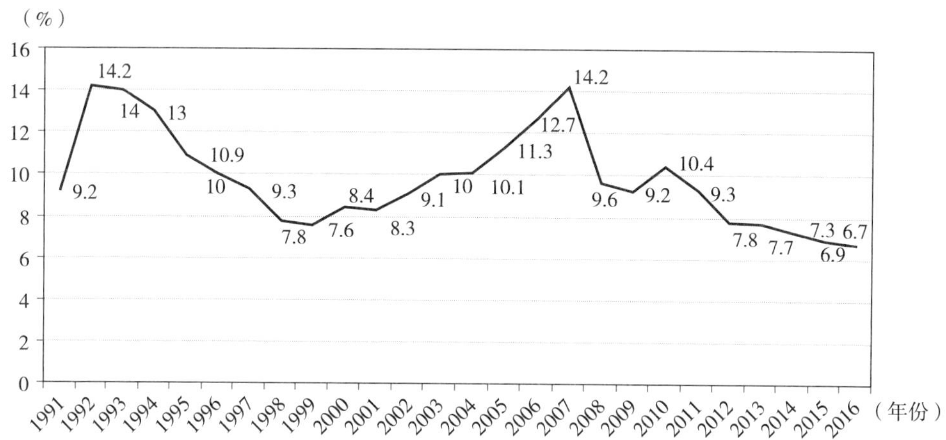

图 1-2　1991~2016 年中国 GDP 增速情况

中央对经济增长速度放缓的预期为国家经济结构转型升级提供了契机。在国家经济结构与国民待遇体系中，我们必须坚持统筹城乡区域发展，以工业化、城镇化带动农业现代化；在推动工业化和城镇化发展进程中，我们必须认真应对二元经济结构，更加重视农业现代化。必须坚持把解决好“三农”问题作为各项工作的重中之重，进一步加大强农惠农富农政策力度，巩固和发展农业农村好形势，积极构建以城乡统筹发展、城乡一体化发展为主要特色的新二元经济结构。

截至2016年末，中国总人口已达13.8271亿人，比上年末增加809万人，其中城镇常住人口79298万人，占总人口比重（常住人口城镇化率）为57.35%，比上年末提高1.25个百分点。户籍人口城镇化率为41.2%，比上年末提高1.3个百分点。全国人户分离的人口2.92亿人，其中流动人口2.45亿人。从经济发展态势来看，二元经济结构正处于调整优化的关键阶段，这一阶段蕴含着巨大的发展机遇：产业加快转型升级（2012~2016年中国三次产业增加值占国内生产总值比重如图1-3所示），城镇化加快推进，新兴市场加速扩容。同时，这也是一个传统的比较优势逐渐丧失的阶段，面临一系列严峻的挑战——如果迟迟没有找到赖以推动经济增长的新的比较优势产业，那么就潜藏着发展失速的极大可能，也就是所谓的落入“中等收入陷阱”。经济结构转型升级符合中国国家结构的现状，有助于中国在克服二元经济结构的基础上避免陷入“中等收入陷阱”，同时也是中国在经济全球化时代应对第一次世界性经济危机的现实需要。

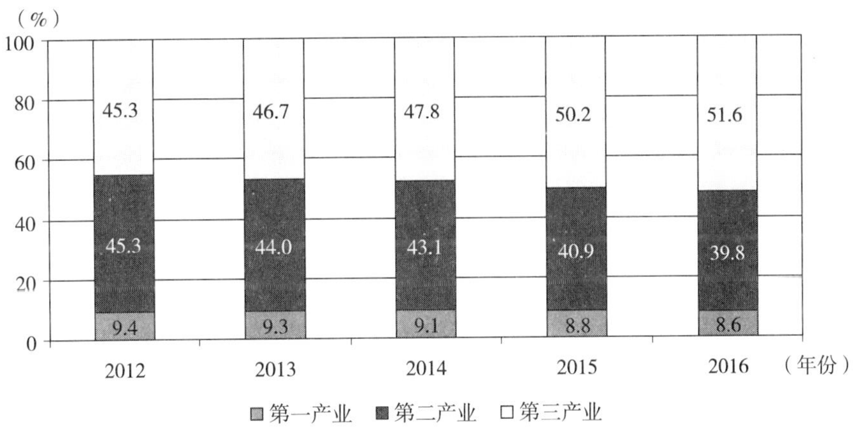

图1-3 2012~2016年中国三次产业增加值占国内生产总值比重

人口结构是制约经济增长的核心因素，伴随着国内“婴儿潮”一代进入中年，国内人口出生率已经开始回落，一些地区已经出现老龄化现象，甚至有学者提出中国已经面临经济增长的“刘易斯拐点”。人口增速的回落将带动

GDP 增速回落，这是经济发展的规律，正如经济发达国家在经历人口高增长伴随的经济高速增长之后，经济增速也呈现稳步回落的态势，这种回落并不是经济衰退的表现，而是经济规律的自然作用。因此从人口结构因素层面来讲，现有人口结构的变动趋势将有可能使得经济增速逐步放缓。回顾 2011 年以来各省市的 GDP 增速，一个最突出的特征是增速较高的地区主要集中在中西部，西部省份增速都在 12%以上，中部省份中增速最低的河南也达到了 11.7%。相比之下，东部沿海省份的增速普遍放缓。有专家指出，沿海某些地区增长放缓，固然受制于全球金融危机，外需下降，但新的增长点难觅，无力应对“刘易斯拐点”到来后，人口红利的衰减，以及从计划经济向市场经济转型所释放出的制度能量逐步减弱等新状况，也是不容回避的现实。某些地区已经出现了产业升级换代缓慢、消费社会迟迟未能建立、人均收入得不到提升而贫富差距不断拉大等较为明显的“中等收入陷阱”特征。中国经济社会的二元结构主要表现为城乡经济二元结构，这也是由中国经济社会结构的特殊性所决定的。所以，研究中国经济社会结构问题，从城乡关系角度切入更符合中国国情。

面对经济社会结构的新变化，中国城市发展已经进入了新的阶段。在中国城市化进程中，规模经济的实现越来越需要统一的大市场，要求经济学里最重要的三大要素——劳动力、土地、资本能够实现自由流动。然而，直到今天，中国这三大要素市场都存在严重的分割现象，以农民工为主体的城市流动人口虽然常住城市却无法全面享受当地的劳动和社会保障、子女入学等公共服务待遇。这样的制度安排事实上构成了劳动力跨地区流动的障碍，导致城乡和地区之间无法真正实现劳动力自由流动。① 中国城市化进程中所暴露出的问题特别是城市病愈演愈烈，根源在于城乡二元经济结构所引发的中小城市发展迟缓，尤其是联系广大乡村地区的小城镇功能严重弱化，导致大量流动人口向大城市过度集中。中华人民共和国成立半个多世纪以来，中国经济政策一直是向工业和城市倾斜。这种不平衡的发展模式，不仅没有最终促

---

① 陆铭．大国大城——当代中国的统一、发展与平衡［M］．上海：上海人民出版社，2016.

成二元经济结构的顺利转化，反而造成二元经济结构固化特征加强、转化进程迟滞。中国是一个后发展的世界大国，自身的国情以及经济发展所面临的外部环境条件，与先发展的发达国家截然不同，简单地套用以工业化和城市化为突出特征的主流发展模式，并不能从根本上解决中国经济发展中的诸多问题。通过回顾和反思，我们认识到城市化进程中的二元经济结构转化是一个涉及经济、社会发展各方面的复杂过程，需要综合考虑多种影响因素并系统谋划。

1.2 选题意义

从世界各国发展历程来看，城市病是进入城市化加速期后所出现的阶段性发展危机，是不可避免的客观现象。发达国家在人口自由流动的城市化进程中，区域差距一开始是显著扩大的，有一部分劳动者优先享受到发达地区集聚所带来的规模经济效应，率先富裕起来。同时，在欠发达地区还有大量过剩劳动力，即使一部分人口流出，欠发达地区的收入水平也不一定会提高。随着城市化水平的不断提升和经济发展质量进一步改善，由于人口流动所导致的区域间人均收入差距会趋向于收敛。当前中国正处于经济社会结构转型的重要历史时期，经济社会发展中所遇到的各种问题在很大程度上源于城市结构转型与经济结构转型、社会结构转型的不同步。认识城市多元待遇结构与二元经济结构、三元社会结构及其相关概念在经济社会发展中的地位和作用，不仅是中国城市理论研究的需要，更是中国城市现代化建设的需要。

（1）破解或治理城市病是中国顺应国际经济规律的必然要求。世界上有无一元经济？应对二元经济的方法是消除它吗？从目前来看，答案显然是否定的。国外二元经济结构经历了漫长的历史演变，很多国家在解决二元经济结构矛盾方面进行了积极的探索，积累了比较丰富的经验，有所谓的城乡统筹模式、新村运动模式、土地改革模式等。国外破解二元经济结构矛盾的改革目标不是彻底消除二元结构，而是尽量避免二元结构带来的弊病，使社会更和谐、人民更幸福。

（2）破解或治理城市病是中国经济模式可持续发展的必然要求。中国能实现长期、快速、持续发展，成为世界第二大经济体，绝不是一时、一地的偶发现象，或仅仅得益于若干权宜性举措，而是具有更深层次的原因。中国崛起、中国奇迹的背后是中国特色的国家结构，其中最为基础的是经济结构和社会结构。通过小城镇建设，就近城市化，将农村户籍人口转变为城市户籍人口，只是在表面上提高了城市化率，并没有从根本上解决问题。城市化是经济发展的结果，反映的是人口对高收入和高生活质量的追求，城市化对应的是人均 GDP 的不断提高。如果仅仅是户籍身份的转变，却没有对应市场对劳动力的需求和更有效率的 GDP 产出，或者只有城市面积的扩张，却没有足够的就业增长作为支撑，这种城镇化建设，不仅是没有经济意义的，更会劳民伤财。

（3）破解或治理城市病是应对当前经济社会主要矛盾的主要抓手。二元经济结构是当前中国主要矛盾的交汇处，也是未来经济社会发展的必解之题。从市场属性来看，资源要素总是自发地向高收益高回报的产业和区域配置，特别是在工业化、城市化、信息化、国际化快速推进时期，更容易从农业转向工业、从农村流入城市，存在着推动城乡差距扩大的内在动因。加强城乡统筹，目的是建立新型城乡关系、工农关系，实现城乡互动、优势互补、共兴共赢。形成城乡经济社会一体化发展新格局，绝不是城乡一样化、一律化。当务之急，我们要做的是着力改善二元经济结构，而不是消除二元经济结构。要深刻理解城市化、都市圈和大城市发展对于提高劳动生产率的积极作用，加快户籍制度改革，减少与户籍制度相关的社会保障体系分割和公共服务不均等，就能够促进劳动力流动，释放劳动生产率增长的潜力，改变当前城市化落后于工业化进程的局面。

（4）破解或治理城市病是推动工业化、信息化、城镇化三化同步以及实现城乡统筹发展的现实需要。要坚持工业化、城镇化和农业现代化“三化同步”的战略思路，以推进城镇化为龙头，以提升工业化为动力，以加快农业现代化为基础，加快社会主义新农村建设，建立健全以工促农、以城带乡的长效机制，不断缩小工农差距、城乡差距，推动形成城乡经济社会发展一体化新格局。从今天中国的经济发展水平和GDP结构来看，目前不到60%的人口城市化率与已经超过90%的工业和服务业在GDP中的占比并不匹配，根据有关发展规律，中国城市化水平大约滞后于经济发展水平10个百分点。由于受到流动人口进城务工难以享受属地化公共服务待遇的政策限制，中国的城市化进程远远落后于由资本积累推动的工业化进程，进而导致中国绝大多数的城市规模是低于其最优水平的。如果要提高劳动生产率，中国的绝大多数城市应该扩张其规模，而不是小型化。

（5）破解或治理城市病是避免陷入“中等收入陷阱”的现实需要。在经历过改革开放近40年的高速发展之后，中国经济中的二元结构依然存在，同时还面临诸多难题，收入分配差距加大，社会保障体系缺失，资源瓶颈约束凸显等，如何平稳跨过“中等收入陷阱”制约、避免陷入“拉美陷阱”是我们在经历了多年经济高速增长之后所急需解决的问题。从长期来看，中国想发挥大国的优势，就必须实现区域之间人均GDP的趋同，最优的路径就是国家内部的迁徙自由。这不只是公平与否的问题，而且是国家发展战略。劳动力自由流动，最终实现地区间的劳动生产率和收入均等，是大国发展唯一可行的战略选择。

（6）破解或治理城市病是巩固改革开放成果的必然要求。经过近40年的高速发展，我们依托于国内低价的劳动力建立了工业化体系，经济总量上升的速度领先于全球，但是我们也遗留下过分依赖出口、劳动力要素价格低廉、资源消耗过大等经济社会问题。当我们面对全球化之后的第一次全球经济危机之时，我们突然发现以往赖以发展的低劳动力、出口以及资源都成为制约中国经济发展的因素，危机的到来迫使我们必须思考如何实现经济增长由量向质的转变，由外延式增长向内生性增长转变。如果这些问题不能得到有效解决，经济增长的成果有可能付诸东流。

（7）文化传承是破解或治理城市病并推动城市特色化发展的重要契机。作为反映城市鲜明特色和独特个性以及提高城市辨识度的核心要素，文化传承是城市化进程中必须高度关注的重要方面。如何有效保护和传承各类文化资源，保持城市独特的结构特征和个性魅力，应对“千城一面”、城市衰落等城市病，一直是社会各界关注的焦点。文化规划与城市规划的文化转向相适应，从产业效应、空间效应两方面推动城市产业结构转型升级、创新发展，为文化创意产业发展和创意城市建设提供动力，有效应对了城市衰落带来的危机。西方国家文化规划发展模式在开展城市研究、推进城市更新、创新规划方法、整合发展要素、兼顾保护与开发等方面积累了丰富的经验，对中国城市转型升级具有启示和借鉴意义。

（8）重新评估小城镇在城市化进程中的作用是避免城市病蔓延的现实需要。实践证明，将加快推进小城镇建设作为解决城市化进程中城市病问题的关键，这条路并不可行。通过小城镇建设就近城市化，将农村户籍人口转变为城市户籍人口，只是在表面上提高了城市化率，并没有从根本上解决问题。上海交通大学特聘教授陆铭在《大国大城——当代中国的统一、发展与平衡》一书中提出了"大国大城"的发展模式，他认为大城市更大的人口密度，彰显了规模经济的优势，比如分享固定投入、更好的劳动力市场匹配、获取人力资本外部性等；基础设施的建设、互联互通水平的提高，经济和时间距离的缩小会导致生产要素向大城市的集中；而取消经济发展的区域分割，促进土地、劳动力、资本三大生产要素的自由流动，使其向经济效率更高的大城市转移，是提升整个国家经济发展水平的核心所在。根据《国家发展改革委关于加快美丽特色小（城）镇建设的指导意见》（发改规划〔2016〕2125号）文件，特色小（城）镇包括特色小镇、小城镇两种形态。特色小镇主要指聚焦特色产业和新兴产业，集聚发展要素，不同于行政建制镇和产业园区的创新创业平台。特色小城镇是指以传统行政区划为单元，特色产业鲜明、具有一定人口和经济规模的建制镇。特色小镇和小城镇相得益彰、互为支撑。发展美丽特色小（城）镇是推进供给侧结构性改革的重要平台，是深入推进新型城镇化的重要抓手，有利于推动经济转型升级和发展动能转换，有利于促进大中小城市和小城镇协调发展，有利于充分发挥城镇化对新农村建设的辐射带动作用。未来特色小（城）镇能否承担起缓解城市病的重任，进而构建一种新的发展模式，仍然有待于进一步观察。

1.3 研究现状

城市病源自英国工业革命时期，是城市化加速期的产物。早在19世纪，西方学者就开始关注各种城市问题，如恩格斯（1844，1845）在《英国工人阶级状况》中研究了英国城市住房紧张、环境污染、生活贫困、道德滑坡和建设失序等方面的问题，提出了城市生态和社会结构问题；阿德纳·韦伯（1899）在《19世纪城市的成长》中探讨了城市中贫穷与财富并存、阶层对抗严重、城市政府管理困难、人口流动过于频繁等问题。英国著名历史学家哈蒙德夫妇将英国工业化时期特别是19世纪爆发的城市病称之为“迈达斯之祸”。1938年，美国社会学家路易斯·沃思在《作为一种生活方式的城市性》中提出了“城市化会导致某些社会问题”的假设，认为随着城市规模、人口密度和社会异质性的增强，城市问题越来越多。简·雅各布斯（1961）在《美国大城市的死与生》中认为城市好比是社会发展的催化剂，并对城市历史文化保护和旧城更新等城市问题提出了建议。随着研究的深入，学者们在探索治理之策时提出了一些理想的城市发展模式，如埃比尼泽·霍华德的田园城市、沙里宁的城市有机疏散、赖特的广亩城市、柯布西耶的光明之城、芒福德的城乡协调发展等。20世纪初，英国学者帕特里克·盖迪斯在综合前人研究成果的基础上最先提出了“城市学”理念，主张用系统综合的方法研究治理城市病，此后城市学与城市病研究日益融合，20世纪60年代后经芒福德、矶村英一等发展完善，城市学逐渐成为一门从整体上应对和治理城市病的综合性学科。著名城市学家刘易斯·芒福德（1961）在《城市发展史——起源、演变和前景》中强调了城市的社会功能，认为城市是社会活动的剧场和人类文化的容器。矶村英一（1965）在《城市问题百科全书》中认为，城市问题具有复杂的成因，应从城市学的角度进行综合研究。布赖恩·贝利（1981）在《比较城市化》中认为，随着城市人口日益增长，城市学家认识到需要构建新的理论框架，以应对不同社会政治背景下的城市化研究，并围绕城市结构、功能、体系、系统等角度对城市规划与经济社会之间的关系进行了研究。

回顾国内关于城市病的研究历程，总体呈现起步较晚、发展较慢的特征。1986 年，吴复民在《瞭望周刊》发表了文章《医治城市病的关键何在》，这是中国学术界第一篇研究城市病的文章。通过中国知网对城市病研究成果进行题名检索发现，1986～2016 年共有 1019 篇关于城市病研究的论文，其中 2011～2016 年高达 807 篇。由于学科出发点不同，研究者对城市病概念的内涵和外延认识也存在差别。社会学、经济学和地理学等不同学科的相关研究者分别给出城市病的差别化概念。这些研究成果主要呈现出以下几个方面的特征：其一，学者们首先注意到了西方国家城市化进程中出现的城市病问题，如吴友仁（1979）指出，在资本主义城市化的过程中，大城市的人口增长速度远远超过中小城市，其结果是交通堵塞、公害严重、住房紧张、居住条件恶化以及一系列社会问题等。针对一些学者提出的城市化及城市病是资本主义特有产物的观点，杨张乔（1988）做了回应，认为中国的城市社会问题，在许多方面与世界城市化过程中出现的社会问题有相似之处，只是在与社会制度的联系上，表现出各自“质”的异性。其二，把中国城市化模式同城市病相联系，其中有关城市规模的争论最为激烈，一些学者认为城市病是由于城市过大而产生的，但也有学者对此提出质疑，如刘纯彬（1990）认为“人们看到了大城市病的严重，主张发展小城镇，而实际上小城镇的病要比大城市严重得多”。其三，认为城市化过程中人口过度集中于城市而导致了城市病，如黄荣清（1988）指出，城市人口增长过快导致劳动者的就业率停滞或下降等问题，进而出现了所谓的“过度城市化”。

1.3.1 关于城市病外在表现的研究述评

从研究者的不同视角出发，可将关于城市病外在表现和界定方法的研究成果大致划分为三类：

（1）基于主要病态特征对城市病进行界定。这一界定方法在中国的城市经济学教科书和研究论著中十分流行。张敦富（2005）认为，由于城市生活的复杂性，城市中不可避免地出现了许多社会问题，包括有关环境区位问题、资源分配问题、偏差行为问题、社会制度问题等。作为处于转型时期的发展中国家，中国还面临流动人口、拆迁问题和老龄化问题等。胡欣、江小群（2005）认为，城市病可以划分为二十四类：大拆大建、无序开发、住宅问题、烂尾楼、城中村、流动人口集聚与城市烂边、水危机、垃圾围城、环境污染、马路杀手、工程误区、绿化误区、空城现象、热岛效应、病态建筑、劳动力资源损伤、文化资源过度开发、公共卫生体系滞后、城市地质灾害、交通堵塞、基础设施布局不合理、城市管理不力、规划问题、安全问题。

（2）基于产生的内在原因对城市病进行界定。相对于第一种界定方法，这种定义方法试图把握城市病的本质，因而显得更为深刻。周加来（2004）认为，城市病是指在中国城市化尚未完全实现的阶段中，因社会经济的发展和城市化进程的加快，致使城市系统存在缺陷而影响城市系统整体性运动所导致的对社会经济的负面效应。张汉飞（2010）认为，城市病的本质就是城市资源环境的承载力和城市化发展规模的匹配度失衡。城市的资源环境是有一定承载能力的，随着城市的膨胀，城市的资源环境越来越不能适应城市的良好发展。另外，城市组织管理落后于城市化过程也被认为是造成城市病的重要原因。

（3）基于城市化的角度而进行的界定。与前两者主要侧重于将城市作为独立“个体”加以考察不同，这方面的观点认为城市病是因城市化而产生的。如曹钟雄、武良成（2010）把城市病定义为：是城市化进程中因城市的快速扩张，城市的环境、资源、基础设施等难以适应快速工业化和城市化发展，所表现出来的与城市发展不协调的失衡和无序现象。城市病是随着城市化速度的加快而产生的，是因为社会经济的发展和城市化进程加快，城市自身系统存在缺陷，从而影响城市系统整体性运动所导致的对社会经济的负面效应。王桂新（2010）指出，一般认为“大城市病”是在城市化发展到一定阶段，城市人口的过度集聚超过工业化和城市经济社会发展水平而造成的，所以有时也称“大城市病”为“过度城市化”。

综合各学科的研究成果，我们认为，城市病是指在城市化发展的某个阶段，因城市化进程的加快和经济、社会、生态发展不协调所导致的对城市整体发展和城市生活的负面效应。城市化是一种涉及经济、社会、生态环境等多方面的综合性现象，因此，城市病主要表现在三个方面：第一，城市的“经济病”。如城市化发展缺乏产业支撑，因此出现就业岗位不足而引发的失业、贫困以及城市经济不发达导致政府对城市基础设施投入不足等。第二，城市的“社会病”。面对大量人口的涌入，政府没有采取必要的宏观调控和有效的城市社会治理措施，因而出现了交通拥堵、环境恶化、人口大量失业、住房紧张以及由此导致的越轨和犯罪的出现，严重地影响城市的健康发展。第三，城市的“生态病”。当城市人口经济社会活动超过城市人口承载力的极限时，城市的公共绿地、水资源等各种能源紧缺，环境污染等生态病出现，将加剧城市病的蔓延，城市不再成为人类宜居的生活空间。

1.3.2 关于城市病基本成因的研究述评

对于城市病的起因，研究者从不同的角度提出了各自不同的看法。学者们普遍认为，城市病不是某一个国家所特有的，也不是某一种经济体制下所独有的，它是与城市化进程相伴而生的一种发展阶段性现象，具体地说，城市病的发生是快速城市化后城市规模过大的直接后果，即随着城市规模的不断扩大，城市人口总量快速增长，却无法提供满足居民需要的配套建设及管理服务，此时开始出现城市病。在有关城市病内涵和外延的基础上，学者们不断地尝试探讨城市病背后的原因，取得了较为丰富却又相对零散的成果。根据不同的研究角度，关于城市病成因的研究成果可归结为以下几类：

（1）城市病是市场机制自发作用的结果。徐传谌、秦海林（2007）认为，由于城市经济发展过程中所产生的公共服务并不具有明显的排他性与竞争性，或排他的成本过高，因此，由市场提供的供给量往往小于实际需求量。这其实是因为市场机制无法自觉将外部性问题内部化，因而导致城市的“公地悲剧”。王桂新（2010）同样指出，市场经济往往有使城市规模过大的倾向，这些市场的消极作用或市场的失败，可能造成或加剧“大城市病”。曹钟雄、武良成（2010）认为，隐藏在城市病表征下的内在决定性要素为城市资源环境承载力。城市资源环境承载力具有公共品属性，因而在市场经济中容易产生过度消费的问题，往往不足以支撑城市的发展，进而导致城市病的产生。但他们同时指出，尽管城市资源环境承载力是纯公共产品，但是公共治理和市场价值的分配可以影响其城市资源环境承载能力，因此，政府的公共政策、制度安排是否得当会对城市病产生重要影响。显而易见，一旦认同城市病是市场机制作用的自然结果，就等于是承认城市病是所有实行市场经济国家的普遍社会问题，是当今世界大多数国家城市化进程中共同面临的课题。

（2）城市病是由政府造成的。结合城市病发展的不同阶段，周加来（2004）对这一问题进行了较为系统的解析，他认为，在城市化起步阶段，由于城市化速度慢，经历的时间长，形成了政府对城市的僵化管理模式及城市规划的严重落后，为城市病埋下隐患。在城市化加速阶段，起步阶段的城市系统与功能已越来越不适应城市人口增加和城市规模扩张的需要，以城市建设系统滞后为病因，以交通拥挤、住房紧张、基础设施严重不足为病症的城市病首当其冲地显现出来。各城市管理者把精力和目标放在经济建设上，忽视了生态效益、环境污染等。在城市化的基本实现阶段，受传统思维惯性约束，管理者面对许多新问题束手无策，而被管理者则面对管理者的无能也无可奈何，由此双方往往发生冲突；全社会的目标都集中在经济效益上，生态效益和社会效益往往被忽视，甚至以牺牲生态效益和社会效益为代价来谋求经济效益。基于现阶段中国政府部门在经济发展中的作用，曾广宇、王胜泉（2005）指出，由于工业特别是其中的制造业在 GDP 中所占份额较大，政府要出政绩，就要在发展工业方面大干快上，进行多种形式的工业园区“圈地运动”。因此，“GDP 政府”容易忽视其他不大容易显示政绩的事情，直接造成了由政府负责协调推进的公务服务事业发展滞后。在中国工业化和城市化进程中，因政府职能缺位而导致城市病高发的情形愈发凸显。此外，有学者进一步指出，“GDP 政府”还容易使地方政府盲目扩张城市，导致城市规模超过最优状态，进而带来一系列的经济社会发展问题。

（3）城市病是由城乡二元结构所导致的。早在 20 世纪中期，经济学家托达罗就意识到很多发达国家面临广泛的城市失业和乡村向城市移民的持久性现象。然而，由于西方城市发展观一直占据主流地位，导致相关研究大都站在城市的角度研究城市病问题，而没有将城乡关系纳入分析框架之内。正如刘永亮、王孟欣（2010）所言："现有文献虽然研究角度不尽相同，研究结论也有所差异，但有一点基本相同，即往往单纯地从城市自身角度去思考和解决城市病。"事实上，城市和乡村作为整个国民经济系统的两个组成部分，必然相互影响、相互制约。因此，必须从城乡关系角度去研究城市病，寻找更为根本和深远意义上的解决之道。城市的快速发展和农村的发展迟滞是农村人口大量涌向城市的基本动因，而涌向城市的人口一旦超过城市现实承载力，就会引发一系列的城市病，因此城乡发展失衡是催生城市病的重要因素。

1.3.3 关于城市病防治及其危机管控的研究述评

对于如何预防和治理城市病并进行相应的危机管控，国内外研究者开展了部分研究工作，总结提出了一些应对之策。根据研究者的出发点和立足点不同，主要分为以下几类：

（1）有些学者立足于城市本身提出了相应的治理方法。主要包括以下几个方面：第一，意识到城市规划的重要性，认为加强城市规划是缓解城市病的利器之一，合理的城市规划可以使城市发展从无序走向有序。国外某些大城市，例如伦敦，在 20 世纪 40 年代后期就编制了"大伦敦规划"，而东京编制了"首都圈整备计划"，巴黎于 1961 年建立了专门机构——"地区规划整顿委员会"来加强城市规划，墨西哥城于 1987 年制定了其第一个"城市发展总体规划"。第二，控制人口数量进而控制城市规模，丁金宏（2011）提出大城市的"大"是其病态的根本原因，要缓解甚至消除大城市病，控制人口规模应为治本之策。郑亚平、聂锐（2010）指出，城市人口规模在 170 万～250 万时，对要素有较强的吸引力，投资回报率较高，社会福利较好，城市的集聚效应和扩散辐射能力比较明显，并且没有明显的"大城市综合征"，城市的综合效益比较好。第三，某些学者分别针对资源短缺、环境恶化、住房紧张、交通拥堵、就业困难、贫民窟等问题而提出的诸多对策也属于这一研究范畴。第四，以人为本的城市病治理理念以及如何增强公众参与度也逐步得到了学者们的关注。

（2）有些学者从城市与区域的关系方面提出治理方案。由于中国存在着明显的城乡二元经济结构，所以许多学者从城乡系统的角度提出了治理城市病的对策。盛广耀（2009）主张突破以往的就城市论城市、就农村论农村的片面做法，建立互补互促、协调统一的新型城乡关系，确立以城乡统筹发展为主的城市化战略。刘永亮、王孟欣（2010）认为，中国的发展小城镇战略也并未有效地缓解大城市的人口压力。历史和现实一再表明，仅仅依靠控制大城市规模和鼓励发展小城镇并不能有效地解决城市病，根治城市病必须要寻找新的出路，而逐步缩小城乡差距，消除城乡二元结构，实现城乡发展平衡，是解决城市病的根本之道。为了破解城乡二元结构，刘永亮、王孟欣（2010）建议将解决城乡教育失衡问题作为打破城乡二元结构的关键点，加强农村基础设施建设并设法保留农民工的"保命田"。朗朗、宁育育（2010）从中国现有的城市和农村的关系出发，综合分析了当前一些学者有关城市问题的观点，认为城市问题和农村问题是不可分离的，没有对农村问题的解决，城市问题也难寻答案，在中国，解决城市问题必须考虑农村问题，中外学者早有这种共识。除此之外，中国一些学者还主张通过发展城市群、卫星城等措施来有效缓解中心城市压力。

（3）一些学者从对城市化道路的选择上提出了自己的看法。在中国城市的发展史上，如何选择并确定城市化主体形态或发展模式一直是争论的焦点。王小鲁（2010）对中国的城市化路径与城市规模进行了经济学分析后指出，小城镇由于不具有规模经济，无力承担必要的基础设施建设和公共服务设施的投资与运营支出，导致垃圾成山，污水横流，生活环境严重不佳；而大城市在市场经济下合理发展有利于提高经济效益和资源合理利用，尤其是可以节约土地资源。这事实上是主张发展大城市的，但他同时也指出：超大城市由于不对称的收益与成本，可能产生大城市病，但是通过合理规划大城市和加强周边次级城市的有序发展，将有效地减轻大城市的膨胀压力。国家统计局城市司"城市化发展研究"课题组（2011）指出，发展中国家有过度大城市化的倾向，中国一些大城市的城市病正在集中爆发，为此中国需要通过发展中小城市来推进城市化道路。其实，由于城市化质量差，无论是大城市还是小城镇，都有可能患上城市病。万广华（2010）指出，虽然大城市化战略能够通过经济的集聚效应带来规模收益，但会加剧城市水电、住房、交通等基础设施建设的供需矛盾，并带来一系列环境问题；反过来说，发展小城镇的成本也不一定低，也会造成生态环境的恶化及土地资源的浪费，并且这个暂时的“缓冲带”和“蓄水池”还可能面临二次转移成本，从而带来人力和资金的浪费以及资源配置的低效甚至无效。鉴于此，介于两者之间的一种观点，即通过发展城市群以克服单一地强调小城镇化和大城市化的缺点的主张正在悄然流行起来。

（4）部分学者通过借鉴国际经验提出了新型城市发展模式以克服城市病。为应对传统城市发展模式所带来的城市病问题，西方发达国家已经谋划城市转型，即发展新型城市。近年来，中国学者将国外最新的城市发展理念介绍到国内。同时，随着城市病问题越来越严重，中国一些城市也正在致力于探索实践新型城市发展模式，并开展了诸如创建低碳城市、建设智慧城市等方面的研究和探索。

（5）危机管控成为应对城市病重要的管理方法和治理路径。城市危机管控以危机管理的理论研究为基础，也是危机管理研究领域的重要分支和组成部分。城市人口集中、生产集中、财富集中，各类灾害和突发事件也比较集中。特别是在城市化高速推进过程中，城市病等各种危机事件构成了城市社会矛盾和问题的必然表现。因此，危机管控已成为现代城市政府的一项重要职能，加强城市危机管控体制建设，提高城市政府应对危机的能力是当前各级城市政府面临的重大任务。中国的城市危机管理理论与实践都还不够成熟，探讨在城市化进程中的城市危机管控模式的创新具有巨大的理论意义与实践意义。随着中国城市化水平的提高，对城市危机管控的研究也提出了更高更新的要求，在城市化进程中基于城市病防治加强对城市危机管控的研究，可以帮助城市管理者树立和强化城市危机管理意识，进而有效地做到事前预防、事中治理以及危机管控。这些无疑可以为城市创造安全的生活环境、提高城市生活质量，以及塑造良好的城市形象服务奠定扎实的基础。

综合以上研究成果，我们认为，城市病是指在城市化加速期，因人口向城市过度集中导致城市结构、功能、模式失衡而引起的一系列社会问题，主要表现为城市人口膨胀、交通拥堵、环境恶化、公共危机等环环相扣的问题。由于城市化与工业化、信息化、农业现代化“四化”叠加，因此中国城市化进程和城市病问题远比西方国家复杂，城市化和城市现代化的压力更加显著。目前国内学术界对城市病的研究限于研究人员学科分割、力量分散，对城市生命体、综合体、有机体的综合研究有待于进一步深入，针对城市病的综合性分析研究远远滞后于城市化的发展需求。

1.4 思路架构

1.4.1 研究思路

国民经济是一个复杂的系统，其运行具有多层次的特点。二元经济结构、三元社会结构问题的产生，既有农业、农村方面的原因，也有城市本身的原因；既有生产力发展的原因，也有生产关系、上层建筑方面的原因；既有产业发展的原因，也有制度建设的原因。纵观其他国家或地区解决二元经济结构和三元社会结构问题的历程，不管是美国、欧盟国家、日本这样的发达国家，还是印度、中国台湾等发展中国家或地区，它们的一个共同经验就是通过实行适度向农村、农民倾斜的制度安排，如对农业和农村进行资金投入和税收扶持、建立完善城乡统一的社会保障体系、深化农村土地改革等，使处于弱势地位的农村、农民在经济发展上得到支持、在交换中得到保护、在再分配中得到照顾；使移民与其他社会群体一样，享受到合法、平等的政治、经济、社会利益。

在解决三元社会结构问题上，国外更多地将政策焦点集中于第三元社会群体——移民，既认识到农民、市民、移民三大群体待遇的一体化和平等化是一种必然趋势，也认识到不同阶段、不同群体享受差别待遇的客观性和三元社会结构长期存在的必然性；而不是一味地追求移民与市民的同等待遇，将移民归化为市民，将“公民身份”或“市民身份”的取得与否定位为获得权利的最高阶段，才能获得完全的保障。国外在解决移民待遇上，按照权利与义务对等的原则，甚至是基于消费者或纳税人的角色，赋予移民一些实质性的社会权利、经济权利乃至政治权利。

发展经济学认为，二元经济结构是发展中国家在实现工业化过程中的必然现象，二元性是其最本质的发展特征，二元经济结构的转化也就成为其经济发展的必然过程。随着经济的不断发展，工业化和城市化深入推进，二元经济结构之间的差距将出现先上升后下降的变动趋势，二元结构也逐渐向一体化的结构转变。但一体化的社会并不是一元结构的社会，农村和城市、涉农产业和非涉农产业的差别不会因二元经济结构矛盾的解决而消失，工人与农民在职业或社会劳动分工方面的区别也不会因此而消失。美国著名的城市学家刘易斯·芒福德明确指出："城与乡，不能截然分开；城与乡，同等重要；城与乡，应当有机结合在一起。"从马克思主义的"消灭城乡对立"、"城乡融合"、"城市和乡村有同等的生活条件"，到现代城市学家关于"城乡有机结合"等理论观点，都清楚地说明了解决二元经济结构矛盾与问题的最终目标、最高境界是缩小城乡差距，实现以城带乡、以乡补城、互为资源、互补融合、互相服务，实现城乡协调发展、共同繁荣；而不是要消灭农村和农民，也不是要把农村变成城镇，把农民变为职工，实现所谓的一元结构社会。

在中国经济维持了30多年高速增长之后，按照劳动年龄人口占总人口的比重来衡量，人口红利基本上已经消失。当前中国居民储蓄率已经很高，未来存在储蓄率下降的苗头。在劳动力和资本都增长乏力的背景下，如果找不到刺激经济增长的替代动力，中国经济进入增速下滑期将不可避免，能否跨越"中等收入陷阱"都尚未可知。[①] 本书认为，中国作为转型与发展中的大国，在应对和治理城市病过程中有望找到新的经济增长点，即寓城市发展于城市病治理之中。以中国城市化进程为背景，借鉴其他国家二元经济结构转化、城市病治理的实践经验和教训，结合中国经济发展新阶段的特点和所

① 陆铭．大国大城——当代中国的统一、发展与平衡［M］．上海：上海人民出版社，2016：20.

面临的问题，着力分析二元经济的相互影响以及对经济增长的实质作用，最终在二元经济平衡发展的模式下，提出中国城市经济社会可持续发展的总体战略。

对于中国这样幅员辽阔的大国经济实体，不同地区、不同城市具有不同的区位条件、自然资源和人力资本，如果生产要素能够充分自由地跨地区再配置，那么不同城市将能够有效地形成差异化的分工体系，进一步提高地区间生产要素的配置效率。更为重要的是，在资源跨地区再配置过程中，一些大城市及其周边地区将形成经济集聚的趋势，并能够进一步发挥规模经济效应和提高劳动生产率。[①] 在发展中国家发展初期，许多发展中国家政府都把追求经济增长作为最重要的目标，同时把小农经济看作是落后的、非理性的、不对经济刺激做出反应的经济部门。为此，政府采取了以牺牲农业为代价的工业化战略以及一系列的城市偏向政策。而实行这种政策的结果就是城乡长期发展不平衡，差距不断扩大，二元结构的态势进一步得到强化。中国的发展历程也没有摆脱这一命运，虽然获得了30多年的高速增长，但是二元经济结构的固化特征却不断增强，逐渐显现出对经济发展的阻碍作用，积极促进二元经济的结构转化成为急需解决的问题。因此，本书从纵向和横向两个层面，对中国二元经济结构的演化进程和发展现状进行了全面的剖析，从中总结出中国二元经济结构刚性的主要原因。

二元经济结构的转化不仅体现在国民经济内部不同经济门类差距的缩小，即改善城市工业经济和乡村农业经济之间的对立关系，促进城乡两大市场的良性循环和互动发展上，而且体现在国民经济整体发展水平的提高上，即从空间上改善城与镇之间、城与乡之间差距过大、发展失衡的问题。本书以历史社会学为视角回顾城市化的发展进程，以工业经济与农业经济之间的相互联系和依存关系作为切入点，通过研究二元经济结构对中国经济增长的动态影响，再分析二元经济结构本身作为内在后发优势的积极作用，及由二元经济反差拉大所带来的消极影响的基础上，认识到维持国民经济部门之间比例

---

① 陆铭．大国大城——当代中国的统一、发展与平衡［M］．上海：上海人民出版社，2016：20.

平衡的重要性。一个国家由传统农业文明向现代工业文明转变的过程，既是世界各国城市化客观规律的体现，也是任何一个国家现代化历史进程的必经阶段。但这一必经阶段因不同国家所选择的转变模式和途径不同，直接影响着其工业化、城市化、现代化进程。回顾城市化进程中城市病蔓延的历程，二元经济结构和三元社会结构的长期存在是其中不可忽视的因素，但现实生活中我们往往会忽视这些结构性因素，治理城市病依然停留在“头痛医头、脚痛医脚”的碎片化阶段，治理城市病必须尽快进入综合诊治与系统治理的新阶段。

二元经济的平衡发展，实质上就是工业和农业实现优势互补、相互促进的过程。然而，从中国目前的情形来看，经济结构中还存在很多突出的问题：一方面，比重不断缩小的农业没有现代化支撑，农业生产率提高困难；另一方面，城市化和服务业发展落后，难以完全吸纳农业过剩劳动力。因此，本书基于城市学即城市系统科学的理念，重新审视城市化进程中的小城镇发展战略，在总结各国二元经济结构转化模式的一般规律的基础上，结合中国转型期的制度特征，分析小城镇特色化发展对于新型城市化的支撑作用，提出以系统治理城市病为前提和目标的大城小镇发展模式。在当前中国三元社会结构明显和多元待遇结构未明的情况下，要完成二元经济结构的根本转变，关键是在城市化进程中解决农民市民化的成本支付和待遇均衡问题，使农业、农民、农村在城市化进程中获得应有的待遇，找到促进二元经济平衡发展的可行对策。

1.4.2 研究架构

在理论分析部分，本书以历史社会学为视角重点回顾二元经济理论的发展演变历程。自刘易斯正式提出二元经济结构理论之后，费景汉和拉尼斯对这一理论进行了系统的阐述并进一步模型化，被称为“刘易斯—费景汉—拉尼斯模型”，成为古典经济学框架下分析二元经济问题的经典模型。出于对刘易斯—费景汉—拉尼斯模型的反思，乔根森力图在一个新古典主义的框架内探讨工业部门和农业部门的发展问题，哈里斯和托达罗则拓展了发展中国家城乡之间的劳动力流动理论。卡尔多继承了凯恩斯传统，分析了农业剩余对二元经济发展的重要意义，提出了现代工业部门的扩张同时受到供给不足和有效需求不足的约束。

探索供给和需求双重导向的二元经济转型路径。拉克西特运用凯恩斯理论研究欠发达国家的有效需求不足问题，探索需求拉动二元经济转型的路径。到了20世纪90年代以后，随着新兴古典经济理论、新贸易理论等经济学新分支的不断涌现和迅猛发展，二元经济结构模式进入了多元化、跨领域的复合型发展新阶段。

在回顾分析部分，本书主要在总结城市化进程中经济社会结构演变的基础上探索国内外破解二元经济结构的经验。国外学者对城市与乡村关系的研究是比较早的，早在14世纪就有学者开始关注城乡关系，这样的研究一直延续至今。研究内容涉及城乡空间格局演变、城乡社会关系变迁、城乡文化形态传承等方面，对于城乡发展速度不同、乡村越来越贫穷、城市越来越富裕的情况，不同时期的学者提出了不同的解决方案。与其他国家一样，中国也面临着从城乡分离、城乡对立逐步走向城乡融合、城乡一体的发展过程。中华人民共和国成立后逐渐形成了以户籍制度为主要载体的城乡二元体制，在客观上加剧了城乡分离、城乡对立。改革开放近40年来，特别是随着20世纪80年代中期城市经济体制改革的实施，乡镇企业异军突起，许多地方试图探索缩小城乡差距、解决城乡矛盾日益突出问题的新路子。1984年上海率先开始探索城乡一体化道路，提出“城乡通开、城乡一体”的发展理念；1986年北京市提出郊区城乡一体化的发展思路，并专门开展城乡一体化的理论研究。20世纪90年代在对外出口型经济推动下，中国城市化进程突飞猛进，经济社会结构发生了明显的变化。党中央根据21世纪中国经济社会发展的时代特征和主要矛盾，致力于突破城乡二元结构，破解“三农”难题，全面建设小康社会，做出了一系列改善城乡关系的重大战略决策。2002年党的十六大报告提出，“统筹城乡经济社会发展，建设现代农业，发展农村经济，增加农民收入，是全面建设小康社会的重大任务”。2007年党的十七大报告提出，要“建立以工促农、以城带乡长效机制，形成城乡经济社会发展一体化新格局”。

2012 年党的十八大报告提出，要“形成以工促农、以城带乡、工农互惠、城乡一体的新型工农、城乡关系”。可以说改革开放近 40 年来，中国各地对于城乡关系的研究和实践从未停止过。

在实证分析部分，本书对城市化进程中城市病蔓延与治理进行了实证研究，探讨了小城镇特色化发展对于破解城市病的重要意义。系统性地治理城市病和彻底解决二元经济结构是一项长期的系统工程。各地在实践过程中，围绕城乡一体化的各种争论从来没有停止过，主要体现在各界对城乡一体化的内涵外延、目标定位、实现路径还存在不同的理解。要形成新型工农、城乡关系，必须加快完善城乡发展一体化体制机制，着力在城乡规划、基础设施、公共服务等方面推进一体化，促进城乡要素平等交换和公共资源均衡配置。我们要立足当前，面向未来，逐步把二元经济结构优化的措施落到实处，实现宏观经济稳定和快速增长、城乡经济协调发展、二元经济结构的不断优化直至最终实现二元经济一体化发展，形成新二元经济结构。

1.5 方法创新

1.5.1 学科创新

如果我们把城市研究的学科化过程大致做一个分析，可以分为三个阶段：第一阶段是分门别类的研究时期，这一时期的城市研究是零散的，分布在各个独立的学科内，横断、交叉、综合的特点还不具备充分显示出来的条件。第二阶段是联合研究时期，这一时期的最大特点是各个学科内部的城市研究已经不满足于自己狭小的天地，要求联合力量，集中到“城市”这个总课题下进行研究。这是一种已有明确的统一目标，但还没有形成统一的理论基础和研究方法的“科学群”研究，我们把这种“科学群”称为“城市科学”。第三阶段是一体化研究时期，这一时期的城市研究开始建立自己独特的理论体系和方法体系，形成了一门专门研究城市的学科——城市学。从广义上来看，城市学是一个学科体系，包括城市学的一般理论部分和应用城市学研究的各个分支学科；从狭义上来看，城市学是从研究城市的各个分支学科中抽象出来的一个理论体系，构成了各个分支学科的理论基础。城市学应该是由城市科学脱胎而来，是城市科学在城市研究学科化过程中走向一体化的标志。

在《韦氏大词典》中，“城市学”（urbanology）被解释为研究城市问题的一门学科。有人认为，城市学是研究城市大系统的，还有人认为城市学是以整个城市为研究对象、自然科学和社会科学相结合的一门新科学。也有人认为城市研究是跨学科的综合研究，而不是一门独立的科学，或者认为在当前情况下，把许多研究城市的专门学科和领域简单地捏合到一起而作为一门独立学科，似乎理论基础还不充分，城市学作为独立学科显得还不成熟。

一般认为，中国城市学理论是人民科学家钱学森院士宏大科学体系的重要组成部分。1979 年 1 月，《哲学研究》发表了钱学森《科学学、科学技术体系学、马克思主义哲学》这一专门论述科学学的文章。[①] 钱学森从科学学的角度，提出建立军事科学、地理科学等大科学部门，提出建立园林学、城市学等理论设想。城市作为一个开放、复杂、动态的巨系统，是依托自然系统建立起来的包含政治、经济、社会、文化等复杂活动和强大功能的有机体、生命体。人类对于城市的关注和研究由来已久，特别是在进入工业化进程和城市化时期之后。自工业革命以来，快速的工业化推动了城市化进程，城市化使城市的结构和功能发生了巨大的变化：城市人口急剧增加，城市规模不断扩大，城市功能日趋复杂多元，城市不再是简单的房屋建设和建筑物集聚的问题了。第二次世界大战之后，城市又面临着旧城改造和新城建设的问题，城市研究也不再是简单的针对城市建筑的研究或者是城市建设的形式艺术问题。城市规划师、社会学家、经济学家等都意识到立足新的城市空间体系和经济社会结构，面对复杂而紧迫的城市问题即城市病，面向未来的发展愿景，仅仅从单一学科的角度无法全方位剖析城市问题的症结所在，更不能从根本

① 钱学森．科学学、科学技术体系学、马克思主义哲学［J］．哲学研究，1979（1）．

上提出解决城市问题的一揽子方案。因此，在城市化进程中，亟须多学科参与建立一门综合性的学科来承担这样的任务，把城市作为一个整体来审视和研究，系统地、综合地进行分析，发现城市发展的科学规律，进而找到真正能解决这些城市问题的方法。城市学与其他学科之间的关系见图 1-4。

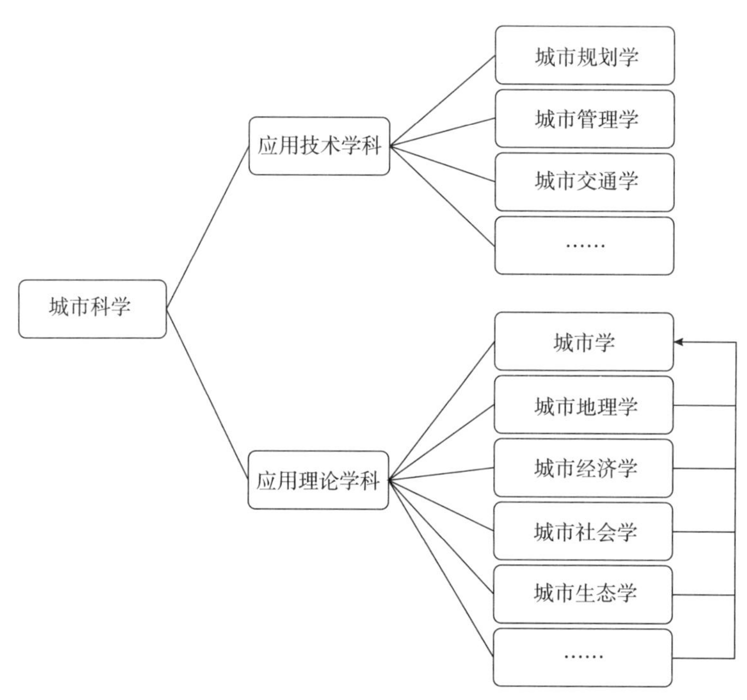

图 1-4　城市学与其他学科之间的关系

当今世界正在步入城市世界，城市社会日益成为主流社会形态。世界总体城市化率已超过 50%，诸多发达国家的城市化率超过 80%。2011 年中国城市化率首次超过 50%。与城市化水平的不断提升相伴随，城市的政治、经济、社会、文化、生态等综合作用与影响也在不断提升。诺克思在《城市化》中说："到 2030 年，超过 60%的世界人口将居住在城市中。"可以预计，未来数十年，包括中国在内的世界城市化率将不断提高，城市的辩证作用、综合影响将继续扩大。如果城市、城市社会、城市世界果真是我们现有的主体能力所能建构的，现有的认识能力所能看到的阶段性或终极性的人类生存、生活与社会化的形式，那么，一个根本性的问题是：我们应该如何全面地把握城市、城市社会、城市世界的深层本质，用何种理论与态度合理、智慧地面对、应对城市化进程及后果的复杂性、辩证性。从城市哲学与城市批评史的高度，厘清、树立全面、辩证的城市观与城市发展观、城市态度与城市视阈、城市价值观与城市研究方法，是应对城市问题挑战、迎接城市社会来临的一个重要前提。建构城市学学科并加以研究利用，是迎接城市社会来临、推进哲学社会科学基础创新的一个重要知识选择。

对于城市学的不同看法表明，城市学还处于发展的新兴阶段，许多方面还显得比较薄弱。但是，以城市学命名的研究机构的出现、有关城市学的研究成果的扩散以及一些被称为城市学者的研究者为城市学的创立和发展所作出的贡献又表明，城市学正在开辟自己的学术领地，把更多的城市问题研究者吸引到自己的学科范围内。

1.5.2 研究方法

（1）系统分析与因素分析相结合。二元结构的产生和发展是当前社会经济发展中的一种重要现象，具有综合性、复杂性和动态性的特点，涉及的领域众多。因此，本书在对二元结构进行系统分析，界定二元结构的概念和本质特征的基础上，着重从经济视角分析二元结构的经济增长效应和二元结构转化的影响因素。

（2）规范分析与实证分析相结合。规范分析方法是对经济事物进行价值判断的分析方法，在理论经济学中运用较多；实证分析着重于现实中各类经济现象之间的联系，主要用来说明“是什么”的问题，并寻找事物发展规律和发展趋势，着重于事物发展的结果，探究其产生的原因。因此，本书不仅从理论层面上探讨二元经济结构的相关经济论点，而且从实证角度对一些观点进行了检验。

（3）定量分析与定性分析相结合。任何研究都首先建立在定性分析的基础上，定量分析可以使定性分析更具有说服力。因此，本书结合二元经济结构的经典理论演变，从二元经济的本质特征出发，一方面对中国二元经济结构的形成进行定性分析，另一方面通过常用指标对中国二元经济结构的程度进行度量，进而对二元经济结构的刚性原因进行深入探讨。

（4）动态分析与静态分析相结合。动态分析方法基于时间因素，从回顾历史和展望未来的角度研究经济运行以及从旧的均衡状态到新的均衡状态所需要的条件。二元经济结构是一个不断发展变化的过程，不仅需要研究其静态的现状水平，而且需要研究其在一定时间内所发生的动态变化趋势和阶段性特征。因此，本书借鉴历史社会学的研究视角，回顾城市化进程，通过动态分析反映二元经济结构的变化轨迹及特征，进而从未来发展角度看待中国二元经济结构的现状态势和转化问题。

（5）比较分析的方法，主要包括横向比较和纵向比较。横向比较是指不同的经济区域之间的比较，纵向比较是指对同一经济区域的历史比较。本书在对中国二元经济结构的演化进程和发展现状的剖析过程中，从动态演变和区域差异两个层面进行分析。

城市病治理涉及城市化主体形态和发展道路的争论，优先发展大城市或优先发展小城镇的主张都过于偏颇。健康可持续的城市化发展应以城市群为主体形态，通过构建特色小镇进一步加强大城市与中小城市之间的空间网络联系，增强城市体系的结构化自组织能力和区域竞争力。特色小镇理应成为大城市的功能拓展区和重要组成部分，是依托于城市而兴起的生产、生活、生态功能融合区。本书基于城市学、历史社会学、城市规划、公共管理等学科理论方法，结合国家经济社会结构演变历程和中外城市规划、建设、管理、保护、经营等领域的发展经验，重点从系统、空间、结构、功能等多维度分析城市化进程中期城市病治理与小城镇特色化发展之间的关系，在产城融合、职住平衡、多规合一等理念指导下创造性地提出大城小镇的组团式、网络化、智能型发展模式，希望对中国城市病治理与小城镇特色化发展有所借鉴。

2 基于历史社会学的城市化进程述论

历史社会学是历史学和社会学交叉所产生的一门学科。历史社会学作为一门运用社会学的理论、视角和方法来研究历史行为、历史事件、历史结构、历史制度或体系的学科，立足现实、研究过去是其主要的学术思路，解释过去、了解现在是其基本的学术目标。在它的兴起过程中，历史学的社会科学化和社会学的历史反思是它兴起的纵向基础和产生的母体学科，社会史的繁荣是它兴起的横向基础和推动其发展的重要动力①。

城市历史社会学是历史社会学一门重要的分支学科，它的研究对象是历史时期的城市社会，即研究历史时期城市的社会结构、社会组织和社会发展模式。城市历史社会学以制度变迁为视角，把城市的发展纳入历史社会学和城市社会学的双重视野进行考察，在理论方法上综合使用定性分析和定量分析的手段，注重宏观和微观、历史和社会、时间和空间的结合。城市历史社会学的研究内容应该包括城市在历史时期中发展变迁的社会过程、区域的空间和社会结构特征、社会内外部资源的整合与发展、城市化和城市现代化的规律、人文社会环境与自然生态环境的关系等②。

2.1 历史社会学的理论与方法

历史社会学作为历史学和社会学的交叉学科，在西方有着比较长久的学

---

① 李明超．历史社会学兴起的学科基础探析［J］．学术探索，2008（4）：92-96.

② 李明超，周娜．浅析城市历史社会学的理论基础［J］．湖南文理学院学报（社会科学版），2007，32（6）：63-65.

术渊源，按照丹尼斯·史密斯的说法，历史社会学最早产生于19世纪的欧洲，出现了“以孟德斯鸠、休谟、托克维尔、马克思、涂尔干和韦伯等为代表的著名历史社会学家”①；历史社会学在国内还是一个方兴未艾的领域，近年来陆续有学者涉足并发表了一些研究成果②。作为一门交叉学科，历史社会学的兴起既有社会变化的现实需要，也有学科发展的理论基础。

2.1.1 历史学的社会科学化

历史学和社会学同为社会科学，但在相当长的一段时间内却“互不相关”。随着各种综合性研究的推广，历史学和社会学出现了跨学科研究的转向，历史社会学由此而生。20世纪70年代以来，作为一门新兴学科或研究方法的历史社会学在西方兴起。社会学在不断成熟的过程中，面对自身的诸多理论和方法论难题，开始向历史学寻求解决的智慧和灵感。与此同时，历史研究也开始发生了社会学的转向，采用了社会学的概念、思考方式，不断地进行历史学的社会科学化。

当代历史学的界限已经变得越来越模糊了，主要表现为历史学和社会科学各学科之间的联系越来越密切，在历史研究中广泛地采用其他学科的理论和方法，以至于有些人觉得历史学越来越不像历史学了。其实从学理上来讲，历史学本来就有两种不同的研究思路和趋向——社会科学化和人文学科化：前者诉诸群体性和社会性的分析，后者诉诸个体性和思想性的考虑；前者注重对历史的解释，而后者却注重对历史的解读，历史社会学关于历史的理论主要来源于社会科学化的历史学。我们不妨把历史学定义为对人类社会进行的研究，侧重于社会内部群体与个体之间的差别和各种社会基于时间的变化，主要是认识社会现象发展中的个性及其作用；历史学家所关注的是对某些特

---

① [英]丹尼斯·史密斯．历史社会学的兴起［M］．上海：上海人民出版社，2000.

② 国内学界已有的成果主要有：吴忠民．历史原脉与现实走向——历史社会学研究［M］．郑州：河南大学出版社，1992；王小章．社会状态的社会学和历史进程的社会学［J］．浙江社会科学，2000（4）；卢晖临．叙述的复兴——历史社会学及其发展［M］//社会理论论丛（第一辑）．南京：南京大学出版社，2001；夏学花，薛雅丽．历史社会学和社会历史学的比较研究［J］．中州学刊，2002（2）；王军．雷蒙·阿隆的历史社会学方法析论［J］．世界经济与政治，2007（1）．

定事件或过程的比较分析，目的是重现或重构过去的场景，研究得出这些现象内在的规律性，可以说历史现象的可靠性、具体性和准确性是历史学进行研究的必备前提。①

20 世纪 20 年代年鉴学派开始兴起，主张以问题导向的、分析解释的历史取代事件叙述的历史，呼吁更新史学研究的视角、理论和方法并扩大史学研究的视野和领域，广泛地吸收其他学科的经验。布罗代尔认为："历史学家期望而且已经成为经济学家、社会学家、人类学家、人口学家、心理学家和语言学家。"② 对于兰克学派把还原过去作为史学终极目的的主张，年鉴学派表示了明确的反对。在传统意义上，历史学是对过去进行研究，目的在于探寻过去的社会是如何运作和变迁的。在史学认识论方面，新史学强调的是现实与过去的关系，作为主体的研究者和作为客体的研究对象之间的关系，这与实证史学的模式有很大的差异。费弗尔在其生命的最后十年一再重申一个观点："历史学是关于过去的科学，也是关于现在的科学。"③ 布罗代尔认为："在某种意义上，历史学甚至可以被看作是一种关于现在的研究。"④史学的作用是对人类历史进行系统的认识，这种认识的需要和动机是现实所给予的，而人们的认识方式和角度则是对这种现实的反映，因此历史与现实的关系是史学认识论应加以重视的。马克·布洛赫曾经这样提出史学认识论的一个基本信条："通过过去来理解现在，通过现在来理解过去。"⑤前半句是史学的社会功能，后半句构成了当代法国史学认识的一个主要原则。这种对史学研究时限的重新定位为史学的社会科学化奠定了基础，也为历史社会学的兴起提供了历史学方面的理论依据。

在史学研究的内容方面，年鉴学派和其后的学者提出了具体的变革要求。布罗代尔把历史研究分为了著名的长时段、中时段和短时段三个层次，在他看来，虽然历史学家在本能上偏向短时段，但是"历史学的本质要求它给予

① ［英］彼得·伯克．历史学与社会理论［M］．上海：上海人民出版社，2001.

②④ 布罗代尔．历史学和社会学［M］//苏国勋，刘小枫．社会理论的知识学建构．上海：上海三联书店，2005.

③⑤ 姚蒙．法国当代史学主流的内涵与变迁［M］//雅克·勒高夫，皮埃尔·诺拉．史学研究的新问题新方法新对象：法国新史学发展趋势．北京：社会科学文献出版社，1988.

时限及其赖以分解的各项运动特殊的关注；在我们看来，长时段是社会科学在整个时间长河中共同从事观察和思考的最有用的河道”①，同时他还认为，“肯定应该有分别对应于这三个层次的历史社会学和历史知识社会学，而且在长时段的历史领域里，历史学和社会学……简直是亲密无间，融为一体”②。布罗代尔对长时段极为推崇，认为“马克思的天才，马克思的影响经久不衰的秘密，正是他首先从历史长时段出发，制造了真正的社会模式”③。历史学的社会科学化不仅在史学界掀起了波澜，而且引起了其他学科学者的关注，著名经济史学家熊彼特对于年鉴学派的工作表示了肯定：“历史研究工作有了一个良好的开端，提出了一些解释和批判这些资料的新方法，以前人们把注意力几乎都集中在政治史和军事史上，现在开始注意经济史和文化史。”社会学家、政治学家和某些杰出记者在研究现代史方面，往往比一些专业史学家更有成果。美国左翼社会学家 C. W. 米尔斯认为，“作为一门学科，历史学确实要求发掘细节，但它也鼓励人们开拓眼光，把握社会结构发展中时代的关键事件”。④

布罗代尔认为，“历史学是时段的辩证法，通过时段历史学才能研究社会，研究社会整体，从而研究过去，也研究现在，因为过去和现在是密不可分的”。⑤史学的社会科学化和对现实的关注，在某种程度上推动了历史社会学的发展，而历史社会学的兴起无疑也搭起了历史学和社会学之间沟通的桥梁。一些历史学家和社会学家正致力于历史社会学的发展，探寻过去与现在、事件与运行、行动与结构的相互渗透交融，他们力图把澄清概念、比较归纳及探索经验紧密地结合起来，认为研究过程定型化是提高历史认识水平和历史学在整个人文社会学科中地位的重要途径。菲雷认为，“历史学家不仅需要

---

①③　布罗代尔．历史和社会科学：长时段［M］//蔡少卿．再现过去：社会史的理论视野．杭州：浙江人民出版社，1988.

②　布罗代尔．历史学和社会学［M］//苏国勋，刘小枫．社会理论的知识学建构．上海：上海三联书店，2005.

④　熊彼特．经济分析史（第一卷）［M］．北京：商务印书馆，1991.

⑤　C. 赖特·米尔斯．社会学的想象力［M］．北京：生活·读书·新知三联书店，2001.

放弃史学的主要形式即叙事，而且需要放弃史学中占主导地位的素材——政治”。[①] 早在 1976 年，英国历史学家 G. 琼斯便在《从历史社会学到理论历史学》中指出，“理论性是社会科学的基本特征，假如历史学家要使他的著作有理论深度，就必须采取非历史学的方法和原则[②]，重视和借鉴传统史学以外的其他学科的理论和方法。可以说，没有一定的社会学理论基础，不掌握社会学的一些研究方法，历史学不可能由一门关于历史事件的编年史学科完全转变为关于社会经济进程及其相互关系的科学。

2.1.2 社会学的历史反思

社会学可以定义为对单数的人类社会进行的研究，侧重于对其结构和发展的归纳，主要认识现象发展中的共性及其作用。社会学自 19 世纪作为一门学科正式出现以来，西方的社会学大师如孔德、斯宾塞、韦伯、马克思、托克维尔、腾尼斯、齐美尔等多是从历史的视角来关注人类社会的变迁，在分析产业革命以来西方社会的发展时非常重视对历史因素的研究，而且社会学本身就是社会转型的产物。

德国的社会学一直比较注重历史的方法，所以并没有明显的历史社会学分支，历史社会学比较突出的转向是伴随着“二战”后英美社会学的发展而出现的。到了 20 世纪，随着社会学的学术中心从西欧转移到美国，关注社会历史进程的动态分析逐渐被关注现代社会的静态分析所取代，主流的社会学家开始注重对当前社会的系统分析。在此后的几十年里，历史视角和叙述手法被长期忽视，从涂尔干开始萌芽的功能主义和实验调查方法经过马林诺夫斯基的发扬成为了社会学发展的主流思潮。社会学家虽然是在许多描述性的特殊范畴基础上探寻社会发展的规律，但有时为了场景的共性而不惜牺牲具体的细节，为了逻辑的确切性和明晰性而不惜牺牲历史的准确性，偏重于揭

① F. 菲雷．社会科学方法与“全面的历史”［M］//蔡少卿．再现过去：社会史的理论视野．杭州：浙江人民出版社，1988.

② ［英］G. S. 琼斯．从历史社会学到理论历史学［M］//蔡少卿．再现过去：社会史的理论视野．杭州：浙江人民出版社，1988.

示现象的逻辑演变与普遍规律，而忽视通过全部具体表现去查明现象的历史演变与所有特性。① 塔尔科特·帕森斯是这种转变的主要推动者，他是社会学的集大成者，把整个社会作为一个大系统，将社会的各个部分进行分类，构成社会的功能模块，探讨作为系统的社会与各功能模块之间的关系以及模块之间的关系。劳伦斯·斯通认为，"社会学也已掉入一个全然静态的社会观中，部分是由于它过度热衷于社会调查技术，部分则是因为它全然采用功能主义理论"②，由于功能主义过分强调社会的一致性和协调性，强调社会的部分有助于整体的整合，使得其解释能力受到了严重束缚。英克尔斯在回答"何为社会学"的问题时认为，"历史学者经常以细节的明确、具体为荣，此即历史学的特征。社会学者却经常从具体的事实中抽象、分类、推论，他们所关心的不仅是对某一特定民族的历史为真，而且是对许多不同民族的历史亦皆为真的原理原则"③。

纵观西方社会学的发展脉络，一直存在着三种理论倾向，即实证主义、人文主义和马克思主义。实证主义社会学家以社会整体为主要研究对象，主要代表是孔德、斯宾塞、涂尔干等，主张采用自然科学的方法解释客观的"社会事实"，用精确的定量分析来发现社会现象之间的因果规律，具有明显的绝对主义倾向；人文主义社会学家主要有韦伯、齐美尔等，以个体及其社会行为为主要研究对象，主张用阐释和理解等方法来说明具体的社会历史事件，突出社会成员的主体性、意识性和创造性，具有明显的相对主义倾向。这两种观点在西方社会学界影响深远。马克思主义社会学家大多以社会和个体的统一为指导，认为个人是社会的存在物，应当避免把社会抽象成和个体对立的概念，社会是个体之间相互作用的产物，是个人借以生产的社会关系的总和。人文主义的社会学是历史社会学在社会学领域的思想基础，侧重于对社会群体、社会发展进行历史的比较研究，反对实证主义的标准化、操作

① ［英］彼得·伯克．历史学与社会理论［M］．上海：上海人民出版社，2001.

② S. 肯德里克，P. 斯特劳，D. 麦克龙．导论：社会学与历史学，过去与现在［M］//S. 肯德里克，P. 斯特劳，D. 麦克龙．解释过去，了解现在——历史社会学．上海：上海人民出版社，1999.

③ 查尔斯·蒂利．未来的历史学［M］//S. 肯德里克，P. 斯特劳，D. 麦克龙．解释过去，了解现在——历史社会学．上海：上海人民出版社，1999.

化和形式化的方法，认为社会现象具有历史性和独特性，因此社会学的任务是在历史脉络中运用类型构造法和比较法来探讨历史因果关系。正如韦伯所指出的，不能在社会历史领域中寻找普遍规律，因为历史事件的因果关系只是阶段性、局部性和频率性的，他主张以阐释和理解的方法来发现影响社会历史发展的原因。米尔斯认为，“如果不运用历史，不具备心理事件的历史感，社会科学家就不可能对现在应成为研究定位点的那些问题进行完整的表述”，任何社会学研究都是历史研究，并且都无法与价值倾向和意识形态相分离，“每一门考虑周全的社会科学，都需要具备观念的历史视野以及充分利用历史资料……所有名副其实的社会学都应该是‘历史社会学’”，所谓客观的实证研究实质上是为了维护现有社会秩序。米尔斯对社会学家缺乏历史眼光提出了善意的批评和建议，“非历史研究通常易成为对有限环境的静态或短期性的研究……要想理解小环境大结构之间如何相互作用，理解在这些有限环境中起重要影响的大事，我们就得处理历史资料……这就要求我们把社会科学看作是一门历史学科，并付诸实践”。①社会学所信赖的定量方法在社会研究中的局限性日益暴露：“首先，由于是对大量样本的少数特征作精确的计量，因而定量方法很难获得深入、广泛的信息，容易忽略深层的动机和具体的社会过程；其次，由于社会现象错综复杂，影响因素众多且难以控制，因此要确立两个变量之间的因果关系并非易事。可以说，研究的现象越复杂，统计分析或相关分析也就越不可靠。此外，由于许多社会现象都是独特的，无法得出普遍的经验概括，因而也无法依赖数量分析。”② 因此，米尔斯的学说综合了冲突理论和批判理论，在方法论上则继承了历史社会学的定性分析传统。

历史社会学作为社会学分支在美国最早出现于20世纪60年代，“是现代化理论的产物，以分析现代性的产生和转变为主要任务”③。在20世纪70年代，随着帕森斯的影响下降和现代化理论的繁荣，由摩尔、安德森、沃勒斯

① C. 赖特·米尔斯．社会学的想象力［M］．北京：生活·读书·新知三联书店，2001.

② 袁方．社会学研究方法教程［M］．北京：北京大学出版社，1997.

③ Gerard Delanty and Engin F. Isin. Handbook of Historical Sociology［M］. London：SAGE，2003.

坦等社会学家发起的历史反思浪潮开始对社会群体、社会发展进行历史的比较研究，反对实证主义的标准化、操作化和形式化的方法，认为社会现象具有历史性和独特性，因此社会学的任务是在历史脉络中运用类型构造法和比较法来探讨社会发展的因果关系。美国社会学家英克尔斯指出了社会学发展的三条路径——历史的路径、经验的路径和分析的路径，只有将这些根本的路径联系起来，才能是深刻的。[①] 布尔迪厄认为，“社会学研究现实社会问题是不能脱离历史的，应当在历史过程中把握现实社会问题的根源和实质”[②]，因为现实是历史的继续，历史则是现实的过去，不仅历史作为过去展现了今天的现实发生过程，而且现实作为既存也展现了过去的历史；经济行为的含义具有历史意义，经济行为是一种历史与社会的建构，其含义必须经过实践的检验才能最终得以验证。他所倡导的社会学实际是一种新型的社会学，即历史社会学——注重对大结构和长时段变化的性质和影响进行研究，实际上成了一个多学科交叉融合的知识元；与现代社会学相对应，历史社会学在时间序列上完善了社会学的学科结构，成为了社会学向后看的基点和向前看的基础。

2.1.3 历史社会学的兴起和社会史

历史学的社会科学化和社会学的历史反思推动了历史社会学的诞生，综合这两门学科基础我们可以发现：历史社会学是一门以历史经验和历史教训等历史知识为基础、面向当代社会服务的学科，既是社会学向过去渗透的结果，也是历史学向现实社会拓展而产生的一门新学科，“它一方面利用历史材料力求得出一般性的结论，另一方面又力图解释个别历史状态和过程”[③]。至于具体定义，国外有学者认为历史社会学是运用社会学的观点和方法分析历史资料，用以说明人类社会、社会群体的变迁规律，并预测社会发展趋势的

---

① ［美］英克尔斯．社会学是什么［M］．北京：中国社会科学出版社，1981.

② S. 肯德里克，P. 斯特劳，D. 麦克龙．导论：社会学与历史学，过去与现在［M］//S. 肯德里克，P. 斯特劳，D. 麦克龙．解释过去，了解现在——历史社会学．上海：上海人民出版社，1999.

③ 熊彼特．经济分析史（第一卷）［M］．北京：商务印书馆，1991.

学科，“历史社会学的产生和发展受到了历史学和社会学的交叉影响”①。

历史社会学是运用社会学的理论、视角和方法来研究历史行为、历史事件、历史制度、历史结构乃至历史体系的一门学科；它立足于人类文明的历史积累，主张用历史的眼光观察社会，关注现代社会的历史来源和历史变迁，是由历史学对现实社会的关注而形成的一门应用性学科。② 用社会学方法充实历史学和用历史学方法充实社会学是其基本的学术发展路径，由此便出现了历史社会学的两种研究趋向：一方面，注重运用社会学的理论方法对历史现象进行深度发掘，研究分散的历史行为、历史个体如何形成历史制度、历史群体，这种变化的过程对现代社会产生了哪些影响；另一方面，研究历史背景下的社会学因素和现实背景下的社会学变量之间的关系。具体而言，历史社会学的研究对象包括：第一，宏观社会学视角下的历史变迁，很多历史社会学家坚持这样的观点，注重对历史的长时段分析和全景式研究，譬如沃勒斯坦的《现代世界体系》、埃利亚斯的《文明的进程》。第二，关于历史行为和历史制度的社会学分析，包括历史上的个体行为、家庭制度、社会体制和国家模式等，如布罗代尔的《十五至十八世纪物质文明、经济和资本主义》、蒂利的《旺代》。第三，历史社会学视野中的经济发展、政治变革和文化演进，重视历史因素与现实社会的关系，着重研究历史与经济系统、社会系统和政治系统的关系，其主题包括历史与文化、历史与教育、历史与性别、历史与种族、历史与阶级、历史与国家、历史与政治体制、历史与民族性格等，如艾森斯塔特的《帝国的政治体系》、摩尔的《民主与专制的社会起源》。就历史社会学在西方的发展过程而言，大致可以分为三个时期：第一，19 世纪 40 年代至 20 世纪 20 年代，这是历史社会学的形成时期，马克思、托克维尔、涂尔干和韦伯等社会学大师第一次提出了有关历史社会学的主要议题，并进行了富有成效的研究。第二，20 世纪 20 年代到 60 年代，社会学的中心从欧

---

① 布罗代尔．历史学和社会学［M］//苏国勋，刘小枫．社会理论的知识学建构．上海：上海三联书店，2005.

② 李明超，周娜．浅析城市历史社会学的理论基础［J］．湖南文理学院学报（社会科学版），2007（6）．

洲转到了美国，以实证主义为核心的结构功能主义开始盛行，历史和比较社会学逐渐成为了社会学内部的边缘领域，进入了发展的消沉时期。第三，20世纪60年代至今，这是历史社会学的复兴时期，历史社会学作为社会学的分支学科逐渐立足于美国的学术界，1983年，美国社会学学会成立了历史和比较社会学分会，如今在美国社会学学会内部，历史和比较社会学分会依然占有一席之地。

与现代社会学相对应，历史社会学在时间序列上完善了社会学的学科结构，成为了社会学向后看的基点和向前看的基础。历史社会学的出现是历史学和社会学这两门学科在面临各自“学科困境”并试图解决时，尝试跨越彼此之间学科鸿沟的结果。历史社会学在经验层面和观念层面上强化了社会学的“历史意识”和历史学的“社会意识”。历史社会学运用历史资料研究过去的社会状况，这一点与历史学中的社会史研究有些接近。吴忠民教授认为：“运用社会学方法分析过去的社会现象有两种途径，第一种是运用社会学的概念和范畴，重新理解用传统历史学方法收集和撰写的史料，在这里社会学是作为实用的历史分支学科出现的，这大致相当于我们的社会史学。”① 其实历史社会学家中有一派就是从历史学家转过来的，譬如安德森，他研究的历史主要是社会史，后来被认为是杰出的历史社会学家。乔治·迪比认为：“社会史必须以分析具体结构为基础，诸如群体组织，家族和邻里组织、社团组织、商社组织、宗派组织以及联结这些组织的网络的性质和力量、个人在这些关系网和复杂阶层中的地位、这些个人之间的权力的分配。”② 所以说，社会史与历史社会学在研究对象方面存在许多重合之处。社会史作为历史学的分支，关注的重点是“在一定的时间和空间内所发生的具体事件，也就是具有特定的时间、地点，发生在特定的社会之中的事件”③，它的研究借助于以社会学为主的其他学科的视角、理论和方法，进而扩大、丰富和深化了对历史整体

---

① 熊彼特．经济分析史（第一卷）［M］．北京：商务印书馆，1991.

② 乔治·迪比．社会史与意识形态［M］//雅克·勒高夫，皮埃尔·诺拉．史学研究的新问题新方法新对象：法国新史学发展趋势．北京：社会科学文献出版社，1988.

③ 哈罗德·珀金．社会史［M］//蔡少卿．再现过去：社会史的理论视野．杭州：浙江人民出版社，1988.

的认识；历史社会学是社会学的分支，其出发点和归结点都是当下的社会，通过对历史的研究以便更好地理解当前的社会结构和社会生活。由于历史学自身的学科限制，社会史研究大多不能直接为当代社会服务；历史社会学家则利用历史学家的研究成果为其做宏观的社会学研究服务，因此社会史的繁荣在某种程度上能够刺激历史社会学的发展，从而成为了历史社会学兴起的横向基础。

综上所述，历史社会学无论是历史学向社会学渗透还是社会学向历史学渗透所产生的跨学科研究方法，它所代表的都是一种寻根的趋向，是一个学科在发展过程中遇到困难之后的自然回顾。历史社会学的研究不管是全面的、总体的概括，还是局部的、个体的分析，都是服务于其“立足当前、再现过去”的学术思路和“解释过去、理解现在”的学术目标的。正如爱德华·卡尔所言，“只有借助于现在，我们才能理解过去，也只有借助于过去，我们才能充分理解现在”①，依托历史学和社会学来沟通过去和现在既是历史社会学兴起的理论基础，也是历史社会学研究所追求的实践价值。

人们有时很难区分历史社会学的研究内容到底是属于历史学领域还是社会学领域。从某种意义上说，历史社会学具有历史学与社会学这两门学科的双重属性。有学者认为，尚没有一个一致公认的“历史社会学”领域，只是在历史学与社会学之间存在着一些“交叉”。在社会学中，历史社会学至少具有三种含义：作为方法论、作为研究领域相对确定的子学科和作为以历史为导向的开放的社会学议题。当人们在历史学领域和社会学领域越发感到历史社会学的强烈意识的时候，对于其本质和内涵的争议也由此而产生：它是由其研究方法还是研究对象而界定？它最终可以取得一致性而真正独立起来吗？对这些问题的认识和回答决定了人们对于历史社会学前景如何看待。恰恰是因为历史社会学的跨学科特点，使得其发展拥有着极大的潜力和余地。历史社会学在快速发展的中国大有可为。对快速变化的社会来说，对现实问题的研究更需要历史关怀，其研究更需要置于历史的宏大视野和现实社会快速发

① E. H. 卡尔. 历史是什么［M］. 北京：商务印书馆，1981.

展的维度中，如此才能用历史的眼光观察社会，关注现代社会的历史来源和历史变迁。

2.1.4 综合性分析视角受青睐

历史社会学学者的研究多为宏观性内容。即使是对一些相对微观的选题，历史社会学也将之做了宏观研究的处理，将之放到广阔的历史背景中，充分考虑各种社会因素对它的制约与影响，从而对这些微观性的选题进行宏观的研究，使之宏观化。

历史社会学研究基本上有两种方式：一种是着重于为什么，将当下一些重大事情回溯到历史的因果关系中去解释；另一种是侧重于怎么样，即研究历史上的重大事件怎么起源、怎么消失。因而形成了历史社会学内部的两个不同派别。当前历史社会学发展出现了一些新态势：一是在更大的区域、文化层面进行跨越国家、民族的比较研究。例如，查尔斯·蒂利就主张将历史社会学的研究视野从国家之间扩展到其他的宏观的历史研究，采用区域、市场、生产方式、多种资本主义间的关联，以及其他大型结构，作为其研究单位。二是扩展到世界体系的研究，如在欧洲资本主义主导之下世界经济体的历史实况。

多位学者表示，拓展跨学科理论方法的综合研究是必然趋势。吴忠民认为，历史社会学还可从思想史、考古学、经济史等与之有关的学科中汲取资源。有学者预言，未来的历史社会学还将会有更大范围的理论综合。郭台辉表示，在涉及自然灾害、生态危机研究时，将问题置于历史的长波段中去进行比较研究，则需要多学科专家学者的深度合作。

2.2 城市化的演变与和谐发展

建设和谐社会是一项规模宏大、涉及广泛的系统工程，主要包括面向国内的和谐社会建设和面向全球的和谐世界建设，其中前者主要包括和谐城市与和谐农村建设。在城乡各自发展的基础上贯彻工业反哺农业和城市支持农村的方针，统筹城乡发展，加快建立新型的城乡结构，共同构建社会主义和谐社会。可见，在构建社会主义和谐社会的过程中，城市起着至关重要的作用，城市的和谐发展需要城市化，农村的和谐发展更需要城市化；城市化是建设和谐社会的重要动力，和谐发展的理念理应在城市化的过程中得到体现。为此，本书在学界已有研究成果的基础上，从内涵和外延两方面重新审视城市化，以期加深对城市化和谐发展的理解与认识。

2.2.1 城市化的含义

关于城市化的研究具有明显的跨学科特征，经济学、社会学、地理学和历史学等学科都将城市化纳入了本学科的研究视野，提出了各具特色的定义。① 目前学界对于城市化的含义无统一的界定，单纯从词义上来讲，与工业化、现代化、全球化和一体化等同时具备过程和性质双重含义的词语相比，城市化的词义相对来说比较清晰，城市化作为一个动态的历史过程已经得到学界的公认，不过在某些场合，城市化也带有描述社会发展水平的含义。

城市化是一个时间和空间维度相统一的概念，从历史进程来看，城市化首先是一个遵循时间次序、逐步推进的社会变迁过程，时间是划分城市化发展阶段和发展类型的重要标志；从空间上来看，城市化是一个在一定区域内生产力的集中、优化和扩散的过程，空间是分析城市化发展阶段和组成要素的重要概念。美国学者弗里德曼（J. Friedman）认为，城市化过程应该分为城市化Ⅰ和城市化Ⅱ两个阶段，前者包括人口和非农业活动在规模不同的城市环境中的地域集中过程、非城市型景观转化为城市型景观的地域推进过程；后者包括城市文化、城市生活方式和价值观在农村的地域扩散过程。②这主要反映的是城市化在横向上和空间上的变化，其中城市化Ⅰ是可见的、物化了的或实体性的城市化过程，具体表现在：第一，人口的集中，主要包括城市人口数量的增多、城市非农人口比例的提高、城市人口密度的增大。第二，空间形态的变化，主要包括城市建设用地的增加、建设用地功能的多样化、城

①② 欧名豪等．城市化内涵探讨［J］．南京农业大学学报，2002（4）．

市建成区面积的扩大、城市景观多元化等。第三，经济结构的变化，新兴的第二、第三产业成为城市发展的动力产业和支柱产业，城市成为资本、人才、物资最密集的区域。第四，社会结构的变化，由分散的农村聚落和家族模式转变为城市街道和核心家庭模式，由个体的、自为型组织形态转化为群体的、社会的、具有广泛联系的组织形态。城市化Ⅱ是抽象的、意识或精神上的城市化，如果说前一阶段主要是物质层次上的城市化，那么这一阶段则主要是文化层次上的城市化，具体表现在：一是思想观念的变化，传统的乡土观念、地缘情怀和小农意识逐渐淡化，现代的竞争观念、业缘关系和市民意识成为了主流的思想观念；二是生产方式的变化，原本自给自足、自由安排的生产模式在竞争社会中逐渐落伍，注重经济效益、科学管理和组织规模的现代模式大行其道；三是生活方式的变化，原本自然恬静、节奏舒缓的田园牧歌被人工化、快节奏、高效率的都市喧嚣所取代。

从纵向发展的视角来看，城市化是城市现代化的前提和基础，是一个由发展到聚集、由聚集到优化、由优化到扩散、由扩散到发展的闭合过程，大致应该包括三个前后相继、关系紧密的发展阶段。首先，城市化是一个城市要素向城市区域集中的内化过程，农村中具有城市特质的城镇增多，农村人口向城市转移，导致城市数量增加和城市规模扩大，这是城市化发展的初级阶段，也是城市化进一步深化和推进的基础。其次，城市化是一个城市区域内部各要素优化配置的过程，城市的内化带来的城市要素亟须消化，如大量人口的涌入给城市带来了发展所必备的人力资源，同时也对基础设施、管理体制、经济容量和公共保障等提出了挑战，这就需要城市进行自身的建设、改革和优化。纵观城市的发展历程，城市的优化具有承上启下的作用，关系到城市要素能否顺利向农村地区转移，从而直接影响城市与农村之间的关系。最后，城市化是一个城市要素由城市向农村扩展的外化过程，随着城市内化和优化过程的不断推进，城市要素在现有的城市空间内逐渐膨胀，随着城市规模的扩大和运行成本的升高，会出现城市要素的溢出现象，即我们通常所谓的“城市郊区化”；这是城市化发展模式的高级层次，也是城市化的关键环节，关系到城市化的最终效果。综观上述城市化的三个层次，内化、优化和外化构成了一个完整循环的城市发展过程，城市要素的输入、消化和输出三个环节缺一不可。

诚然，上述关于城市化内涵的分析都是针对城市化的单个过程，如果再进行分类，那么从空间类型上来讲，城市化可以分为工业型的城市化、商业型的城市化和矿业型的城市化等；从时间序列上来讲，城市化可以分为初级城市化、中级城市化和高级城市化等。另外，这种阶段的划分主要是出于理论分析方便的考虑，在实践过程中，城市化并不一定照此循序发展，而是时间与空间交织、多个过程同时进行，这也正是城市化外延复杂的原因所在。城市是“植根于它的居民的风俗习惯之中的，这样就形成了城市既有其物质的组织形式，又有其道德的组织形式，这两种形式以其特有的方式互相作用，互相影响，互相调节……结构和传统只不过是一种单一文化复合体的两个不同侧面。城市有别于农村，有别于乡野生活的特性正是由这种文化复合体决定的”。[①] 城市化的和谐发展就是沿着城市这种纵横交错的脉络，在不同的层次领域分阶段地进行着，单从内涵来看，城市化的和谐发展或许还不是很明晰，如果再结合城市化和谐发展的外延来看，那么我们不难发现，城市化与和谐社会的建设是相辅相成和互为前提的，城市化的和谐发展是建设和谐社会的重要动力，建设和谐社会则是城市化和谐发展的理论背景和实践平台。

2.2.2 城市化的和谐发展

城市化的和谐发展是指随着社会经济的发展和科技的进步，从事第一产业的人口向第二、第三产业转移和聚集，形成新的城市聚居区域，使城市人口数量增加、空间规模扩大、生活质量提高并最终实现城乡一体化的社会发展过程。城乡一体化是“城市发展到高级阶段的区域空间组织形式，是在生产力高度发达的条件下，城乡完全融合、互为资源、互为市场、互为服务，

① R.E. 帕克．城市：关于开展城市环境中人类行为研究的几点意见［M］//［美］R．E. 帕克，E．N. 伯吉斯，R.D. 麦肯齐．城市社会学——芝加哥学派城市研究文集．北京：华夏出版社，1987.

达到城乡之间在经济、社会、文化、生态等各个方面协调发展的过程”。[①] 城乡一体化实质上是城乡和谐发展的一种形式，是经济社会发展中的目标协调、机制协调、路径协调和利益协调，是城乡开放、相容、互动的良性发展模式，也是城市化和谐演进的重要目标。城市化的和谐发展既是城市化内涵的现实体现，也是其顺利发展的外延所在。

城市化的本质要求在于城市与农村的和谐发展。在工业化的推动下，从事第一产业的人口向第二、第三产业转移和聚集，构成了城市化主要的表现形式，这既是人口的城市化，也是城市化基本的外在表现，“城市化在实质上是一个以人为中心、受众多因素影响的、极其复杂多变的系统转化过程”[②]，城市化首先涉及从业人口的转移问题。其实城市化不仅是城市和城市人口数量的增加，更体现在城乡结合发展、相互依存水平的提高，在城市结构（产业、经济、社会、空间、文化）方面提高和优化的同时，带动农村经济的发展和农民生活质量的提高。总之，城市化的和谐发展以实现城乡一体化为终极目标，以城带乡，以乡促城，实现资源、人口、生产要素在城乡之间的自由流动和双向作用以及经济、社会、文化的相互交融和协调发展，使乡村文明也逐步达到与城市文明同样高的水平。为此，著名城市规划思想家霍华德提出了社会改革的思想：用城乡一体化的新社会结合二者的缺点……城市和乡村必须成婚，这种愉快的结合将迸发出新的希望、新的生活、新的文明。[③] 这样，历史上形成的城乡差距将会随着城市和乡村结合发展逐渐缩小。

城市化动力机制的关键在于合理利用与充分发挥。一方面，社会经济的发展和科技的进步是城市化的基础和动力，这是城市化进程的普遍规律。在城市化初期，动力主要来自于工业化，在中后期则主要依靠城市服务业的发展与新兴产业的创新。近代以来，欧美国家城市化的迅速发展是建立在以蒸汽动力、电气化和信息技术为标志的技术革命和产业革命的基础之上的。另

---

① R. E. 帕克．城市：关于开展城市环境中人类行为研究的几点意见［M］//［美］R．E. 帕克，E．N. 伯吉斯，R. D. 麦肯齐．城市社会学——芝加哥学派城市研究文集．北京：华夏出版社，1987.

② 钟秀明，武雪萍．城市化之动力［M］. 北京：中国经济出版社，2006.

③［英］埃比尼泽·霍华德．明日的田园城市［M］. 北京：商务印书馆，2000.

一方面，城市化作为一种社会结构的变迁不仅体现在表面的数量增长，更重要的是表现在增长的动力机制或制度安排上。诺斯认为，“制度是调节人类行为的规则，是一种收入的过滤器和调节器，是一种约束机制，内含一定的激励机制”①。制度的基本特征是因地制宜的特殊性，是一种适应社会存在的文化类型，在城市化进程中制度的作用主要体现在五个方面：一是通过有效推进农业发展的制度安排，促进农业生产水平的提高，使农业部门在维持本部门再生产的同时农产品的总量和剩余总量可以增加，为非农产业和城市化的健康发展提供推力；二是通过有效推进第二、第三产业的制度设计，依托工业化的拉动，为农村劳动力转移创造必要的外部动力；三是通过有效的经济要素流动机制，使农业部门各要素流出的推力和非农业部门要素流入的拉力合二为一，形成城市化和谐发展的新动力；四是通过建立有效推进城市建设的制度，发挥城市化的内化效应，促进城市基础设施和城市相关产业的开发，以满足城市各种要素集聚的现实需要；五是通过建立推动城市要素和谐分布和有序转移的制度，积极推动城市自身环境的优化和城市化的外化效应，充分展现城市化带来的文明与便利。纵观新中国的历史，我们可以发现，城市化水平长期低下的主要原因不在于工业化水平的低下，而在于城市化发展依靠的社会机制不具备或不完善。

城市化水平和城市发展水平保持同步提升。城市化水平和城市发展水平是两个既相互联系又有明显区别的概念：城市化水平更强调乡村人口向城市的迁移、各种要素向城市聚集和城市规模空间的扩展等动态的变化过程，主要反映的是城市经济、社会和文化等指标在一定历史时段内数量上的增长水平，是城市发展的初级阶段；城市发展水平主要指城市在城市化的过程中对城市空间结构的优化、社会问题的治理和文化的创新升级，与城市化水平相比，它主要反映的是城市一种静态的横向治理，更多的是体现城市现代化水平和发展潜力，是城市各项功能和价值是否达到最大化的标志。城市化水平的提高是城市发展水平提高的前提和基础，是城市持续发展的动力；城市发

① 彭德琳．新制度经济学［M］．武汉：湖北人民出版社，2002.

展水平是城市竞争力的真正体现，对城市未来的发展方向和竞争格局具有重要影响。从城市化到城市发展，体现的是一种城市发展进程的自然演变；从注重城市化水平到注重城市发展水平，是一种城市发展观念创新的体现，也是城市化和谐发展的外在表现。O. H. 亚尼茨基指出，“城市发展是城市化范围内的首要过程，在理论上可以把城市化看作是一个二元过程：社会通过城市这个活动集中点而得到发展，即产生了不平衡；然后通过向整个社会，向所有类型的居民点传播城市的成就来消除这种不平衡”[①]。城市化是建立在工业化积累的基础之上，是城市由远及近发展进程的总结，代表了城市综合实力的提升；城市的发展水平在很大程度上体现的是城市立足现实的创新性发展，代表了城市发展的未来愿景。

理顺城市中各发展要素之间的关系关键在于协调发展。城市化的和谐发展不能片面追求城市化的数量增长，而更应重视城市化的质量提高。城市化的发展质量在于和谐，这才是城市最本质的特征。[②] 城市作为各种要素密集的公共区域，应该保持管理政策的科学性和连续性，公正与宽容是城市管理的两大核心原则，一方面城市需要坚持公正的底线，以人为本，充分考虑各种弱势群体的利益，保持政策必要的弹性；另一方面城市管理是现代城市正常运行的保障，应该坚持科学的原则，充分考虑全体市民的整体利益，保持必要的政策刚性。

处理好小城镇与城市体系的关系问题。提高城市化的质量，除了要注重优化城市要素的配置之外，还要从宏观的角度进行城市体系的合理构建。在中国目前大、中、小三种城市体系中，小城镇是一个地位和作用都比较特殊的区域，改革开放以来有关的研究和争议都很多：一方面它是广大农村地区发展的中心，是联系农村与城市的节点，在农村城市化过程中扮演着引领者的角色；另一方面它又是中国城市体系中最薄弱的力量，存在着行政级别低、

---

① 杰米坚科．“城市化”的一般社会学概念［M］//陈一筠．城市化与城市社会学．北京：光明日报出版社，1986.

② 安东尼·奥罗姆，陈向明．城市的世界——对地点的比较分析和历史分析［M］．上海：上海人民出版社，2005.

基础设施差、经济实力弱、认可程度低和吸引力小的缺陷。20 世纪 90 年代以后，中国的乡镇企业发展进入了调整期，农民的收入增长减缓，有些地区甚至出现了负增长，农民就业压力和增收压力增大，小城镇的发展陷入了困境，城乡差距逐渐拉大。由于中国城乡发展存在较为严重的失衡问题，因此广大农村地区并未完全从城市化进程中获得应有的好处。在建设社会主义新农村的背景下，小城镇有其存在和发展的现实需要，但在城市要素流动性日益强化的今天，小城镇的魅力已经相当弱化，为此需要对现行的城市体系进行优化调整，提高小城镇的特色化发展水平、规模和层次。

综上所述，城市化是一个纵贯历史与当下两个时代、横跨城市和乡村两大区域的社会经济发展过程，具有广泛而深刻的影响力。从历史社会学的视角来看，城市化不是一个尽善尽美的乌托邦，存在着城市的发展以农村的衰落为代价、城市的发展与农村无关、城市的发展伴随着一系列城市问题的产生等多种可能。因此，我们在抓住时机利用城市化的积极效果的同时，还要通过科学的制度设计和有力的政策调控来应对、解决城市化带来的消极影响，这也是现代社会城市化的时代特征。从这个意义上讲，城市化的和谐发展既是建设和谐社会的重要组成部分，也是和谐社会发展的重要成果，体现的是一种科学的制度设计。

2.3 城市现代化的内涵与外延

城市现代化是当代城市发展的普遍追求，既是整个社会现代化进程的产物，也是社会发展进步的重要标志，在当代社会中具有重要的地位和作用。城市现代化是一个社会发展的动态目标，具有深刻的内涵，也是一个为实现既定目标而展开的过程，在物质和人文两大层次上具有显著的外在特征。城市现代化是其内涵和外延在现实社会中的高度统一，它既是一个连续不断的历史进程，也是一个内涵和外延不断丰富的、具有特定时代意义的概念。经济全球化把城市带入了一个新的竞争环境，同时也带来了更大的空间尺度和更多的风险挑战。新时期的城市发展需要新的理念和战略，为此城市研究开始突破传统上以资源开发利用的技术合理性为目的的硬件研究，转而从文化、经营、策划、创意、营销等软件优化的角度寻找城市发展的契机。

“现代化”的基本含义是指某一事物具有和当代高度发达的先进水平相一致的特征，在我们日常生活中应用极为广泛，除此之外，作为学术用语，现代化还有一个动态变化的过程，学术界对于现代化概念的界定历来分歧较大。现代化是相对于传统社会而言的社会变迁与发展过程，以当代最发达的生产方式和最舒适的生活方式以及经济、社会和科学文化等方面的最高水平为衡量标准。同样，对于“城市”的定义，各个学科也有着不同的侧重点。地理学家把城市看作是地表的一个组成部分，是相对于乡村而言的一种相对永久性的大型聚落，是人类与自然环境相联系的核心组成部分；历史学家主要是想从社会结构和组织形式的角度，来考证社会生活的这一新形式的历史发展过程，城市始终被看作是一个政治单位；经济学家把城市看作是经济发展过程中的某一阶段的典型形式，城市的兴起是同手工业向机器生产过渡密切相关的，同时又同劳动分工、市场的形成和贸易交换等密切相关；社会学家把城市看作是当地那些共同的习俗、情感和传统的集合，这些东西是从当地的古代生活实践中产生出来的，并且具有某种典型文化的特征。另外，城市还被看作是三种基本过程的产物，即生态过程、经济过程和文化过程这三种过程在城市范围内相互作用，产生出完全不同于城市周围的农村地区的那种社会组织结构及人类行为。[①] 城市现代化是人类社会发展到新阶段的产物，也是当代城市发展的普遍追求，是伴随着经济现代化、政治现代化、文化现代化等整个社会生活现代化而产生的一种全新的发展趋势和过程，是城市自身变化发展的高级阶段。

2.3.1 城市现代化的内涵

由于推动城市发展的因素是多种多样的，既有科学技术方面的重大发明创造，也有社会文化方面的改革与演进，还涉及人口规模和所处环境等其他因

---

① ［美］R. E. 帕克等. 城市社会学［M］. 北京：华夏出版社，1987.

素，另外，不同的城市有着不同的发展背景、自然禀赋和人文环境，因此很难确定究竟是哪种因素在城市现代化的过程中居于主导地位。吉迪恩·肖伯格认为，“从社会学的立场出发十分重要，强调技术变革和社会权力结构的作用”①，由此便产生了城市的现代化。城市生态学家强调人口、组织、环境和技术等因素的作用；新城市社会学派强调城市的发展是资本主义体系内的资本积累、阶级冲突和富人对穷人的经济剥削；② 经济学家则突出自产业革命以来经济发展尤其是工业的巨大张力。国内外学者对于什么是现代化的城市一直众说纷纭。一些经济发达、城市化水平很高的国家的专家认为，城市现代化的具体要求总是随经济和社会的发展而发展，不断地追求新的最高水平，较难确定确切的标志。国内有些专家则认为，城市现代化是相对动态的，功能不同的城市应有各自不同的标志。显然，这些观点都有各自的道理，多数论者都是从城市现代化在整个国家现代化中的地位和作用来阐述其重要意义的。他们提出，城市是国家现代化重要的空间地域载体，是国家现代化推行的主要阵地；城市现代化是国家现代化的动力和主导，在国家实现现代化的历程中处于中心地位，发挥着主导作用。

根据城市本身的性质及其在社会发展中的地位与作用，人们形成了这样一些共识：城市是现代人类社会的主要生存空间，是政治、经济、文化和科学技术的中心，是现代产业的重要基地；在现代社会，城市是先进生产力的凝聚点，是各种生产要素进行优化整合和合理配置的最佳场所，是一个国家国民经济的主要支点；城市是国家主导产业与科技发展的主要基地，是先进生产力的集中体现，代表着国家发展的潜力和未来。纵观近代以来世界各国的发展历程，无论是战争年代还是和平时期，城市在本国的社会发展中都起着先发作用和引导作用。据此，有学者得出了城市现代化的定义：“城市现代化概念有广义和狭义之分，广义的城市现代化，是指城市的经济、社会、文化及生活方式等由传统社会向现代社会发展的历史转变过程，这是一个全面发展的概念。狭义的城市现代化主要是指城市建设的现代化，着重于旧城更新

① 康少邦．城市社会学［M］．张宁等编译．杭州：浙江人民出版社，1986.

② J. John Palen. The Urban World［M］. The McGraw-Hill Companies，Inc.，1997.

和新城建设两方面。归结起来，城市现代化是指城市的多功能子系统按现代方式均衡、协调运行，使城市整体的发展和竞争力达到所处时代的先进水平。"①

现代化和城市化既是两个并行不悖、独立运行的发展过程，又是一个相互影响、交叉融合的进步过程。城市现代化本质上是在整个社会化普遍现代化的基础上提出的、在理论上经过科学抽象提出的未来发展目标，这是一个时期内城市发展的终极目标，也是衡量城市发展水平高低的重要标志。单纯从概念上来讲，它的内涵应该包含以下几点：

首先，现代化是一个发展过程，是"一个新的文明形式（以工业文明为代表的现代文明）的确立过程"。② 城市现代化不仅包括城市在经济、政治、文化和社会等领域高度发达的静态含义——在整个社会现代化背景下的发展目标，同时也包括努力实现既定目标的动态含义——实现目标的过程。当然，各个城市的发展基础不同，其所规划的既定目标和实现既定目标的奋斗过程各不相同，而且在发展过程中各方面的变化是绝对的，但这并不妨碍城市现代化标准的确立。

其次，城市现代化是全面、协调地发展，"是从多种关键性可变因素的相互作用中产生的复杂现象，这些可变因素有技术的、社会文化的，也有涉及人口和环境的"。③ 城市现代化必须以经济发展为基础，这是毫无疑义的，但是，经济发展的目的归根结底是为了满足人的需求，以人为本已成为人类活动共同的价值取向。芝加哥学派的代表人物罗伯特·帕克认为，"城市绝非简单的物质现象，绝非简单的人工构筑物。城市已同其居民们的各种活动密切地联系在一起，它是自然的产物，尤其是人类属性的产物"。④ 这就要求在建设城市和发展经济的过程中，相应地进行政治法制建设、社会文化建设、宏观和微观环境治理等配套体系的建设，以满足城市居民日常的物质和精神文

---

① 朱铁臻. 城市现代化研究［M］. 北京：红旗出版社，2002.

② 钱乘旦等. 世界现代化进程［M］. 南京：南京大学出版社，1999.

③ 康少邦. 城市社会学［M］. 张宁等编译. 杭州：浙江人民出版社，1986.

④ ［美］R. E. 帕克等. 城市社会学［M］. 北京：华夏出版社，1987.

化生活的需要，不断提高城市生活的质量；从当代城市发展的实践来看，凡是被认为现代化程度较高的城市，都是经济繁荣稳定、社会和谐融洽、城市环境优美舒适、居民生活方便快捷的；只片面地追求经济的发展，是无法建立现代化城市的。因此，从人类社会进步的价值取向和当代城市发展的实践两方面来说，现代化的城市发展必须是经济、社会和环境的全面协调发展。

再次，城市的发展应该有明确的可行路径和最终实现的确切目标。城市现代化发展过程的完成或城市现代化作为一个特定发展时期的结束，都是以达到预定的目标为依据的。对预定的目标可以做定性的描述，也可以做定量的描述。按照现代化的本来含义，我们目前谈论城市现代化，其预定目标应是当前或未来一段时期世界城市平均先进水平。也就是说，城市现代化不是一成不变的，而是一个不断发展和完善的理论体系，现代化目标的设定和衡量都要随着社会的进步而发生相应的变化。

最后，城市现代化的目标具有普世性，即在世界各国拥有基本一致的衡量标准。现代化是一个世界性的概念，城市现代化的目标也应得到世界各国的普遍认同。一个城市在本国之内发展水平很高，但同世界先进城市比较差距甚远，这样的城市显然不能被称为现代化城市。我们在区分传统社会和现代社会时，更多的是从历时性的角度来着眼的，但在城市现代化的过程中，还要注重共时性的对比问题；既要从本国发展的历程中，通过纵向对比来看清城市的进步，也要注意横向对比，注意与同时代的其他城市进行比照，从中认清自己在城市竞争格局中所处的位置和与先进水平之间的差距。

2.3.2 城市现代化的外延

城市现代化是一个复杂而综合的概念，从宏观上来讲，大致可以分为物质和人文两个层次。在物质层次，城市的现代化主要表现在以下几方面：

第一，完善配套的基础设施。现代化的城市是建立在现代化社会的生产力基础之上的现代文明的桥头堡，是整个社会现代化的重要体现，为此现代化的城市必须在性质功能、各种活动和管理服务等方面提供与生产力水平相一致的经济和环境条件，即所谓的硬件设施。现代化的城市是一种开放的系统，以发达的交通网络、通信设备和能源供应为基础，高效能的城市基础设施是城市发展及其现代化的前提条件和物质基础。纵观城市发展史，“城市发展的最新成就之一，是新的建筑技术的发明成果。钢筋结构使摩天大楼、轻轨和地铁成为可能，这些都为城市发展开辟了新天地。这些新技术创造了城市用地的新密度，使城市出现了全新的面貌”①。良好的基础设施是城市现代化必不可少的物质基础，可以说没有基础设施的配套与完善，城市现代化就是“无源之水、无本之木”，只能停留在理论的层面。基础设施的好坏，不仅成为事关城市现代化成功与否的大事，而且已经成为影响城市兴衰的关键性因素。

第二，科学有效的城市管理体系。现代城市是一个由经济、社会和环境三位一体组成的复杂系统，必须通过科学的城市规划、科学的管理才能使城市有机体正常高效地运行。在这里，城市管理所面对的城市已经不再具有固定的疆界，由于当代科技的高速发展，核心城市已经被都市圈、城市群和城市带所取代，现代城市管理所面对的事务纷繁复杂，各种突发事件时刻都考验着城市应对危机的能力，这就需要一个科学和完善的管理体系加以支撑，否则城市将会陷入混乱。

第三，发达而充满活力的城市经济。现代化的城市依然离不开发达的经济基础，可以说，没有必备的产业支撑，城市的发展将缺乏后劲，在城市之间激烈的竞争中也将不可避免地处于劣势；另外，城市经济是吸纳城市劳动力就业的主要部门，持续、健康和稳定发展的城市经济是实现城市居民最大限度就业和最小限度失业的基本途径。现代化的城市应具有合理的产业结构、快速的交通体系、现代化的信息网络和高素质的人才队伍，并且在自然资源的利用上实现科学化、集约化和可持续发展，这样才能巩固和提高城市的核心竞争力。现代化的城市经济是一个内涵不断提高的质量优化过程，要保持城市经济的活力，科学技术是必不可少的基础，科技的发展推动传统产业向现代产业演变，使产业结构不断优化和升级，从而最大限度地提高城市发展

① ［美］R. E. 帕克等. 城市社会学［M］. 北京：华夏出版社，1987.

的潜力。

第四，城市环境园林生态化。作为城市规划理论发展史上最重要的理论家之一的埃比尼泽·霍华德认为，“应该建设一种兼有城市和乡村优点的理想城市，可称之为‘田园城市’”[①]，这也是化解当前日益严重的城市病的方法之一。在他看来，“治愈主要社会问题的方法是使人们回到小规模的、开放的、经济均衡和社会均衡的社区”。[②] 在现代化的视野里，良好的城市生态环境是现代化城市必备的空间条件，城市的自然生态系统能否平衡，和城市的社会系统是否正常一样，都将直接影响到城市居民的日常生活。现代化的城市应是风景秀美、环境宜人、人与自然和谐相处的园林城市，即中国古代所谓的天人合一。这里所讲的城市环境既包括公共的活动空间，也包括个人的生活居住区，是宏观环境与微观环境协调美化的有机统一。

在人文层次的城市现代化方面，城市应该是人文主义城市性兴起的区域。所谓的人文主义城市性，是指“人们因为长期居住在某一区域而形成的社会模式和行为习惯，是一个城市独特文化的精髓”[③]，在城市规划建设和管理方面注重满足人的需求，体现人本导向。主要表现为：

第一，城市生活高度社会化。城市生活产生了新型的社会组织，这些组织构成了现代化城市正常运转的重要架构。新城市社会学的代表人物卡斯特利斯认为，后资本主义时期的城市具有不同以往的社会功能：作为劳动力再生产的场所，城市已经成为“集体性消费”过程的中心。[④] 随着经济的发展和社会的进步，人们的生活观念发生了改变，追求以人的发展为中心，以满足市民的基本需要和提高城市生活质量为目标。城市的现代化不仅涉及城市的物质空间形式，而且还涉及“技术性福利事业的延伸发展，这些福利事业不仅成为可能，而且使它更舒适”[⑤]。现代化的城市必须具备完备而高效的社会保障体系，这“不仅直接影响着每个人的生活，而且也影响着人们的行为

① ［英］霍华德．明日的田园城市［M］．北京：商务印书馆，2000.

② 康少邦．城市社会学［M］．张宁等编译．杭州：浙江人民出版社，1986.

③ J. John Palen. The Urban World［M］. The McGraw-Hill Companies, Inc., 1997.

④ 王颖．城市社会学［M］．上海：上海三联书店，2005.

⑤ ［美］R. E. 帕克等．城市社会学［M］．北京：华夏出版社，1987.

方式与观念形态，影响着各种社会利益集团关系的重新调整”①，良好的福利政策或者社会保障机制，是保持城市社会持久稳定最重要的安全阀。

第二，城市居民——市民现代化。现代化的城市是由人来建设的，也是为人服务的，人是社会活动的主体，也是城市社会的主体，因此可以说，没有城市居民的现代化，就不会有整个城市的现代化。在城市的现代化过程中，城市居民必须具备与现代市民相适应的素质和技能，在个人素质和文明程度等方面进一步提升自己。建设城市、管理城市都需要高素质的人才，人的现代化是城市现代化的前提和保证。随着城市规模的扩大，外来人口逐渐增多，人口流动性不断增大，“流动性的含义不仅是运动，还包括有新的刺激，即刺激因素在数量和强度方面的增加，因而也含有对这些新刺激迅即做出反应的倾向性。城市将其本地因素或外来因素吸收并融合到自身中的过程，可以被称为城市生活的新陈代谢。流动性是这种新陈代谢的一个指数”②。城市改造着人性，同时每一座城市都有着与众不同的个性特征。现代化的城市对外来人口的态度应该是包容的、积极的，不管是原住民还是新移民，都应公平地享受市民的待遇，都可以自由地选择在此定居或者迁徙他地。至于外来的新市民如何融入当地的社会，则是需要城市当局和移民本身共同努力的课题，毕竟市民的现代化是一个宏观的复杂过程，需多方的协调与努力。

第三，城市文化的现代化。格奥尔格·齐美尔认为，城市文化就是现代文化，这是现代社会与传统社会区分的重要标志。③ 一方面，城市需要文化，文化是现代城市社会生活所必需的组成部分，也是调节和缓和现代社会人的精神的有效手段。拉德克利夫—布朗认为，“可以用社会结构特别是社会结构对团结和整合的需求来解释文化要素”④，可以说城市文化在很大程度上是城市社会正常运转的调节器。另一方面，文化需要城市，“城市已被公认为文化的中心，社会生活与思想中的创新都是首先发生于城市，再传向农村。城市通

① 陈晓律. 英国福利制度的由来与发展［M］. 南京：南京大学出版社，1996.

② ［美］R. E. 帕克等. 城市社会学［M］. 北京：华夏出版社，1987.

③ 王颖 . 城市社会学［M］. 上海：上海三联书店，2005.

④ ［美］乔纳森·特纳. 社会学理论的结构［M］. 北京：华夏出版社，2001.

过各种传播媒介……通过立法结构的广大代表，通过城乡人口的各种连接点，把城市文化传布给广大的乡村。就此而言，城市是一个十分重要的文明传布者”①。另外，现代化的城市拥有发达的教育体系和完整的文化教育设施，是高水平大学的集中地，扮演着知识继承、积累、加工和创新的角色，是人类文明的聚集和传播中心，“在整个历史长河中，城市一直是文化中心……艺术家在城市聚集，意趣相投的艺术家之间相互作用，使城市蕴藏着巨大的文化异质性和智力激发性”②，这更强化了现代城市在整个社会文化中的核心地位。现代化的城市既是各种文明汇集、冲突和融合的场所，是一个多元文化的熔炉，也是现代文化的传承中心，是城市化在文化层面上推进的重要动力。

第四，城市对外交往的现代化。随着现代科技的发展和全球一体化的推进，城市已经不再像古代那样是一个封闭的堡垒，对外交往已经成为现代城市一种必备的职能。保罗·霍亨伯格和林·霍伦·利兹认为：“如果都市生活的特性只能以一条来定义，哪怕是在最独立和安全的城市里，它的特性还是依赖。不仅居民是相互依存的，城市也是，真正孤立的城市是没有意义的，也是不能独立生存的。”③ 城市的对外交往不仅在于城市之间的交流，而且还涉及城市与乡村的交流，在现代化的城市中，城乡之间的交流不再局限于人口流动和生产方式的转移，更重要的是来自于文化的交流即思维方式和生活方式的相互影响和融合。另外，信息的畅通成为影响城市发展的重要因素，它既是城市对外交往的前提条件，也是现代化城市与其他城市进行竞争的重要砝码，因为在现代社会，资本流、人才流往往是与信息流交织在一起的。

综上所述，城市现代化是未来一定时期城市的发展目标，这个目标随着时代的发展进步而不断改进和完善，是一个动态选择的机制；在实现既定目标的过程中，城市的经济、社会和环境经过初期的快速协调发展，从而在终期

① ［美］R. E. 帕克等. 城市社会学［M］. 北京：华夏出版社，1987.

② ［美］沃纳·赫希. 城市经济学［M］. 北京：中国社会科学出版社，1990.

③ 保罗·霍亨伯格，林·霍伦·利兹. 透视城市化［M］//都市文化研究（第一辑）. 上海：上海三联书店，2005.

达到世界城市先进发展水平。城市现代化的外延是围绕着内涵而展开的，在自然和人文两大层次有着诸多的衡量标准和外在表现，这些都是城市现代化在推进过程中所要着力解决的问题。总之，城市现代化是其内涵和外延在现实社会中的高度统一，它既是一个连续不断的历史进程，也是一个内涵和外延不断丰富的具有特定时代意义的概念。随着时代的进步和社会的发展，人们对于城市现代化内涵和外延的理解将会更加深刻，与此同时，人们对于城市现代化的追求也会更高。

3 城市化进程中的经济社会结构演变

经济结构的演变与优化是国民经济发展的重要标志之一，既影响着经济增长，也受经济增长的影响。经济结构是经济系统保持整体性及具有一定功能的内在根据，从这个意义上说，区域经济系统的功能绝对地依赖于它的结构。虽然经济结构的重要性已经获得经济学家的普遍认可，但对于经济结构内涵与外延的界定仍未达成一致。综合相关资料，我们认为，经济结构是指国民经济各个部门，社会再生产各个方面的组成和构造，主要包括产业结构、分配结构、交换结构、消费结构、技术结构。经济结构按其所包含的范围不同，还可分为整个国民经济结构、部门经济结构、地区经济结构以及企业经济结构。尽管西方经济学家对经济结构和二元经济结构研究的角度、方法、重点各不相同，但对今天我们认识和研究解决中国的二元经济结构都有一定的借鉴意义。

3.1 二元经济结构

二元经济结构是近代以来世界各国在工业化和城市化进程中普遍出现的一种社会经济现象，在国内外引起了经济学、社会学等多学科的广泛关注和深入研究。作为市场化经济条件下由不同部门产业特性导致的生产力水平、收入分配方式和商品化水平的自然差异，二元经济结构是经济系统自身演变的内生产物，对社会结构尤其是社会群体的待遇变迁产生了深远影响。这里所谓的“待遇”是一个广义的概念，涵盖权利、权益、权力、利益、公民权、福利、公共服务、社会保障等方面的内容，是社会主体为了自身的生存、发展和享受，基于特定的政治、经济、社会、文化、生态发展环境，从外部包括人类社会、自然界、国家等所获得的一切社会条件、社会关系，以及与政治、经济、社会、文化、生态相关的一切事物。[①] 中国作为具有典型的二元经济结构特征的发展中国家，面临着消除二元经济结构和实现新兴工业化的历史任务，就更要在借鉴二元经济理论发展成果的基础上，处理好工农业发展、城乡发展和收入分配差距等重大问题。

回顾西方经济思想史，从二元结构概念提出到二元经济结构理论形成，经历了一个从简单到复杂、由宽泛到具体、从古典到新古典的漫长过程。在古典主义经济学[②]的演化进程中，以斯密（1723-1790）为代表的古典政治经济学对资本主义经济结构进行了创造性研究，为现代经济学的创立奠定了基础；以马克思（1818-1883）为代表的马克思主义政治经济学对资本主义社会经济结构进行了批判性研究，提出从资本积累到扩大再生产的社会经济发展路径，在某种意义上包含了二元经济结构的含义；以威廉·阿瑟·刘易斯（1915-1991）为代表的发展经济学家对创立二元经济理论做出了开创性贡献，刘易斯发现了劳动力转移及城乡人口流动与二元经济结构之间的关系，并认为这种关系可从当代许多发展中国家的经济实践中得到验证。

经济思想的普适性总是受到历史条件的约束。英国经济史学家杰拉德·库特指出：经济思想必须是相对于某个特定的时间和地点而言的，必须始终是政治经济学，理解经济思想必须与当时的社会现实结合起来。在维多利亚女王执政期间，当英国的繁荣与强权如日中天时，这个国家曾有许多人把古典经济学及其自由放任资本主义当成是放之四海而皆准的真理。亚洲经济体的兴起，尤其是中国经济非比寻常的增长以及近年来的世界金融危机，再次让我们想起英国经济史学家的核心论点：经济思想与经济政策，无论其表达方式多么完善，都只适用于特定的时间和地点。[③] 在当前学术界对于二元经济结构划分仍存在争论的情况下，工农业关系和城乡关系构成的二元经济结构

---

① 王国平．待遇论［M］．北京：人民出版社，2016.

② 所谓古典经济学即古典政治经济学，通常是指 1750 年至 1875 年这一政治经济学创立时期内除马克思主义政治经济学之外所有的政治经济学流派。为便于归类分析，本书将古典政治经济学、马克思主义政治经济学、刘易斯发展经济学一并纳入古典主义经济学范畴。

③ 杰拉德·M. 库特．英国历史经济学：1870~1926——经济史学科的兴起与新重商主义［M］．乔吉燕译．北京：中国人民大学出版社，2010.

归根结底是社会经济发展的历史遗留问题，是一个具有特定意义的历史概念，既与城市化进程中城市病表现出的城市人口膨胀、农民失地、流民失所等问题密切相关，也与市民、农民、移民（流动人口）三大社会主体所享有的社会待遇密切相关。不同时代的经济学家对于二元经济结构的内在机理、外在特征和转化路径有着不同的见解，这些思想往往与当时的社会经济发展状况息息相关。历史社会学以制度变迁为视角，对特定时期的经济社会发展进行历史与现实的双重考察，在理论方法上综合使用定性分析和定量分析的手段，注重宏观和微观、历史和社会、时间和空间的结合，为我们结合社会进步客观地考察经济思想发展历程提供了新的视角。[①] 为此，本书基于待遇的视角，结合西方经济思想史与经济史发展历程，运用历史社会学研究方法比较分析主要经济学家的观点，反映二元经济结构思想演变。

3.1.1 工农关系：古典经济学的二元经济结构

（1）古典政治经济学的二元经济结构思想。马克思认为，古典政治经济学在英国从威廉·配第开始，到李嘉图结束，在法国从布阿吉尔贝尔开始，到西斯蒙第结束。[②] 古典政治经济学关注经济增长、国际贸易、货币经济和财政问题等国家宏观经济发展，重视经济总量研究。从思想传承的角度来看，古典政治经济学对二元经济结构的研究可以追溯到法国重农学派。[③] 魁奈认为，一切利益的本源在于农业，与农业这个主要生产部门并存的还有一个小小的非农业部门，以提供劳务、手工业产品和贵族阶层所需要的其他产品为主要任务，只有农业才能够生产“纯产品”，因为农业创造物质财富，工业只是变更或组合物质财富的形态，商业只是物质财富的交换。[④] 强调农业而忽视工业和商业，认为农业在经济结构中居于主导地位，而工业和商业则居于从属地位，这是古典政治经济学关于农业、工业二元经济结构思想的萌芽形式。

---

① 李明超．历史社会学兴起的学科基础探析［J］．学术探索，2008（4）．

② 马克思．政治经济学批判［M］．中央编译局译．北京：人民出版社，1976.

③ 邵晓，任保平．古典主义范式下的二元经济结构转化理论述评［J］．福建论坛（人文社会科学版），2009（6）．

④ 威廉·配第．配第经济著作选集［M］．陈东野等译．北京：商务印书馆，1981.

随着工业革命引发的工业化进程启动，人口大规模地从农业转移到工业、从乡村转移到城市，一方面引发了愈演愈烈的城市病，另一方面对农业与工业的传统地位产生了颠覆性的影响。通过研究工业化时期经济结构变化和城市病所引发的社会待遇问题，古典政治经济学的二元经济理论逐渐成形。此后斯密关于生产劳动和非生产劳动在社会生产体系中所占比例问题的论述、李嘉图关于国民经济结构中工业胜于农业的分析、马尔萨斯关于经济由工业和农业两个主要经济部门构成的阐述以及马克思关于社会再生产两大部类平衡发展的学说都是这方面的体现。[①] 斯密、李嘉图、马尔萨斯等经济学家在某些关于国家经济发展的关键问题上都做出了系统的阐述，并对当时的经济社会政策产生了重要影响。[②] 例如，在城乡关系方面，斯密对乡村与城市互动发展的经济思想进行了阐述，认为人的能力差异导致了社会分工的存在，分工能够使生产效率大大提高。[③] 在工农业关系方面，斯密明显受到了魁奈经济思想的影响，认为农业是国民经济的基础性产业，只有在农民生产的农产品维持自己生活还有剩余时，才会把这些剩余通过市场交换提供给城市居民以维持其生产和生活，这样的社会分工对城市工商业的兴起形成了制约。推动国民经济发展，要首先改良或发展农业，只有增加足够的农业剩余产品，才可能供养更多的城市居民，从而增加新的城市，但城市增加的速度不能超过农业剩余产品增加的速度。[④] 这表明斯密已经认识到，农业劳动生产率要确保超过农业劳动者个人需求并不断提高，这样才能支撑城市工商业和国民经济其他部门的发展。斯密还指出，“按照事物的本性，生活资料必先于便利品和奢侈品”，所以农业发展必先于工业。无论在什么样的政治社会里，城市工业等部门的增长速度和规模都应当与农业相协调，甚至要依照农业增长的速度和规模按比例发展。[⑤] 但与传统重农学派的经济学家相比，斯密又认为农业并非

① 周冲．西方二元经济理论述评［D］．吉林大学硕士学位论文，2006.

② 樊士德．结构主义经济学研究动态述评与中国经济结构［J］．社会科学战线，2009（6）.

③ 徐滨，高潮．英国古典经济学家对工业革命经济社会发展的阐释［J］．历史教学，2008（12）.

④ 郑秉樟．古典经济学家的农业经济思想［D］．厦门大学硕士学位论文，2008.

⑤ 亚当·斯密．国民财富的性质和原因的研究（上卷）［M］．郭大力，王亚南译．北京：商务印书馆，2011.

是国民经济唯一的生产部门，其他部门在价值形成中也发挥了巨大作用，凡是人类劳动，都会创造财富和形成价值，为生产者带来待遇的改善和提升。

古典政治经济学关于农业与工业二元结构最大的争论来自于李嘉图与马尔萨斯，从两者的争论中可以看出，当时不同流派经济学家对待农业和工业的不同态度，其中关键问题在于待遇归谁所支配。李嘉图在很多方面继承发展了斯密的理论，更加重视收入分配和待遇改善的作用，直接推动古典政治经济学发展到了顶峰。李嘉图认为："当一个国家的财富和人口增加时，如果农业未能改善，谷物价格将上涨，这种趋势有利于农民，但地主得到的好处更多。财富和人口增加的背后还有资本积累，它为国家开创工业职业。随着谷物涨价，不但使地租上涨，而且城市劳动者的实际工资也会提高，他们的工资以能购买东西多少衡量，必然被压低到勉强维持最低生活的水平，因为国民收入越来越大部分落入地主之手。"[①] 由于削弱农业存在压缩资本利润并进而影响资本积累的问题，因此李嘉图反对限制谷物贸易的《谷物法》。马尔萨斯认为：谷物价格上涨有利于国家财富增长，因为地主阶级利益与国家利益高度一致，"谷物真实价格降低，会阻止人们进一步改良土地……促使人们抛弃已改良的土地"。谷价降低会导致农业中投入的资本减少和农业产量降低。同时，马尔萨斯考虑到农业转移人口过多集中到工业领域就业会对国家经济社会结构稳定造成不利影响，认为工业领域过快的资本积累可能引发普遍的供给过剩，因此他提出："为使我国下层阶级的人民免于巨大的厄运并得到巩固的幸福，我毫不犹豫地认为我国的农业最好是和工业齐头并进，纵使是要使工业的发展受到某种程度的阻滞也在所不惜。"[②] 在马尔萨斯看来，只有农业稳定发展，国家发展才基础稳固。李嘉图认为地租只是价值而非财富，工资、地租、利润是商品价格的组成部分，工资和地租上升会相对减少纯利润的比例，高地租不利于消费者。[③]

---

① 彼得·马赛厄斯，悉尼·波拉德．剑桥欧洲经济史·第七卷（上）［M］．徐强等译．北京：经济科学出版社，2004.

② 李明超．马克思和恩格斯的城市思想论要［J］．中共天津市委党校学报，2009（2）．

③ W. H. B. 考特．简明英国经济史（1750～1939年）［M］．方廷钰等译．北京：商务印书馆，1992.

（2）马克思主义政治经济学的二元经济结构思想。马克思关于二元经济结构的思想蕴含着工农业关系和城乡关系两层含义。作为古典政治经济学批判的继承者，马克思在《政治经济学批判》中最先提出并使用“经济结构”的概念，批判地继承了古典政治经济学关于资本主义生产关系的观点，不但肯定地评价了重农学派的农业基础论观点，而且在引用其中部分观点时有所补充完善，从而为提出马克思主义工农业互动发展理论奠定了基础，为古典主义经济学研究二元经济结构做出了重要贡献。工业革命后，西欧国家经济处于剧烈的社会经济变革中，从家庭到工厂，从农村到城市，从农业到工业的大规模结构转化是这个时代的主要特征，其中又以英国最为典型。① 马克思以城市病开始大规模出现的工业化时期的英国为研究样本，揭示了城市化进程中英国城乡之间人口迁徙和要素流动的发展规律，明确提出了城市化进程中社会经济发展对城市化的支撑作用，认为现代的城市化是乡村城市化，而不像在古代那样是城市乡村化。

城乡二元关系的巨大变化是马克思主义政治经济学研究的重要范畴。他认为在城市化推进过程中，城市作为资产阶级和工人阶级两大阶级斗争的主战场开始出现新的变化。“不是城市产生了资本主义，而是资本主义推动了现代工业城市的崛起”，产生了现代的工人阶级。资本主义生产方式从根本上确立了城市在国民经济中的主导地位，并形成了资产阶级与工人阶级在城市区域的集中，两大阶级的直接对立和利益冲突直接导致了城市运动或城市革命。城乡关系的变化是资本主导城市化进程的体现。在马克思看来，城乡差别是城乡分离和对立的一种特殊表现，城乡差别主要是现代与传统、文明与愚昧的差别。②

从工农业二元经济结构逐步拓展到城乡二元经济结构，是马克思主义政治经济学的重要贡献。古典政治经济学家关于工农业关系的意见分歧不仅反映了工业化时期英国等西欧国家土地主与新兴工商业者两大社会阶层之间的利益冲突，而且也反映了城市化进程中乡村居民与城市居民之间待遇的对立，

---

① 马尔萨斯．论谷物法的影响兼论谷物价格的涨落对农业与国家总财富的影响［M］．何宁译．北京：商务印书馆，1960.

② 李嘉图．李嘉图著作和通信集（第二卷）［M］．蔡受百译．北京：商务印书馆，1979.

这种对立直接推动了二元经济结构的形成。在新的社会生产体系中，“国家的裂隙往往表现为农村缙绅和城市居民的对立，1815 年后这种对立在谷物法和保护农业的一般问题上日益加剧”。[①] 回顾发展经济学、经济史等相关方面的研究成果，一些国家在工业化时期为优先发展工业而以低粮价从农业乃至农民手中获取资本积累的政策，曾在学术界引发争论。在许多经济史学家看来，工业化的进程就是在农业生产领域中大规模出现严重过剩劳动力的过程，主要表现为农业的内卷化。在此背景下，经济层面上的工农业之间的矛盾不是表现为社会层面上的地主阶级和工业资本家之间的利益冲突，而是表现为乡村居民整体收入水平和城市居民整体收入水平的差距不断扩大。收入差距导致的待遇差别成为城乡二元经济结构中的关键性因素。

3.1.2　城乡关系：刘易斯对古典二元经济结构的拓展

（1）刘易斯对古典经济学思想的继承。刘易斯二元经济理论衔接古典经济学，填补了古典经济学、新古典经济学之间的逻辑断裂带，是启迪新兴古典经济学的重要增长理论。尽管刘易斯在研究时大量使用了边际分析方法，但按照其本人的说法，他的研究方法仍基于古典主义理论框架，所以本书将刘易斯的经济思想归入古典主义经济学范畴。与古典政治经济学在欧洲国家兴起时所处时代相似，刘易斯所研究的拉美国家在战后也经历了大规模的工业化和城市化发展历程，并且面临着更加复杂和困难的城乡二元经济结构转化问题。从理论基础和研究方法来看，刘易斯的二元经济理论明显受到了古典经济学理论和结构主义方法的影响。[②]

作为一种反对新古典经济学的思潮，立足发展中国家经济发展道路的结构主义方法被引入经济学研究始于 20 世纪 50 年代。1954 年，刘易斯在公开发表的《劳动无限供给条件下的经济发展》一文中正式提出二元经济理论，

① 邵晓，任保平．古典主义范式下的二元经济结构转化理论述评［J］．福建论坛（人文社会科学版），2009（6）．

② 李明超．古典二元经济结构思想演变与比较——基于待遇的研究视角［J］．技术经济与管理研究，2017（7）：83-87.

这是结构主义方法在经济学研究中的经典之作。[①] 虽然古典政治经济学和马克思主义经济学主要立足于19世纪及其之前的西欧国家发展历史，刘易斯二元经济理论主要是针对20世纪的发展中国家发展历程，但他们的理论都是针对资本主义工业化起步阶段的社会经济变迁，试图解释工业化和城市化进程中的城乡劳动力转移问题。刘易斯的经济发展理论来源于对发展中国家经济基本特点的认识和对西方发达国家早期工业化过程的研究，并且把这种研究与古典经济学的资本积累理论结合起来，构成了一套解释经济发展机制的理论体系。鉴于"二战"后发展中国家经济社会发展普遍存在结构性矛盾和问题不断的现象，有学者认为刘易斯二元经济结构理论应该是参照当年发达国家在工业化时期推动经济发展的经验概括而来，对于在当代发展中国家推广应用仍然存在一定的欠缺和局限。[②]

（2）刘易斯与古典政治经济学和马克思主义政治经济学思想的比较。作为结构主义经济学的代表人物，刘易斯非常重视古典经济学的理论学说和分析方法，他在创立二元经济理论的过程中受到了古典政治经济学和马克思主义政治经济学的深刻影响。刘易斯继承了古典政治经济学的研究传统，吸收了罗宾斯关于19世纪古典经济学家的研究成果，并主张研究发展经济学应回归古典政治经济学的传统。为更好地继承和发扬古典经济学的思想体系，刘易斯重读了19世纪古典经济学大师们的著作，特别是斯密、李嘉图、马尔萨斯和马克思的著作。在他看来，这些著作描绘了18世纪末19世纪初英国社会经济发展情况，而这些经验现在可以用在亚洲和加勒比海地区。刘易斯认为，亚洲和加勒比海地区存在大量的廉价劳动力，这种现象和一个半世纪以前的英国类似，斯密在《国富论》和马克思在《资本论》中对资本主义的论述为刘易斯研究当代工业化提供了蓝本。[③] 刘易斯非常重视马克思的《资本论》等代表作，在论文《劳动力无限供给条件下的经济发展》中他曾经提醒

① 刘易斯．二元经济论［M］．施炜等译．北京：北京经济学院出版社，1989.

② 曹斌．二元经济、剩余劳动力和刘易斯转折点［J］．云南财经大学学报，2010（5）．

③⑤ Robert Tignor. The Life and Times of Arthur Lewis［EB/OL］．［2016－07－25］. http：//www. Sed. manchester. ac. uk /. . . /Arthur%20 Lewis%20 Papers/Tignor. pdf. 7-60.

读者要认真阅读马克思关于"原始积累"的论述，注意资本剥夺农民土地的历史事实。刘易斯的《经济增长理论》一书出版之后，在西方经济学界受到了广泛的赞誉，英国著名发展经济学家达德利·西尔斯称赞该书为"20世纪第一本继承斯密、李嘉图、马克思和约翰·斯图亚特·穆勒等古典政治经济学传统，旨在解决经济增长、社会结构、政治体制、科学知识和宗教学说之间关系的著作"。[①] 以皮埃罗·斯拉法、琼·罗宾逊和卡尔多为代表的剑桥学派同样对斯密、马尔萨斯、李嘉图和马克思的著作很感兴趣，他们与刘易斯一样，都非常重视古典经济学家在经济增长和财富分配方面的理论学说。[②]

在西方古典经济学的发展脉络中，刘易斯认为自己与斯密的观点最为接近，而李嘉图和马尔萨斯的观点在他看来太过于悲观，因为他们预言世界人口的增长最后将超过经济资源承载的极限，并最终导致贫困和其他一系列社会问题。斯密对于经济发展较为乐观的预期深深地影响了刘易斯，这为他坚信未来经济的良好前景并投身发展经济学研究提供了理论支持。与古典政治经济学家更多地将劳动力问题和人口增长问题联系起来不同，刘易斯关注的是农业生产部门的剩余劳动力向非农部门转移。[③] 刘易斯虽然关注马克思关于城乡关系的论述，但在刘易斯看来，马克思的经济思想太过于理想化和理论化，太过于强调阶级斗争在经济社会发展历程中的作用[⑤]，这些方面构成了刘易斯与马克思关于二元经济结构思想的最初分歧。在待遇分配理论方面，刘易斯与马克思产生了较大的观点分歧，刘易斯认为由于劳动力是无限供给的，维持生存的工资水平可以雇用到无限的劳动力，因此应首先考虑资本家的利益，将资本积累和技术进步的全部利益归资本家，资本家利用这些收益进行资本积累，直至资本积累速度赶上人口增长和剩余劳动力消失。

---

① 徐滨，高潮．英国古典经济学家对工业革命经济社会发展的阐释［J］．历史教学，2008（12）．

② 胡显中．关于刘易斯二元经济理论及其实践效果［J］．中国农村观察，1988（2）．

③ 吴垠．刘易斯拐点——基于马克思产业后备军模型的解析与现实意义［J］．经济学动态，2010（10）．

3.1.3 古典二元经济结构转化思想的比较与启示

作为劳动力无限供给、资本相对稀缺的工业化进程的亲历者，古典政治经济学家大多将工业部门资本的持续积累视为推动经济持续增长的最主要动力，认为只要工业部门维持足够的资本积累，就能招募到足够的劳动力投入生产，从而保证资本主义生产体系的正常运转。[①] 针对资本积累，有学者重点研究了资本在农业部门和工业部门之间如何实现优化配置，有学者重点研究了利润率降低、资本积累放缓和经济增长停滞背景下社会经济结构演变的长期趋势，有学者重点研究了在资本积累过程中由于失业率上升和购买力下降而导致资本主义生产过剩的经济危机。总体来看，古典经济学家一般认为要确保经济可持续发展，一方面要增加生产投入和资本积累，改进生产方式，提高劳动生产率，建立一种公平合理的待遇分配机制；另一方面要有良好的政治、经济、社会、文化、环境等各方面配套条件，提高各类成果的转化率和转化水平。这样，关注经济增长以及与此相关的产品交换和待遇分配问题，研究社会经济的生产、交换、分配、消费规律及其相关政策，就成为古典经济学家的一个基本特征。[②]

（1）古典二元经济结构转化思想的比较。在二元经济结构转化方面，古典经济学家所提出的转化方式和增长路径各不相同：斯密乐观地认为国民经济将长期保持增长趋势，随着资本积累在生产领域的不断扩大，雇用更多的劳动力并扩大生产规模是一个自然的过程。马尔萨斯对经济增长趋势表示悲观，认为社会人口增速受到经济发展水平制约，一旦超出农业生产领域的供给能力，就会深陷“马尔萨斯陷阱”。巴顿乐观地认为实际工资下降会为生产商带来更多利润并助推资本积累、社会就业，首先会出现人口和资本从农业部门流入工业部门的现象，随着技术进步和生产生活水平提高，资本将有可能从工业部门回流到农业部门。李嘉图受马尔萨斯和巴顿的双重影响，却悲

---

① 宋则行．现代西方经济学辞典［M］．沈阳：辽宁人民出版社，1995.

② 邵晓，任保平．古典主义范式下的二元经济结构转化理论述评［J］．福建论坛（人文社会科学版），2009（6）．

观地认为随着社会经济尤其是工业部门扩张，农业部门的土地供应减少将会导致地租增加，进而影响资本积累，工资增长停滞则会影响社会消费能力提升。

马克思围绕资本积累提出了清晰的经济发展框架，即资本原始积累—资本有机构成提高—生产力水平提高—劳动力剩余—产业后备军—两极分化、阶级对立—矛盾激化—经济危机—制度变迁。[①] 马克思认为技术进步和市场竞争会使资本有机构成不断提高，一旦资本有机构成有不断提高的趋势，资本积累反而会减少就业，因此随着向工业转移的就业人口越来越多，工资水平将会下降。这一点不同于多数西方古典经济学家所主张的“资本积累增加就业和产出”的观点。马克思重视从生产关系和阶级关系的角度分析社会经济发展进程，这直接导致了马克思对资本主义生产方式的悲观预期。刘易斯认为经济发展过程是储蓄率提高、投资扩大以促进资本积累的过程，二元经济结构转化重点在于资本积累，由于资本源源不断被投资于生产领域，资本主义经济部门持续扩张，吸收更多的人从传统农业部门进入资本主义工业部门就业，这个过程会一直持续到剩余劳动力消失为止，从而实现二元经济结构转化。[②]

刘易斯提出了实现二元经济结构转化的三大假设：支付维持生存的最低工资就可获得无限劳动力供给；工资水平保持不变；城市不存在失业人口，且城市工业部门投入再生产的资本有机构成不变。刘易斯认为二元经济结构如果没有其他阻碍，资本主义现代化部门将一直扩大到将剩余劳动力吸收完为止，“李嘉图和马尔萨斯并没有按照他们的模型提出这一点，因为他们都过高估计了人口增长率”[③]。刘易斯认为马克思的分析局限于19世纪中期资本主义发达国家的特殊情况，从长期来看资本积累还是提升了就业和生活水平。由于新时期的资本积累和技术进步发生了巨大变化，农业转移人口进入城市

① 王国平．待遇论［M］．北京：人民出版社，2016.

② 邵晓，任保平．古典主义范式下的二元经济结构转化理论述评［J］．福建论坛（人文社会科学版），2009（6）．

③ 金祥荣．刘易斯的古典二元经济发展理论评述［J］．世界经济研究，1988（4）．

就能马上找到工作只存在理论上的可能性，加之对乡村中大量存在的农业隐性失业人口预估不足，由此导致了刘易斯等崇尚资本积累的发展理论在拉美国家实践的结果并不理想，多数国家经历了被称为“中等收入陷阱”或“拉美陷阱”的恶性通货膨胀，最终使得拉美国家城市化进程中经济增长和二元经济结构转化速度放缓。刘易斯发现了人口转变与二元经济结构之间的关系，并且这种关系可以从当代许多发展中国家的现实得到验证，他本人和追随者都倾向于把工业化撇除在二元经济之外。[①]

对于发展中国家的经济结构改善问题，刘易斯认为应该从制度上通过体制创新和机制设计来推动二元经济结构转化。按照常规的工业化发展模式，发展中国家的经济开始起步后，会形成维持生计的传统农业部门和以现代工业为主的资本主义部门并存局面，由于资本主义部门中劳动者的工资较高，传统农业部门的剩余劳动力大量向现代资本主义部门转移，直到农业剩余劳动力转移完为止，这时农业部门的工资水平会提高，农业生产者的经济地位有所改善，工农业将实现均衡发展。[②] 1964 年，美国经济学家费景汉和拉尼斯在刘易斯理论的基础上形成刘易斯—费景汉—拉尼斯模型，被西方经济学界视为二元经济理论模型的经典范例。出于对刘易斯—费景汉—拉尼斯模型的反思，1967 年乔根森试图在新古典主义的框架内探讨工业部门和农业部门的结构性发展问题，哈罗斯和托达罗拓展了发展中国家传统产业和新兴产业之间的劳动力流动理论。20 世纪 70 年代以来，受新古典经济学和新兴古典经济学影响，发展经济学家逐渐放弃了一般性的纯理论演绎分析，开始根据各国国情对经济发展实践进行实证研究和经验分析，更加注重从整体上对造成经济不发达的各类原因和体制机制进行研究，特别是高度重视国家政治、社会、历史、文化、环境等各个领域诸多因素对经济发展的影响作用。[③] 刘易斯二元经济结构理论从宏观层面揭示了劳动力转移的动力和过程，并提出通过

① 晏智杰．古典经济学［M］．北京：北京大学出版社，1998：6-8.

② 杨俊青．非完全古典假设下的非国有企业与二元经济结构转化［M］．北京：经济科学出版社，2005：12.

③ 蔡昉．二元经济作为一个发展阶段的形成过程［J］．经济研究，2015（7）．

现代部门的资本积累吸纳农业剩余劳动力来化解二元经济结构，对古典经济学、新古典经济学和新兴古典经济学的相关研究都具有重要意义。

（2）古典二元经济结构思想演变的启示。虽然古典经济学中的二元经济结构思想与现实中的经济增长、经济结构转化并不完全符合，但是欧美发达国家在成功应对工业化挑战之后工人阶级的实际工资都有所提高，并且实现了大部分农业部门的劳动力向非农产业部门的转移，人口非农化和城市化取得了前所未有的成就，成为当今世界各国工业化和城市化学习的榜样。从经济学发展过程中可以看出，对古典经济学思想的延续和继承主要体现在财富增长、经济发展、产业分工等具体理论成果上，其中二元经济结构占有重要地位。二元经济结构思想对于认识中国劳动力转移过程具有重要的借鉴意义，特别是在2004年以来“民工荒”愈演愈烈的部分沿海发达城市，“刘易斯拐点”是否真正到来已经成为各界讨论的焦点。由于城镇劳动部门存在明显的技能偏向型用工需求，由此导致农民工需求和供给存在较大缺口，从而出现农民工短缺和工资大幅度上涨的所谓“刘易斯拐点”现象。① 由于中国“民工荒”与城乡二元体制导致的对农民工的社会排斥具有相关性，客观上助推了各地政府探索诸如流动人口积分制管理的各项改革。②

世界各国的实践表明，解决二元经济结构的矛盾是一项系统工程，不可能一蹴而就，更不能只着眼于其中某一方面。土地问题一直是中国城市化进程中的核心问题，由于农村集体土地所有制与城市土地国有制并存，形成了中国特殊的城乡二元土地管理体制，导致了中国城市化进程中的土地问题独特且复杂，尤其是农地征收问题十分突出。但解决农地问题不能只考虑农民、农业和农村，还应将其与城市土地征收、储备、出让和出让金使用“四改联动”的管理改革统筹考虑，在将农村集体土地所有权、承包权、经营权三权分置的情况下，逐步推动中国耕地流转改革、集体建设用地流转改革和土地增值收益分配结构改革。再比如，在中国教育、卫生、就业、社保、住房等基本公共服务依然存在城乡二元、地域差距的背景下，不能只在传统“三农”

① 蒋选，姜雪．匹配缺口，技能溢价与刘易斯拐点［J］．财经理论研究，2017（1）．

② 李明超．城市流动人口管理变革：透视积分制［J］．重庆社会科学，2016（11）．

范畴内讨论增加农民收入问题，或是只重视城市发展、忽视农村发展而导致城乡差距扩大，而应在城市化进程中以待遇的保障和实现为突破口统筹解决二元经济结构问题。然而，学术界在研究二元经济理论时对土地非农化和二元经济结构转型的影响、二元经济转型的阶段性及前瞻性等问题却研究得不够。[①] 围绕“同城同待遇”的发展目标，一方面要培育发展新兴产业和推进新型城市化，加强转移人口的社会保障力度，使各类发展要素尤其是新增的高素质劳动力配置在收益更高的部门，全面提高社会就业率和收入水平；另一方面要围绕土地做到反哺农业和保护弱势农业“两手抓”，特别是要强化农业基本用地 18 亿亩的“红线”保障，尽快划定永久农保地。

如何应对二元经济结构转化与“刘易斯拐点”的到来，关键在于改善城乡居民的待遇结构。“刘易斯拐点”的到来在中国并没有一个确定的时间点，而是一个动态变化的时间段。在中国社会主义初级阶段乃至今后更长时期，二元经济结构将会长期存在，我们要高度重视并着力改善二元经济结构，而不是急于一时即刻消灭二元经济结构。改善中国二元经济结构，必须坚持走中国特色新型工业化、农业现代化、城镇化的发展道路，努力构建协调、集约、可持续的中国特色二元经济结构，即新二元经济结构。[②] 解决二元经济结构所涉及的诸多社会矛盾问题，不能单纯依靠政府力量，而要在政府主导力、企业主体力、市场配置力之间实现动态平衡。既要关注产业结构改革发展生产力，也要关注社会结构以调节生产关系，做到解放生产力和优化生产关系同步推进。从二元经济结构转型角度看，需在大力推进农业转移人口市民化，促进产业与区域融合发展，调整收入分配结构，促进政府治理模式转变，以及深化二元经济体制改革等方面不懈努力。[③] 为应对“刘易斯拐点”带来的“用工荒”，国家应立足经济发展的现实水平，完善劳动经济制度，全面建立同社会生产力相适应的社会保障体制，实现收入分配结构合理化调整与经济

---

① 张桂文．从古典二元论到理论综合基础上的转型增长——二元经济理论演进与发展［J］．当代经济研究，2011（8）．

② 李明超．古典二元经济结构思想演变与比较——基于待遇的研究视角［J］．技术经济与管理研究，2017（7）：83-87.

③ 张桂文，孙亚南．二元经济转型视角下中国潜在经济增长率分析［J］．当代经济研究，2015（12）．

增长的良性互动①；各地政府部门和企业应更加重视进城务工人员等流动人口的待遇问题，改善劳资关系和提升企业待遇水平，积极探索积分制管理模式，逐步将流动人口纳入“同城同待遇”的服务管理体系，增强二元经济结构转化的内驱力，为经济新常态下中国经济的转型发展注入新的动力和活力。

综上所述，在综合国内外研究成果的基础上，我们以西方二元经济理论为参照系，对比分析改革开放以来中国二元经济理论的发展演变过程。从经济思想史的角度进行比较研究的必要性和价值在于，理论必须与现实结合并随实践不断发展才有生命力。改革开放以来，中国二元经济理论不同于西方二元经济理论的制度不变，而是在制度变迁的环境中发展演进的。尽管这些理论存在种种不足，但仅就制度环境差异这一点，中国二元经济理论就可以看作是对西方二元经济理论的创新与发展。从经济思想史的角度回顾改革开放以来中国二元经济理论的发展脉络，一方面可以使我们更好地了解迥异于西方二元经济理论的制度环境对理论分析和政策选择差异性的影响，同时也为我们下一步开展理论创新和政策选择提供了一个多维度比较思考的平台。

3.2 三元社会结构

积分制管理是在借鉴国际移民管理模式基础上，结合地方实际逐步探索形成的国内城市移民（流动人口）管理模式，通过构建科学的量化积分指标体系，引导外来人口通过不断提升自身素质获取相应积分，并根据积分兑现相应的公共服务待遇。在不废除现行户籍制度的前提下，流动人口积分制管理开创了户籍管理的非福利化、非待遇化的改革之路，满足了三元社会结构改善提升的现实需求。未来结合建立统一的流动人口服务管理机构、以居住证为载体的流动人口管理体制、以身份证为载体的人口迁徙管理体制、流动

① 王玉玲．劳动报酬占比变动轨迹及其经济效应分析——兼谈对中国经济转型发展的现实影响[J]．技术经济管理研究，2015（10）．

人口在流入地属地化的社会管理机制、以贡献度为核心的公共服务均等化管理机制，以农民土地权益流转为基础的地票补偿机制等相关领域的配套改革，城市流动人口管理制度将迎来系统整合提升的新时代。①

城市人口管理包括户籍人口管理和外来人口管理两方面，涉及人口登记、户籍管理、权益保障、计划生育等内容。国内对外来人口的管理方式主要有外来人口登记制度、单位管理制度、社区管理制度、社会治安综合治理制度。② 国外发达国家和地区在管理外来人口时大多采用积分制管理模式，实行以积分制为核心的移民审核准入制度，形成了可持续的优秀人才选拔导入机制，增强了流入地国家和城市的核心竞争力。这里所谓的积分制管理模式，是指人口管理部门借鉴积分制度在工商管理领域的成功经验，以积分来衡量人口的社会价值，反映和考核人口的综合表现，然后再把各种福利、待遇与积分进行挂钩，按照积分高低兑现相应待遇，公共政策优先向高分人口倾斜，从而激励各个社会个体的主观能动性，充分调动人的积极性。城市流动人口（也可称为“城市移民”）管理是中国城市化加速期地方政府面临的共同性难题。2010 年中央一号文件首次提出了“新生代农民工”的概念，系统谋划城市流动人口的属地化管理和“同城同待遇”问题。与之前的进城务工人员相比，新生代农民工在流入地城市出现了长期化、家庭化和年轻化的趋势，回乡务农和定居的意愿开始下降，在城市中就业并享受城市公共服务和入户定居的意愿显著增强。然而，在国家顶层设计尚无法一步到位的情况下，城市在探索如何积极实现进城农民工市民化方面必须承担更多的义务和责任，在推动城市流动人口管理模式创新方面做出更大的贡献。在当前户籍管理体制下，中国城市人口管理从“严控准入”到“以房控人”再到“积分制”管理，虽然地方政府的管理手段在不断创新，但在城市规模适度的前提下，如何协调人口管控与城市可持续发展，如何将人口问题转化为人口红利，特别是在劳动力由过剩转向短缺的“刘易斯拐点”到来之际如何吸引并留住所需人才，仍困扰着各个地方的城市管理者。近年来，全国不少城市纷纷将流动

① 李明超．城市流动人口管理变革：透视积分制［J］．重庆社会科学，2016（11）：13-20.

② 杨宏山．城市管理学［M］．北京：中国人民大学出版社，2009.

人口积分制管理作为城市人口管理体制改革的重点。为此，本章以国内最早开始实行流动人口积分制管理改革的广东省中山市为重点案例，从城市公共服务待遇角度回顾并探讨城市流动人口积分制管理改革的实现路径和政策启示，并对未来改革发展方向进行了展望，提出了相应的对策。

3.2.1　城市流动人口管理改革的宏观背景

流动人口通常被界定为离开户口所在地、在外从事各种社会活动的人，或在流入地居住而没有本地户口的人，中国城市流动人口以进城务工的农民工为主体。[①] 2011 年是对中国城市化进程和流动人口都具有特殊意义的一年，当年中国城镇人口比重达到 51.27%，比上年上升了 1.32 个百分点，人口城市化率首次超过 50%；当年全国城市流动人口为 2.3 亿人。[②] 2015 年中国城市化率达到 56.10%，城市流动人口 2.53 亿人。按照中国城市化率每年增长 1 个百分点的增长速度，预计 2030 年中国城市化率将会达到 75%左右，到那时，16 亿人中就会有 12 亿人生活在城市，其中 7 亿人是市民，5 亿人是移民（流动人口），4 亿人是农民。以市民、移民（流动人口）、农民为主要群体，将构成 21 世纪上半叶主导中国城乡的三元社会结构。三元社会结构是对传统二元社会结构的优化和提升，是城市化高速推进背景下社会经济领域改革的必然结果。

伴随着中国城市流动人口迅猛增长，由于城市管理体制未能完全调和劳动力自由流动与户籍制度之间的矛盾，大中型城市特别是流动人口集聚的沿海大城市，诸多社会问题均不同程度地与流动人口相关。[③] 流动人口在社会保障、公共服务以及各项公民权利等方面与户籍人口有着很大的差别，由于尚未形成流动人口的属地管理模式或者委托管理模式，大量流动人口无法分享

① 黄小花．中国人口与社会保障［M］．北京：经济管理出版社，2006：37.

② 国家统计局．2011 年我国人口总量及结构变化情况［EB/OL］．［2015-11-20］．http：//www. stats. gov. cn/tjfx/ jdfx/t20120118_ 402 779722 htm.

③ 傅崇辉．流动人口管理模式的回顾与思考［J］．中国人口科学，2008（5）．

其参与创造的城市发展成果，缺乏归属感。[①] 从现有的研究文献来看，在中央没有统一政策指导的情况下，地方政府如何务实探索流动人口管理体制改革已经成为一个现实而紧迫的问题。部分学者结合中国城市化进程中的人口、经济、社会和历史因素，重点从户籍制度改革的角度解析了城市流动人口管理体制改革、模式创新及其发展走向（李玲，2001[②]；陈颐，2006[③]；陆益龙，2006[④]；彭希哲、郭秀云，2007[⑤]；肖周燕、郭开军、尹德挺，2009[⑥]；徐伟明，2009[⑦]；郑梓桢、宋健，2012[⑧]；黄岩，2012[⑨]）。在他们看来，中国推进新型城市化建设，必须对流动人口管理体制进行体制改革和机制创新，诸如建立统一高效的协调机构，在现行户籍制度框架内研究并建立统一、规范、有效的外来人口管理模式，甚至是借鉴国外移民管理的某些经验，建立全国流动人口信息数据库和网络系统，以稳步推进户籍制度改革。

从 2001 年 3 月国务院批转公安部《关于推进小城镇户籍管理制度改革的意见》，到 2011 年 2 月国务院出台《关于积极稳妥推进户籍管理制度改革的通知》，都提出在地级市以下的城市辖区全部放开户籍制度。在国家默许各地探索户籍改革的十多年时间里，郑州、上海、嘉兴、昆明、成都、重庆、河北等地政府在理论和实践方面都积累了宝贵的经验，初步形成了三类管理模式：一是治安管理模式，主要是基于传统流动人口管理模式上的改革，由政法委或综治委牵头，主要办事机构设在政法委或公安局，在基层有派出所指

---

① 中国城市科学研究会．城市科学学科发展报告 2007~2008［M］．北京：中国科学技术出版社，2008：128.

② 李玲．大城市流动人口特征及管理：以广州为例兼与北京、上海比较［J］．人口研究，2001（2）.

③ 陈颐．对外来人口管理体制的思考［J］．江苏社会科学，2006（5）.

④ 陆益龙．社会需求与户籍制度改革的均衡点分析［J］．江海学刊，2006（3）.

⑤ 彭希哲，郭秀云．权利回归与制度重构——对城市流动人口管理模式创新的思考［J］．人口研究，2007（4）.

⑥ 肖周燕，郭开军，尹德挺．我国流动人口管理体制改革的决定机制及路径选择［J］．人口研究，2009（6）.

⑦ 徐伟明．我国城市流动人口管理模式的演变与展望［J］．南京人口管理干部学院学报，2009（3）.

⑧ 郑梓桢，宋健．户籍改革新政与务实的城市化新路——以中山市流动人口积分制管理为例［J］．人口研究，2012（1）.

⑨ 黄岩．流动人员积分制管理模式的功能与效果分析——以广东省中山市为例［J］．岭南学刊，2012（4）.

导的协管员队伍参与管理，全国绝大多数地区采用这种管理体制。二是流动人口服务管理模式，通过成立单独的流动人口服务管理部门来加强流动人口的服务和管理，强化统筹协调和搭建信息平台。三是跨部门的“大人口机构统筹型”管理模式，按照“大人口”的管理要求，通过某一机构（如发改委或人口计生委）牵头来协调各部门，加强对流动人口服务管理的统筹。①

积分制管理改革在上述三种管理模式的基础上有提升和改进，通过变应对式的被动管理为引导性的主动管理，将外来流动人口视为城市发展的要素资源，择优加以整合利用。在二元社会结构中，依据户籍身份形成了公共服务待遇差别化的市民和农民两大群体；在三元社会结构中，依据户籍身份享受公共服务待遇的制度隔阂将被逐步打破，寻找并构建新的公共服务待遇载体势在必行。从现实的改革情况来看，地方政府考虑外来流动人口尤其是有入户意愿者的切身利益，为他们提供相对公平的发展环境和基本公共服务，通过有条件地为其打开享受其他公共服务甚至入户城市的大门，进而吸纳优秀的流动人口在当地安居乐业，可以有效地放大人口红利并为城市未来发展储备人才。对于有入户意愿的流动人口来说，户籍管理制度的准入开放是对其所做社会贡献的一种奖励，一旦入户就意味着流动的终结和市民化的完成，公平地享受当地的公共服务待遇；对于流入地城市来说，适度开放公共服务体系和户籍管理制度，有利于激发外来流动人口的积极性，促使其更多地为当地城市发展做出贡献。②

3.2.2　城市流动人口管理改革的路径探索

中山市主要围绕流动人口最关注的子女入学和落户展开积分制管理改革。2004 年 9 月，作为市直部门的中山市流动人口管理办公室正式成立，成为全市流动人口管理改革的归口部门和执行机构。2009 年 10 月发布的《中山市流

① 肖周燕，郭开军，尹德挺．我国流动人口管理体制改革的决定机制及路径选择［J］．人口研究，2009（6）．

② 郑梓桢，宋健．户籍改革新政与务实的城市化新路——以中山市流动人口积分制管理为例［J］．人口研究，2012（1）．

动人员积分制管理暂行规定》，在全国率先推出城市流动人口积分落户政策。在综合考虑本地经济社会发展实力和流动人口特点的基础上，以服务与管理流动人口为目的，采用定性与定量相结合的方法构造指标体系与编制积分表。① 以流动人口在当地获得的积分为考核标准，通过指标设置，鼓励农民工通过培训不断提高自身素质，逐步获得高分来享受相应的待遇，也能让他们进入一种上升通道，进而全面地提高劳动者素质。②

流动人口积分制管理计分标准由个人素质、工作经验、居住情况、社会贡献及遵纪守法等项目构成，计分指标由基础分、附加分和扣减分 3 个一级指标构成（如表 3-1 所示）。这 3 个一级指标又可以细化为 20 个二级指标、46 个三级指标，它们综合反映了流动人口各方面的能力水平，是计量和评估流动人口积分的基本依据。总积分为各项指标的累计得分，以总积分取代传统的户籍身份作为享受公共服务待遇的标准，实现了流动人口服务的量化管理。在综合考虑经济能力、人员素质、社会管理、发展需求等指标的基础上，根据不同镇区可提供公办教育资源情况和所能承载的流动人口入户人数，确定数额不等的入学、入户指标，每年 3 月底前由市政府向社会公布。由市流动人口管理办公室对申请者按其所得积分高低进行分类排名，排名在市政府公布的指标数内的，可按有关规定享受相关待遇，从而将享受教育、就业、社保、医疗等公共服务与是否具有本地户口脱钩。2010 年国务院发展研究中心课题组调查显示，中国与户籍挂钩的个人权利有 20 多项，涉及政治权利、就业权利、教育权利、社会保障、计划生育等各方面，其他还包括义务兵退役安置政策和标准、交通事故人身损害赔偿等。③ 积分制管理为户籍管理的非福利化、非待遇化改革探索了新的道路，有利于降低城市流动人口管理体制改革的难度和阻力。

---

① 郑梓桢，宋健．户籍改革新政与务实的城市化新路——以中山市流动人口积分制管理为例［J］．人口研究，2012（1）．

② 郭建玉．农民工市民化的新思路——对中山市流动人口积分制管理的解读［J］．江西农业大学学报（社会科学版），2009（3）．

③ 王俊秀．国务院发展研究中心提出户籍改革新思路：户口承载的福利可分步骤获得［N/OL］．中青在线—中国青年报，http：//zqb. cyol. com/content/2010-06/04/content_ 3263411. htm.

表 3-1 中山市流动人口积分制管理的指标体系

一级指标	二级指标	三级指标	权重分值
基础分	1. 学历水平	（1）高中（中技、中专）	15 分
		（2）进修大专	40 分
		（3）全日制大专	55 分
		（4）本科	80 分
		（5）硕士研究生及以上	100 分
	2. 技能水平	（6）技术员初级职称	10 分
		（7）助理级专业技术资格初级职称或职业资格达到五级	15 分
		（8）中级职称或职业资格达到四级	55 分
		（9）高级职称或职业资格达到三级及以上者	90 分
	3. 社会保险	（10）累计参加社会保险年数	2 分/年，最高 20 分
	4. 劳动合同	（11）连续签订并履行劳动合同	2 分/年，最高 10 分
	5. 固定住所	（12）拥有合法自购房，家庭住房面积不能低于市城镇低保困难家庭标准	10 分
	6. 居住年限	（13）连续办理暂住证年数	2 分/年，最高 20 分

续表

一级指标	二级指标	三级指标	权重分值
附加分	7. 年龄	（14）16 周岁以上，35 周岁以下	5 分
	8. 婚姻状况	（15）未婚	5 分
	9. 急需人才	（16）属于中山经济社会发展急需的紧缺人才或特殊岗位人才	50 分
	10. 专利创新	（17）近 5 年内获得国家专利者	30 分/项
	11. 个人获奖	（18）获得市（厅）级荣誉称号或奖励者	10 分
		（19）获得省（部）级荣誉称号或奖励者	20 分
		（20）获得国家级荣誉称号或奖励者	30 分
	12. 见义勇为	（21）获评镇（区）级“见义勇为”称号	10 分
		（22）获评市级“见义勇为”称号	20 分
		（23）获评省级“见义勇为”称号	30 分
		（24）获评国家级“见义勇为”称号	50 分
	13. 慈善公益	（25）在我市参加义工、青年志愿者年数	1 分/年，最高 10 分
		（26）在我市个人捐赠金额	2 分/万元，最高 10 分
		（27）无偿献血数量	1 分/200CC，最高 5 分
		（28）在我市捐献骨髓（造血干细胞）	2 分/次，最高 10 分
	14. 投资纳税	（29）工商登记注册资本和实收资本	1 分/10 万元
		（30）个人所得税、个体工商经营活动缴纳税款	1 分/万元
	15. 计划生育	（31）办理了《流动人口婚育证》，接受当地计生部门验证和管理，并及时换证	2 分
		（32）按照政策自觉落实长效避孕节育措施	3 分
		（33）每年参加居住地计生部门孕情检验不少于 3 次	1 分

续表

一级指标	二级指标	三级指标	权重分值
附加分	16. 卫生防疫	(34) 子女自觉参加计划免疫者	1分
		(35) 自觉参加妇幼保健	1分
		(36) 婚前按有关规定参加婚检	1分
		(37) 按岗位要求办理从业健康证	1分
	17. 登记管理	(38) 子女主动到流管部门办理(16周岁以下儿童随行卡)	1分
	18. 个人信用	(39) 个人信用良好	5分
扣减分	19. 违法犯罪	(40) 管制	3分/月，最少减40分
		(41) 拘役	12分/月，最少减60分
		(42) 有期徒刑	12分/月
	20. 其他违法行为	(43) 行政拘留	5分/次
		(44) 劳动教养	2分/次
		(45) 违反计划生育	200分
		(46) 卫生违规	2分

流动人口积分制管理面向所有在流入地城市务工创业的外地人员，没有省份、身份和地域限制，没有任何“一票否决”的前置条件①，以鼓励上进、遵纪守法为政策导向。② 根据《中山市流动人员积分制管理暂行规定》，外地人员“在中山市连续工作一年以上（含一年），纳入就业登记、缴纳社会保险的，由本人申请并经市流动人口管理办公室核准的流动人员，纳入中山市流动人员积分制管理范围”，“积分累计超过30分的流动人员，其政策内生育的

① 郑梓桢．广东“积分制”破除户籍坚冰［J］．决策，2010（1）．

② 黄岩．流动人员积分制管理模式的功能与效果分析——以广东省中山市为例［J］．岭南学刊，2012（4）．

子女可在产权房屋所在地或工作地申请入读公办学校排名"，"积分累计超过60分的流动人员，其本人、配偶或直系亲属在中山拥有合法房产的，在法定工作年龄内可申请积分入户排名"，按照积分管理流程申请在中山市入户。2010年6月，广东省政府在全省推广中山市流动人口积分制管理办法。2013年以来，中山市还增加了积分入住公租房和享受医疗保险等新待遇，进一步拓展了积分制管理的内涵和外延。1万多名流动人口通过积分入户中山，包括家庭随迁人员在内，成功解决了3万多名流动人口的入户问题；近3万名流动人口子女通过积分入读公办中小学。2014年，中山市"流动人员积分制管理"项目在130多个申请项目中脱颖而出，获得第七届（2013~2014年）"中国地方政府创新奖"优胜奖。根据目前积分制管理改革的发展态势，未来有望建立全面覆盖就业、增收、社保、教育、健康、养老、住房等公共服务待遇的流动人口服务管理体制。

3.2.3 城市流动人口积分制管理改革的启示与对策

城市流动人口积分制管理改革本质上是对户籍管理制度的改进，打破了长期以来城乡二元体制的桎梏，扭转了将户籍作为城市公共服务分配依据的僵化局面。[①] 国务院办公厅《关于积极稳妥推进户籍管理制度改革的通知》规定："国家基本户籍管理制度属于中央事权，地方在国家确定的基本户籍管理制度的原则和政策范围内，结合本地实际进行探索、制定具体措施。"在中国教育、卫生、就业、社保、住房等基本公共服务依然存在城乡二元和地域差距的情况下，任何地方政府单兵突击式的改革往往无法取得预期效果，反而极有可能造成财政压力、公共设施不足等现实矛盾。所以，推动流动人口管理体制改革，不得不面对现行户籍制度如何改革的难题。户籍是当前社会管理体制中的关键，不但承担了人口登记的功能，还附带了公共服务待遇准入等复杂的社会经济因素。按经济社会均衡发展的原则，只有打破户籍上附带的就业、增收、社保、教育、健康、养老、住房等方面的社会利益格局，

① 陈景云，刘志光．流动人口积分制管理的效果分析［J］．中国人口科学，2013（6）．

降低户籍的“含金量”，让户籍回归原本的人口登记功能，才有可能真正建立适应三元社会结构的社会服务管理体制。经过 30 多年改革探索，虽然户籍上附着的待遇大大减少，进城的门槛降低，但一些正式、非正式的制度壁垒依然存在，户籍仍然存在对农民进城流动的限制作用。为此，建议采取以下必要的配套改革举措：

（1）建立统一协调的流动人口服务管理机构。流动人口管理是一项复杂的社会系统工程，各级政府一度处在仓促应战和被动应付的处境。根据国家大部制改革的探索实践，目前由发展改革部门负责研究拟订人口发展战略、规划及人口政策，公安部门负责流动人口的治安管理，维稳综治办公室负责出租房屋管理，计划生育部门负责流动人口计划生育管理。各个部门各司其职，但缺乏内在的协作机制。在今后政府机构改革进程中，城市政府作为流动人口管理的主导力量，应借鉴发达国家设立移民局专门管理流动人口的模式，设立专门的流动人口管理机构，建立服务管理的综合协调新机制。由统一协调的流动人口管理机构负责出台政策，组织人员对计生、学历、技能、社保等积分项目进行审核，并尽可能简化程序和权力下放，提高审核效率，缩短审核时间，降低申请成本，切实方便群众办理业务，提高流动人口参与积分制管理的积极性。[①]

（2）建立以居住证为载体的流动人口管理体制。流动人口积分制管理以居住证作为主要的管理载体，要求流动人口申请积分制管理之前必须办理居住证，一方面将流动人口个人信息及时在流动人口管理办公室等主管部门备案，以便于政策制定和调整时综合考虑。另一方面将居住证作为落实流动人口待遇的载体，进一步实现了流动人口管理的电子化和智能化。2010 年 5 月国务院转发国家发改委《关于 2010 年深化经济体制改革重点工作的意见》，首次提出在全国范围实行居住证制度。2013 年 5 月国务院常务会议明确提出将研究出台《居住证管理办法》。2013 年 7 月《上海市居住证管理办法》正式实施，将居住证积分与卫生、计划生育、社会保险、子女教育等公共服务

① 邓雪琳．外来流动人口积分制改革存在的问题与对策分析——以珠三角地区为例［J］．湖北行政学院学报，2014（4）．

待遇挂钩。2015 年 12 月国务院发布《居住证暂行条例》，居住证持有人在居住地将依法享受义务教育、公共卫生、劳动就业、参加社保等六大基本公共服务。各省区市结合地方实际，出台了相应的居住证管理办法和实施细则。居住证作为城市流动人口管理的主载体，未来随着经济社会发展，除了基本公共服务待遇之外，其他的城市公共服务待遇将逐步嵌入。

（3）建立以身份证为载体的人口迁徙管理体制。随着采用智能卡技术（内含有 RFID 芯片）的第二代居民身份证的全面普及，建立以身份证为载体的人口迁徙管理体制乃至于以身份证制度代替户籍管理制度在技术上成为可能。2003 年 6 月全国人大常委会通过了《中华人民共和国居民身份证法》，居民身份证被视为对户籍管理制度的改革、补充和完善。2011 年 10 月全国人大常委会通过了《中华人民共和国居民身份证法修正案》，该法案规定："公民申请领取、换领、补领居民身份证，应当登记指纹信息。"目前居民身份证登记的项目包括姓名、性别、民族、出生日期、常住户口所在地住址、公民身份证号码、本人相片、指纹信息、证件的有效期和签发机关等信息。与传统户口本相比，居民身份证芯片无法复制，高度防伪，证件信息的存储和证件查询采用数据库技术和网络技术，既可实现全国范围的联网快速查询和身份识别，也可以进行公安机关与各行政管理部门的网络互查，能够有效利用人口资源，实现信息共享，加强社会管理。基于网络数据库，户口本的功能完全可以由身份证代替。

（4）建立流动人口在流入地属地化的社会管理机制。近年来，流动人口的社会融入问题一直是热门话题，虽然专家学者提出了诸多引导流动人口参与社区治理的对策建议，但流动人口接受被动管理、积极性不高，而政府的行政管理成本过高等问题一直没有得到解决。积分制管理通过利益导向机制的正确引导，使流动人口实现从"被动接受管理"到"主动接受管理"的转变。流动人口为实现享受公共服务或入户的目的，争取达到规定的分数，有针对性地提高自身学历、技能等综合素质，在投资纳税、志愿服务、慈善捐赠等方面为社会做贡献。同时，负分指标约束将促使流动人口提高遵纪守法、诚实守信的观念和意识，减少违法犯罪行为。因此，在城市治理的体制下，以流动人口在城市获得的积分为标准，通过指标设置鼓励流动人口通过不断提高自身素质逐步获得积分来享受相应的公共服务待遇，进而全面提高其参与社区事务的积极性。①

（5）建立以贡献度为核心的公共服务均等化管理机制。积分制管理根据地方政府的人才需求和财政能力，综合考虑流动人口在当地的连续工作年限、文化程度、技能水平、投资规模、纳税额度、获奖等级、计划生育、遵纪守法等情况，进行积分登记，累计达到一定积分额度才可申请享受相应档次的公共服务。在城市总体承受能力相对不足的情况下，可按照权利与义务对等原则，合理设置申请条件和准入门槛，为流动人口获得市民待遇提供合理途径，构建有利于推动人口合理流动和流动人口社会融入的制度框架，实现户籍价值重构和流动人口的权利回归。流动人口积分制管理模式不仅为流动人口落户城市提供了可能，而且建立起了具备一定筛选功能的城市流动人口管理体制机制，向以贡献度为核心的公共服务均等化和社会管理体制改革迈出了重要一步。

（6）建立以农民土地权益流转为基础的地票补偿机制。地方政府围绕农民工市民化进行了积极探索，但农民工的反应并不是想象中的“一厢情愿”②，积分制背后所涉及的基本公共服务均等化、农村土地产权制度改革等需顶层设计和全国统筹。目前全国各地对户籍身份的刚性约束在逐渐淡化和放松，基于公有制特别是集体所有制下的土地待遇如何分配，将会成为未来社会群体矛盾的关键点。根据国家改革动向和重庆等地的实践经验，在将农村集体土地所有权、承包权、经营权三权分置的情况下，农民“带地进城”的现象将会越来越普遍，进城农民将会在一段时间内存在“兼业化”的双重身份属性。一方面，农民进城后，可选择将承包地的经营权转租给种粮大户或其他经营业主；另一方面，他们也可选择通过地票将农村的土地指标带到城市进行置换，以提高土地利用效益。如果能实现地票的跨区域流转，进城

① 李明超．城市治理导向的社会服务管理体制创新刍议［J］．当代经济管理，2015（11）．

② 丁凯．为什么指标用不完？——中山市流动人口积分制的实践与思考［J］．中国农业大学学报（社会科学版），2013（4）．

农民在农村的宅基地复垦后，可把用地指标换成地票，城市没有用地指标的重大项目可通过购买地票换取用地指标。实行“地随人走”的城乡建设用地占补平衡，建立进城农民以地票换住房、换社保的地票补偿机制。通过建立地票流转交易制度，对于那些流动人口大量涌入的东部沿海地区城市，一方面可缓解人口增长与土地利用的矛盾，为流动人口提供住房、社保等更多的公共服务，另一方面可实现农村人口流动与土地流转相结合、城乡人口流动与人口自由迁徙相结合。

3.3 多元待遇结构

城市流动人口管理改革面临的最大难题在于待遇，积分制为改革提供了具有可行性的参照，通过科学构建可量化的指标体系，引导流动人口通过提升自身素质获取相应积分，并根据积分高低给予其相应的公共服务待遇。在实现“国民待遇”、“市民待遇”、“同城同待遇”的目标和户籍改革去待遇化、流动人口管理服务化、基本公共服务均等化的背景下，地方政府借鉴国际移民管理经验，逐步探索基于居住证积分的流动人口“城市待遇”管理模式。流动人口“城市待遇”管理改革应以城市居民“同城同待遇指数”为目标，围绕待遇指标设计、待遇管理机构、待遇供给能力、待遇保障水平、待遇协调机制、待遇均衡分配等环节进行实践探索。

3.3.1 基于积分制的流动人口“城市待遇”管理改革述评

待遇作为人们生活价值的目标，设计和调节着人们生活方式的最基本要素。[①] 徐增阳、翟延涛（2012）认为：农民工对公共服务的重要性认知度较高，公共服务均等化的意愿强烈，就业、住房和社会保险等基本公共服务是当前农民工最希望政府帮助解决的问题。但是，当前农民工享受公共服务的

① 王国平．待遇论［M］．北京：人民出版社，2016：83-111.

总体水平比较低，农民工对政府提供公共服务的总体满意度不高。[①] 当前农民工日益增长的公共服务均等化的需求与城市政府公共服务供给之间的矛盾十分突出。

（1）从国民待遇到城市待遇。国民待遇不是针对本国国民或组织而言，而是针对外国人或外国组织而言。伴随着经济社会的快速发展，跨区域进城务工经商的农民工愈来愈多，农民工在为城市发展做出巨大贡献的同时，却没有获得相应的合法身份和公平待遇，因此正视农民工目前的处境并给予其相应的国民待遇是中国社会转型期的重要任务。例如，从暂住证到居住证，从打分制到积分制。

（2）户籍制度去待遇化。在城市化进程中，将符合条件的常住型流动人口逐步转为城镇居民、实现农民和农民工市民化是城市化的核心要义。然而，在流动人口享受同城同待遇的资金无法保证即城镇化成本支付问题无法解决的情况下，流入地政府的财政负担和压力很大。由于担心外来人口大规模在当地落户会影响本地居民的各类待遇水平，对地方财政支出项目造成冲击，所以一些地方政府既不愿意本地进城务工的农民落户，更不愿意接纳外来流动人口落户，由此在城乡之间、城镇之间和区域之间形成了固化的待遇差别化格局。在无法完全取消户籍制度的背景下，去除户籍制度所捆绑的一系列公共服务待遇成为了改革目标。从现有的研究文献来看，有学者结合中国城市化进程中的人口、经济、社会、文化和环境等因素，围绕近年来国家在推进户籍制度改革、人口管理改革等方面出台的若干大政方针，重点从户籍制度改革的角度解析了城市流动人口管理体制改革、模式创新及其发展走向。[②]

（3）流动人口管理多样化。有学者将中国流动人口管理模式划分为以治安防范为主的“防范型”管理、跨部门综合协调管理的“综合型”管理和社会资源整合的“福利型”管理，其中“福利型”管理始于2006年，其普遍做法是以居住证为载体，以淡化户籍意识、强化居民意识为核心理念，逐步让

① 徐增阳，翟延涛．农民工公共服务的现状与意愿——基于广东省Z市调查的分析［J］．社会科学，2012（6）．

② 肖周燕等．我国流动人口管理体制改革的决定机制及路径选择［J］．人口研究，2009（6）．

流动人口享受部分公共服务待遇，将长期游离于主流体制以外的流动人口纳入了城市公共服务管理体制。① 在他们看来，人口是城市化的关键因素，中国推进新型城市化建设，必须对现行的流动人口管理体制进行体制改革和机制创新。为适应流动人口融入城市社会的发展需求，应建立统一高效的流动人口服务管理协调机构，在现行户籍制度框架内研究并建立统一、规范、有效的流动人口管理模式②，甚至是借鉴国外移民管理的成功经验，结合中国城市人口导入的实际情况，探索实践流动人口积分制管理③；逐步建立全国流动人口信息数据库和网络系统，为稳步推进全国范围的户籍制度改革奠定基础。

（4）流动人口管理服务化。改革开放以来，中国各地多部门共同参与为流动人口提供服务管理的工作意识和格局在实践中逐渐完善，围绕城市流动人口管理改革形成了三类主要模式：一是社会治安管理模式，属于传统流动人口管理模式的改革提升，一般由政法委或综治委牵头，主要办事机构设在政法委或公安局，在基层由派出所指导的协管员队伍参与管理，全国大多数地区采用这种管理体制。二是流动人口服务管理模式，通过单独成立部门来承担流动人口的服务管理职能，强化统筹协调和搭建信息平台。三是跨部门的“大人口机构统筹型”管理模式，按照“大人口”的管理要求，由某一机构（如发改委或人口计生委）牵头来协调各部门，加强对流动人口服务管理的统筹。④ 根据系统科学的最优化原理，个人乃至群（集）体利益是使社会利益最大限度地发挥出动力作用的最优化因素，同时也是最大限度地限制社会利益的动力作用发挥出来的重要因素。个人利益、群（集）体利益、国家利益三者同步、同向、同力地发挥其动力机制，使利益的动力作用达到最优化状态，这是社会历史发展的基本要求，也是衡量社会动力运行效率的检验

---

① 傅崇辉．流动人口管理模式的回顾与思考——以深圳市为例［J］．中国人口科学，2008（5）．

② 徐伟明．我国城市流动人口管理模式的演变与展望［J］．南京人口管理干部学院学报，2009（3）．

③ 郑梓桢，宋健．户籍改革新政与务实的城市化新路——以中山市流动人口积分制管理为例［J］．人口研究，2012（1）．

④ 肖周燕，郭开军，尹德挺．我国流动人口管理体制改革的决定机制及路径选择［J］．人口研究，2009（6）．

指标，社会利益动力结构的合力应该最大限度地逼近最优化的动力作用目标。① 从上述改革模式的进展情况来看，流动人口服务管理实践试图突破户籍限制，关注流动人口的待遇问题，在解决流动人口所带来的社会问题时，从传统的被动防范转变为将流动人口融入“大人口”战略，以发展的眼光为流动人口提供服务管理。同时，试图引导流动人口遵纪守法，通过公共服务均等化改革举措，给予流动人口自我管理、自我提升、自我选择的权利。

（5）基本公共服务均等化。城市流动人口管理改革涉及户籍制度特别是户籍背后所附着的土地、住房、医疗、社会保障、生育、教育、社会治安、技能培训等公共待遇，因此成为了一项复杂的社会系统工程。2017 年 3 月国务院印发的《“十三五”推进基本公共服务均等化规划》提出，“要从解决人民最关心、最直接、最现实的利益问题入手。到 2020 年，基本公共服务体系更加完善，体制机制更加健全，在学有所教、劳有所得、病有所医、老有所养、住有所居等方面持续取得新进展，基本公共服务均等化总体实现”，确定了公共教育、劳动就业创业、社会保险、医疗卫生、社会服务、住房保障、公共文化体育、残疾人服务八个领域的 81 个服务项目。城市公共服务是由政府主要供给或协调落实的满足一个城市常住人口需求的公共产品和服务，面向城市常住人口实现基本公共服务均等化是其发展目标。在城市待遇体系中，基本公共服务是基础性的普惠型待遇，当前主要面临总结和借鉴国外城市公共服务均等化的经验、构建城市基本公共服务均等化的指标评价、优化城市农民工等弱势群体的公共服务的获取机制等问题。自公共服务均等化引入中国以来，从研究领域看，相关研究主要集中在公共服务均等化基本理论、城乡公共服务均等化和区域公共服务均等化等方面。对城市公共服务问题的研究则集中在供给机制、空间分布、市场运营等领域。目前研究中国城市公共服务均等化问题的文献较少。

推动城市流动人口管理改革，不能就流动人口论流动人口，必须立足中国仍处于并将长期处于社会主义初级阶段的基本国情，将其放到国家二元经

① 段成荣等．改革开放以来中国流动人口变动的九大趋势［J］．人口研究，2008（11）．

济结构、三元社会结构的客观现实和变化趋势中去把握，一揽子谋划解决市民、农民、移民的待遇结构问题。在中国二元经济结构、三元社会结构将长期存在的情况下，应坚持社会公平正义，加强顶层设计，探索建立与之相适应的国民待遇结构。[①] 在三元社会结构中，待遇是决定社会结构发展走向的决定性因素，也是划分社会结构的“元”标准。从系统科学的角度来看，只有依据户籍、土地、职业、居住地、待遇五大要素进行整体考虑，才能对现有社会群体进行准确的划分。在自由选择职业和居住地已成为普遍现象的背景下，推进户籍制度改革乃至取消户籍身份制度是必然趋势，因此从现实情况来看，户籍、职业、居住地三大要素对社会群体划分的刚性制约正在弱化，而土地和待遇两大要素的作用则相对进一步凸显。在城市房价和地价疯涨的今天，土地已经成为了一种更为显性的待遇。[②] 面对工业化和城市化的滚滚洪流下，在城市中离土又离乡的老一代农民工普遍存在着乡土情结，由此导致人口流出地存在土地流转、土地整理和土地规模经营等一系列问题。[③] 城市流动人口的存在意味着人口城市化的暂时性和波动性，也意味着农村土地流转的不确定性。如何使土地成为人口城镇化的动力而不是阻力，是城市人口管理改革必须破解的难题。

3.3.2 基于积分制的流动人口“城市待遇”管理实证分析

流动人口居住证积分制管理改革在传统管理模式的基础上有了新的提升和改进，将应对式的被动管理改为引导性的主动管理，将外来流动人口视为可转化成为城市发展资源的创新性要素，以待遇为导向择优加以整合利用。[④] 通过基于居住证的积分管理制度提供一个合法、合理途径，有条件地打开积

① 王国平．从“同城同待遇”到“同城同待遇指数”——关于破解农民工问题的思考［J］．人民论坛，2011（30）．

② 王国平．待遇论［M］．北京：人民出版社，2016．

③ 国家人口和计划生育委员会流动人口服务管理司．流动人口理论与政策综述报告［M］．北京：中国人口出版社，2010：236-238．

④ 黄岩．流动人员积分制管理模式的功能与效果分析——以广东省中山市为例［J］．岭南学刊，2012（4）．

分入户、积分入学、积分入医、积分入房的大门，逐步推进实现城市常住外来人口阶梯式的公共服务待遇，以吸纳符合要求的流动人口在城市安居乐业，有效放大人口红利并为未来城市发展储备人才。居住证积分制度应时而生，首先，对常住外来人口的贡献予以充分认同，在制度设计上因地制宜地阶梯化实现常住外来人口能够享有平等的公共服务和便利。其次，结合城市功能定位和公共政策保障水平，依托居住证积分制度实现对常住外来人口的动态化管理和精准化治理，通过合理的引导机制，发挥常住外来人口在缓解和治理大城市病中的独特作用。最后，促进城市户籍人口与常住外来人口共创、共建、共享、共治、共融，这也是推进以人为核心的新城镇化战略的重要体现。① 通过分析各个城市已出台的居住证政策发现，“公民离开常住户口所在地，到其他设区的市级以上城市居住半年以上的，可以在居住地申领居住证”，流动人口获得居住证的门槛较低，这从制度上保障了流动人口通过参加积分制管理而获得相应公共服务待遇的权利，具有底线公平性。

（1）改革推进历程比较。作为中国改革开放前沿阵地和流动人口流入第一大省，广东省较早地开始了流动人口管理体制改革的探索。为创新城市流动人口管理体制机制，广东省选择了基础条件较好的中山市先期进行积分制管理改革试点。在建立和完善对流动人口管理服务体制方面，2004 年 9 月中山市流动人口管理办公室正式成立，挂靠市政府，作为全市流动人员管理改革的归口部门和执行机构，负责具体实施流动人员积分制管理工作，开发和维护中山市流动人口和出租屋综合管理信息系统，组织协调指导各镇区流动人口和出租屋管理服务中心开展流动人员积分制管理工作，受理流动人员积分制管理相关投诉。2007 年中山市开展流动人口子女凭积分入读公办学校试点。在总结试行经验的基础上，2009 年 10 月中山市在全国率先推行流动人员积分落户政策，全面推行流动人口积分制管理改革。2010 年 6 月，广东省政府向全省发文要求借鉴中山市流动人员积分制管理经验，在全省范围内开展农民工积分制入户城镇工作。

① 李晓壮．居住证积分落户规模初步测度与分析——以北京市为例［J］．调研世界，2016（7）．

作为一座国际化大都市和中国人口最多的发达型中心城市，上海市外来常住人口总数量、密度与比重均居全国城市之首，因此上海推行户籍制度改革是一个逐步推开的渐进过程，在全国率先建立居住证积分管理制度有着标志性意义。改革开放以来，上海市城市规模不断扩大，外来流动人口问题越来越突出。2003 年，上海市委市政府将原有的人口与计划生育领导小组、外来流动人口管理领导小组、控制人口机械增长联席会议合并，成立了市人口综合调控管理领导小组，把外来人口管理纳入全市人口综合管理范畴，实行统筹考虑、综合调控。强调在高规格的协调会议和领导小组体制下，由人口计生委牵头来统筹协调各个部门，搭建人口政务信息公共管理平台。2013 年上海市开始启动居住证积分制管理改革，为持有本市居住证的外来人口通过积分享受城市公共服务待遇乃至最终落户打开了大门。《上海市居住证》主要具有三方面功能：一是替代暂住证，作为持证人在上海市居住的证明；二是记录持证人基本情况、居住地变动情况等人口管理所需的相关信息；三是办理和查询个人积分，用于办理医疗卫生、计划生育、社会保险、子女教育等方面的社会保障事务。①

（2）改革实施成效比较。中山市积分制管理的原则是“总量控制、统筹兼顾、分类管理、分区排名”，采取“个人自愿、分区申请、统一管理、动态调整”的管理模式，由中山市政府统筹协调，由中山市流动人口管理办公室负责具体实施，各相关职能部门和镇区依照职责权限协助实施。中山市流动人口积分制管理指标由 3 个一级指标构成，分别为基础分、附加分和扣减分。这 3 个一级指标又可以细化为 20 个二级指标、46 个三级指标，它们综合反映了中山市流动人口各方面的能力水平，是计量和评估中山市流动人口积分的基本依据。在综合考虑经济能力、人员素质、社会管理、发展需求等指标的基础上，根据不同镇区所能承载的流动人员入户人数和可提供公办教育资源情况，分配数额不等的入学、入户和入住公租房指标。2010~2015 年，18628 名流动人口通过积分成功获得中山市落户资格，考虑到家庭随迁因素，可解

---

① 刘同辉，丁振文，毛大立．上海市居住证积分指标体系研究［J］．社会科学，2014（10）．

决5万余名流动人口落户问题；共给予52848名流动人口子女积分入读公办中小学一年级待遇；给予393名流动人员入住公租房待遇。

上海市居住证积分管理改革由上海市人力资源和社会保障部组织实施。外来人口居住证积分制管理面向所有在流入地城市务工创业的外地人员，没有省份、身份和地域限制，以鼓励上进、遵纪守法为政策导向，实现了普惠型公共政策的广泛覆盖。居住证积分管理将外来流动人口享受市民待遇的程度直接与他们所获积分的高低挂钩，不同类型的人申请到的积分可能是不同的，因此其所能享受到的市民待遇也不同。这实际上是一种对外来人口进行阶梯式分类管理的制度。[①] 上海市居住证积分指标体系由基础指标、加分指标、减分指标和一票否决指标组成，总积分标准分值120分。基础指标包括年龄、教育背景、专业技术职称和技能等级、在上海市工作及缴纳职工社会保险年限等指标。加分指标包括紧缺急需专业、投资纳税或带动本地就业、缴纳职工社会保险费基数、特定的公共服务领域、远郊重点区域、全日制应届毕业生、表彰奖励、配偶为上海市户籍人员等指标。减分指标包括申请积分时提供虚假材料、行政拘留记录和一般刑事犯罪记录等指标。一票否决指标，持证人有违反国家及上海市计划生育政策规定行为记录或严重刑事犯罪记录的，取消申请积分资格。以居住证积分管理为基础，上海市积极完善直接落户、居转户、居住证积分政策体系，优化享受基本公共服务的梯次结构。根据上海市人力资源和社会保障网公开信息统计，2016年杨浦区办理居住证积分14733人，徐汇区办理14940人，虹口区办理4490人，长宁区办理8934人，普陀区办理5797人，宝山区办理14112人，闵行区办理18508人，青浦区办理14863人，金山区办理7100人，松江区办理2525人。考虑到上海市规模庞大的外来常住人口，每年纳入积分制管理体系成功积分落户的人口指标依然有限。

作为一项全国性的公共政策，对于公共资源不足和保障能力欠缺的特大型城市而言，居住证积分制管理在合理控制城市规模的同时，通过“梯度赋

① 谢宝富．居住证积分制：户籍改革的又一个“补丁”？——上海居住证积分制的特征、问题及对策研究［J］．人口研究，2014（1）．

权”的方式提高对各类人群的公共服务覆盖率。上海市探索推进居住证积分管理制度改革能够取得预期成效，关键在于：一是建立健全法治基础上的市场调节机制，充分发挥市场在人口流动配置中的决定性作用，保障公民的自由迁徙权；二是建立健全以贡献为衡量标准的公共待遇供给机制，建立与贡献度相匹配的待遇保障机制，充分发挥透明公正规则的规范和引导作用。① 根据目前多个省份实施情况来看，居住证积分制具有变条件管理为积分管理、积分标准多元化且动态可控、公共服务梯级化、突出能力和贡献导向、重视本地利益、促人向上等特点，但从基本公共服务均等化的目标实现情况来看，积分制也存在忽视低收入流动人口服务管理、以效率手段解决公平问题、关键性服务可能虚化、难防造假寻租、落户门槛较高等问题。② 中山市流动人口积分制充分体现了“低门槛、渐进式”的户籍制度改革方向及流动人口基本公共服务“普惠制”的发展趋势，在制度层面打破了长期以来城市以户口为标准享受城市社会保障和公共服务的惯例，将依附于户籍制度的社会保障和公共服务适当剥离，实现了制度上的新突破③。积分制将医疗、教育、住房保障等公共服务与户口脱钩，有利于流动人口在保护自身合理权益基础上，在城乡之间自由选择进退。同时，积分制的实施与推广，实现了从管控思维到治理创新的重大变革，是通往善政最终达至善治的有效尝试。④

3.3.3 基于积分制的流动人口“城市待遇”管理改革展望

综观近年来中国在流动人口服务管理方面的实践探索，除了中山市的流动人口积分制管理和上海市的居住证积分制管理，还有进行全面户籍改革的重庆市户改模式，为流动人口提供基本公共服务的杭州市流动人口服务管理“八个有”（有收入、有房住、有书读、有医疗、有社保、有组织、有安全、

---

① 刘同辉，丁振文，毛大立．上海市居住证积分指标体系研究［J］．社会科学，2014（10）．

② 谢宝富．居住证积分制：户籍改革的又一个“补丁”？——上海居住证积分制的特征、问题及对策研究［J］．人口研究，2014（1）．

③ 陈亚辉．城市公共服务均等化的制度化与地方治理体系创新——“流动人口积分制”的经验及其启示［J］．电子科技大学学报（社会科学版），2016（3）．

④ 刘同辉，丁振文，毛大立．上海市居住证积分指标体系研究［J］．社会科学，2014（10）．

有救助）改革。这些改革举措的最终目标都在于实现各个群体享受公共服务的“同城同待遇”。中国城镇化的问题主要源于经济增长质量不高和农民工在社会群体的利益分配中处于不利地位，从而导致农民工的城镇化质量不高，集中体现在农民工生活水平改善不够、公共服务和社会保障水平太低。当前这种城镇化模式并不稳固。① 在新型城镇化深入推进的背景下，如何适应当前农业转移人口市民化趋势，实现人口社会福利资源分配效率与公平的平衡，需要中央政府的顶层设计、统筹协调和地方政府的改革创新、探索实践，在确保公共服务待遇稳步提升的前提下，不断完善居住证的积分体系和标准，拓宽积分赋权范围，增强赋权普惠性，发挥居住证制度在人口流动中的待遇导向效应。② 在积分制管理改革完善方面，针对由待遇矛盾引起的待遇体系不均衡状态，积分制管理改革应围绕待遇设计、待遇管理、待遇供给、待遇保障、待遇协调、待遇均衡等环节进行有效探索，以更加精细化的服务管理，更加精准地满足流动人口的待遇需求。

构建国民同城同待遇指标体系。基本公共服务待遇均等化是公共财政追求的目标，也是社会资源再分配的重要机制。城市流动人口积分制管理改革的核心在于待遇指标的量化，在本质上是通过建立以贡献度为标准的待遇准入机制来对现行户籍管理制度加以完善，打破了长期以来城乡二元体制的桎梏，扭转了将户籍作为城市公共服务分配依据的僵化局面。③ 按经济社会均衡发展的原则，只有减少乃至剥离户籍上附加的教育、社保、医疗、住房、就业、土地等方面的社会经济利益，让户籍回归原本的人口登记功能，才有可能真正建立城乡统一的人口登记制度。虽然面向流动人口实行积分制管理存在内外有别的公平性与合理性争议，但积分制管理赋予地方政府根据城市综合承载能力和经济社会发展需要制定积分入户、入学、入医和入房等配套细则的权力，有助于建立覆盖流动人口的同城同待遇保障体系。

建立权责对等、梯度赋权的待遇供给机制。逐步强化和扩大积分管理制

① 李玉红．城市化的逻辑起点及中国存在半城镇化的原因［J］．城市问题，2017（2）．

② 王春蕊．论农业转移人口市民化进程中居住证管理制度的完善［J］．中州学刊，2016（6）．

③ 陈景云，刘志光．流动人口积分制管理的效果分析［J］．中国人口科学，2013（6）．

度的功能属性，建立权责对等、梯度赋权的公共服务供给机制，是解决流动人口享受公共服务待遇的阶段性最优选择。通过利益导向机制的正确引导，使流动人口实现从“被动接受管理”到“主动接受管理”的转变。权责对等的重点是高贡献、高待遇，低贡献、低待遇，其中，因人才群体具有高潜在贡献的典型特征，综合考虑流动人口在当地的连续工作年限、文化程度、技能水平、投资规模、纳税额度、获奖等级、计划生育、遵纪守法等情况进行积分登记，并提供相应档次的公共服务待遇。探索实施流动人口凭积分享受城市公共租赁房的服务待遇。[①] 在城市总体承受能力相对不足的情况下，可按照“权利与义务对等”原则，合理设置申请门槛和准入条件，为流动人口获得市民待遇提供合理途径，构筑起有利于推动人口合理流动和流动人口社会融合的制度框架，实现户籍价值重构和流动人口的权利回归。[②]

① 刘奕湛．全国公安厅局长会议：进一步放宽落户条件和落户通道［EB/OL］．［2017-02-20］．http：//www.thepaper.cn/newsDetail_ forward_ 1600625.

② 康岚．新“土客”关系中的外群印象与差异化接纳——兼谈完善居住证积分制的民意基础［J］．城市发展研究，2015（1）．

4 城市化进程中的城市病蔓延与治理

城市学致力于从系统的角度研究城市的发生与发展、结构与功能、组合与分布等方面的客观规律，分析各种城市问题产生、蔓延的内在机理和外在表征，探索提出一揽子解决城市病的对策建议。在城市学研究看来，城市病是城市系统运行中各子系统之间不协调的一种表现。城市作为一个开放的巨系统，时刻在进行着内部子系统之间、系统内外部之间的物质、能量、信息交流，这种交流和系统反馈机制是维持城市保持总体平衡的根本，一旦交流和输入输出系统出现问题，或者信息反馈机制失灵，都将使城市系统失去平衡，严重者会使城市运行陷入瘫痪状态。

4.1 城市病的外在表现

就具体表现而言，城市病表现为对城市正常运行和发展产生严重阻碍的、影响城市健康和可持续发展的问题。更确切地说，城市病是伴随着城市发展或城市化进程，在城市系统内部产生的人口膨胀、交通拥堵、环境污染、住房困难①等一系列经济、社会和环境系统不协调的问题，是城市发展过程中会

① 当前在媒体报道中描绘的各种城市病属于不同层次，主要有城市人口膨胀、城市交通拥堵、城市环境污染、城市住房困难、城市贫困、城市失业、“千城一面”、城市上学难、城市看病难、城中村问题、城市治安问题等，这些问题既有成因的层面，也有表象的层面。其中，人口膨胀、交通拥堵、环境污染、住房困难是当前中国较为突出的城市病。对此，本章所指的城市病表现是对状态的描述（如人口膨胀、环境污染）或因公共服务和社会管理不足导致的问题（如交通拥堵、住房困难），导致这些问题出现的因素则称为城市病的成因（包括直接成因、制度成因）。需要强调的是，四种主要城市病之间虽然存在一定的相关性，但并非是可以作为充分条件的直接成因，例如人口膨胀只是提高了交通拥堵、环境污染、住房困难出现的概率和解决的难度。

严重影响系统运行的混乱与无序状况。杭州作为中国东部发达地区城市化的典型城市，2013 年人口城市化率超过 75%，同样面临城市病预防和治理重任，城市病所引发的公共危机已经严重威胁到人口、资源和环境的可持续发展。为全面深入地掌握杭州市城市病的现状和存在问题，获取城市管理者、专家学者、市民（农民）、移民对这些问题的原因分析与对策建议，2013～2014 年，杭州国际城市学研究中心开展了针对杭州市 15 类城市病的问卷调查，回收有效问卷约 2 万份。本书结合其中针对城市人口膨胀、交通拥堵、环境污染、住房困难四方面的调查数据，对杭州城市病的外在表现进行重点分析。

4.1.1 城市人口膨胀

从深层次来看，城市病的产生同城市自组织过程中的人口无序集聚密切相关。集聚是城市的本质特征，但城市人口与城市社会管理、公共服务能力不相适应的集聚就会引发各种问题。城市病的实质是以城市人口为主要标志的城市负荷超过了以城市基础设施为主要标志的城市负荷能力，使城市呈现出不同程度的“超载状态”。如图 4-1 所示，人口迁移和流动是重要的城市自组织过程，自组织系统的反馈机制调节和制约人口流向与流速。房价、地价、交通状况等构成反馈机制中的重要反馈信息，且与城市人口流动形成协同发展

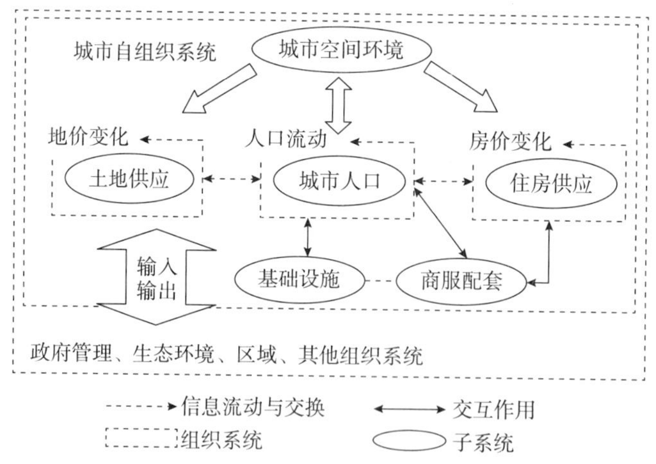

图 4-1 以人口为核心的城市自组织系统

的共生机制。信息不畅或失真、反馈机制失灵或系统外部强力加压则会引发人口流动的无序、混乱、不足或过度。人口流动的无序和混乱通过信息传输和反馈机制又反作用于住房、土地和城市环境等子系统，甚至引发综合性的城市病。

随着改革开放以后户籍政策的放开，中国大量的农村人口涌向城市，加上改革初期国家重点发展大城市的政策，使得资本劳动迅速向城市集聚，大规模的城市基础设施和工业企业得以建成，而这又吸引着更多的人口向城市迁移。通过分析大城市形成的历史轨迹发现，无论是国外还是国内，特大型城市强大的集聚效应势必导致人口聚集继而人口膨胀。人口规模越大的城市，通常城市病种类会越多，且城市病的恶化与城市的人口、经济规模基本同步。在中国城市化进程中，一些大城市存在流动人口数量剧增、市区人口密度过高、昼夜人口分布变化大、职住分离现象严重、居民通勤时间较长等问题。截至2013年末，杭州市区第一产业就业人口为23.14万人，第二产业就业人口为226.64万人，第三产业就业人口为228.75万人，市区常住人口密度达2072人/平方千米，其中上城区、下城区、江干区、拱墅区、西湖区5个老城区的平均人口密度约为10000人/平方千米（见表4-1）。

表4-1　2013年末杭州市常住人口和人口密度情况

	土地面积（平方千米）	2013年末常住人口（万人）	2013年末常住人口密度（人/平方千米）
杭州市区	3068	635.62	2072
上城区	18	35.13	19517
下城区	31	53.14	17142
江干区	210	101.63	4840
拱墅区	88	56.10	6375
西湖区	263	83.35	3169
高新（滨江）区	73	32.63	4470
萧山区	1163	153.52	1320
余杭区	1222	120.12	983

对杭州市的调查显示，近年来杭州市有关部门高度重视在杭移民的生产生活，围绕移民（流动人口）“安居乐业”问题出台了一系列政策法规，工作卓有成效。调查的城市管理者、专家学者、市民和移民四类群体，均对杭州解决移民（流动人口）“安居乐业”问题的成效作出积极肯定的评价（见表 4-2）。超过半数的城市管理者和市民认为工作成效较好；即使移民群体本身，作出积极评价的比重也超过 1/3，有 34.5%的移民认为工作成效“好”或“比较好”，仅有约 1/10 的受访者评价较低。但认为成效“一般”的比例较高，城市管理者、专家学者、市民、移民（流动人口）分别为 36.6%、49.6%、39.6%、52.6%。由于长期以来单中心、“摊大饼”式的城市扩张，导致优质资源过分集中在中心城区，直接加剧了中心城区和外围居住区之间的潮汐式通勤问题。同时，地方政府在社会管理方面长期存在要人手、不要人口的倾向，以农民工为主体的流动人口很难享受到城市住房、社保等公共服务保障，这种状况进一步加剧了城市住房困难的矛盾。

表 4-2　杭州市解决移民“安居乐业”问题成效的评价

单位：%

群体	好	比较好	一般	不太好
城市管理者	12.2	47.2	36.6	4.1
专家学者	2.5	29.4	49.6	16.0
市民	12.3	41.4	39.6	5.2
移民	11.3	23.2	52.6	10.1

4.1.2　城市交通拥堵

长期以来城市交通拥堵一直为城市居民所诟病，成为世界各国城市发展面临的头号难题。从经济学的角度来讲，交通拥堵对整个社会而言是净福利的损失，瓶颈路段的拥堵和部分道路的闲置是资源配置不合理的表现。目前交通拥堵现象在中国大城市随处可见。随着中国经济社会发展水平的提高、城市化进程的加快，城市交通越来越繁忙，城市道路负荷日益加重，交通拥挤、道路堵塞、行车混乱等问题还将进一步蔓延和恶化。在全国655座城市中，约有2/3的城市交通在高峰时段出现拥堵，一线城市交通拥堵十分严重。交通拥堵造成人们出行成本上升，效率低下，由此带来人们心理焦虑、烦躁，还会引发更多的交通事故，造成经济损失日益增大。同时，交通拥堵过程中频繁的变速加重了城市空气污染，给城市居住区带来了诸多噪声污染和安全隐患，严重威胁城市居民的身心健康。

随着杭州市经济社会的快速发展，机动车数量持续高速增长，近年来城市交通问题日趋严重，成为制约城市运行效率、影响市民生活品质的突出问题，杭州与其他发展中的城市都面临着同样的问题——堵。根据在杭州市的调查问卷分析，课题组以“方便性”和“畅通性”为定性衡量指标对城市交通的整体状况进行评价。从方便性来看，专家、管理者、市民对“方便性”的评价呈现以“一般”为中心的正态分布特性（见图4-2）。从畅通性来看，专家、管理者、市民普遍认为杭州城市交通比较拥堵，其中专家认为“拥堵”、“比较拥堵”的占67.3%，同一数据，管理者组为62.8%，市民组为43.3%（见表4-3）。

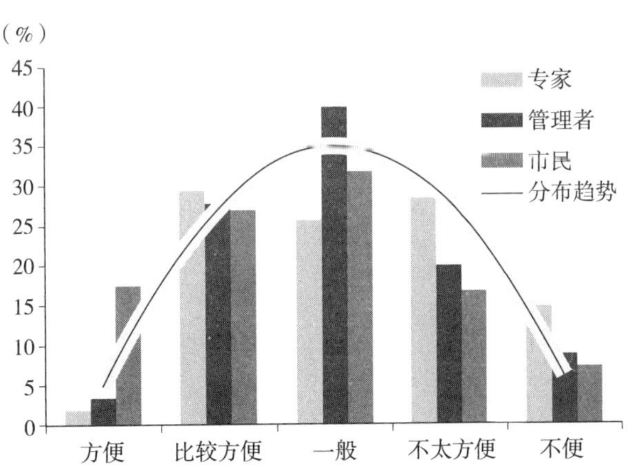

图4-2 调查对象对杭州交通方便性的评价

表 4-3 调查对象对杭州交通畅通性的评价

单位：%

群体	畅通	比较畅通	一般	比较拥堵	拥堵
专家	0	6.7	26	37.5	29.8
管理者	1.8	8	27.4	52.2	10.6
市民	11	16.5	29.3	30.9	12.4

有关数据显示，杭州市的交通拥堵指数远高于同类城市水平，交通人流量快速增长，汽车数量快速增长，潮汐式交通拥堵特征明显。因为交通拥堵，市民通过同一条道路所花费的时间是非拥堵状态的近 3 倍，杭州缓解交通拥堵和停车难问题刻不容缓。研究结果表明，机动车、工业生产、燃煤、扬尘等是当前中国大部分城市环境空气中颗粒物的主要污染来源，占 85%~90%。杭州的首要空气污染来源是机动车，提供了近 40%的污染物，燃煤、扬尘和其他各占 33%、8%、19%。由此可见，人多车多已经严重影响了杭州的空气质量和环境保护。好在从 2014 年实行限牌政策后，杭州机动车的保有量增速已经明显放缓：2012 年杭州有 95 万辆，2013 年有 110 万辆，2014 年有 124 万辆，2015 年有 126 万辆，年增十多万辆机动车的势头得到控制。

4.1.3 城市环境污染严重

由于中国多年来形成的粗放式经济发展模式、产业结构转型正处于阵痛期、城市化的快速发展超过预期、区域性污染的蔓延等，城市污染问题日益严重。拥挤的人口、拥堵的交通、输入性生活消费、脆弱的环境自净力，再加上城市本身的风道缺失、热岛效应，如果不采取必要的管控措施，城市环境必将日益恶化。同时，随着中国工业发展导致能源消耗巨大，城市机动车保有量持续剧增，住房新建、扩建和改建数量增多，2013 年中国华北平原、黄淮、江淮、江汉、江南、华南北部等地区多个城市出现严重的雾霾天气。随着城市环境污染的蔓延和恶化，空气质量恶劣、垃圾围城、水体污染等问题不断凸显，不仅降低了城市居民的生活质量，而且引发了诸多社会矛盾。

杭州市作为著名的旅游城市，好山好水是其最显著的标志、最闪亮的名片、最宝贵的资源，所以杭州市委市政府历来高度重视城市生态环境建设。然而，近年来随着杭州城市化进程持续深入，一些新的生态环境问题愈发凸显，如垃圾围城现象、空气污染、水污染、土壤污染问题等，不仅直接影响着居民的生活质量，同时也严重制约着杭州社会经济的可持续发展。据杭州市城市管理委员会统计，目前杭州全市（包括余杭区、萧山区）日产垃圾8000多吨，2014年4月最高日产垃圾已超1万吨，并且以平均每年10%的幅度增加。据预估，杭州每6年产生的垃圾就能填满一个西湖。杭州垃圾总量增加的同时，这座城市的垃圾处理能力七年未涨。目前杭州垃圾焚烧厂的处理能力为3200吨/天。而唯一的垃圾填埋场天子岭，按照当前的垃圾量，预计使用寿命为5年。垃圾处理能力跟不上日趋增长的垃圾制造速度，如何从根源上减少垃圾，这是中国很多城市面临的共同课题。在被调查的群体中，约有1/2的杭州居民认为取得了较好的成效，城市管理者中认为效果较好的占56.4%，专家群体中该比例为41.6%，有高达68%的市民对杭州市生态环境的总体评价较好。总体来看，认为杭州市生态环境保护效果一般的受访者较多，市民、专家学者和城市管理者分别占29.1%、47.5%、40.6%（见表4-4）。

表4-4 杭州市生态环境治理与保护总体效果

单位：%

群体	好	较好	一般	较差	差
市民	13.2	54.8	29.1	2.5	0.4
专家学者	3.0	38.6	47.5	9.9	1.0
城市管理者	10.9	45.5	40.6	3.0	0.0

4.1.4 城市住房困难

住房困难是指大量的城市常住人口难以达到较为体面的基本居住条件（即居住在有足够面积且成套、能满足家庭生活正常需要的住房中）。公开资料显示，自国家住房制度改革以来，中国城市住宅建设投资规模不断扩大，人均住宅面积快速增加。从 1998 年至 2009 年，城市人均住宅建筑面积从 18.7 平方米增加到 30 平方米，年均增长 1.02 平方米。2009 年，中国居民的住房自有率达到 80%以上，从总体上来讲，中国已经告别了住房短缺的时代。但是，自 2000 年以来，随着中国城市化进程加快、城市外来人口增加，对城市住房的刚性需求不断上升。然而城市土地资源紧张，住房的供需矛盾十分突出，房价不断上升。相关数据显示，2006~2009 年，北京、天津、上海、杭州、广州、深圳等地的住房价格都过快上涨。2010 年，全国 70 多个大中型城市房屋销售价格平均涨幅高达 13.67%，远远高于城镇居民人均可支配收入 7.8%的增长速度，这就导致大量居民购置新房支付能力偏弱。近年来，新增城市人口住房难已经成为困扰中国大城市的重大民生问题。

城市居民的住房状况可以从人均住房数量及结构、居住质量（住房面积、是否成套、公共服务配套情况等）等方面来反映。自国家实施住房制度改革以来，杭州市委、市政府紧紧围绕“居者有其屋”目标，坚持保障性住房与商品房建设“两手抓”，不断完善居民住房体系。虽然杭州在居民城市住房方面取得了比较好的成效，但是依然存在着一些突出的问题。专家学者和城市管理者都认为“商品房房价高”是最为突出的问题，比例均达到 90%以上，其次是“流动人口（农民工）住房难”、“保障房申请难”和“租赁房租金高”等问题。除了上述问题以外，还有危旧房改善难、拆迁（征收）难等问题（见表 4-5）。这反映了在杭州住房难、住房贵仍然是十分突出的问题，特别是以农民工为主体的流动人口尚未被纳入城市住房保障体系，难以达到基本的居住条件，整体居住质量明显低于城市户籍人口。

表 4-5 城市住房存在的问题

单位:%

存在的问题	专家学者	城市管理者
商品房房价高	93.9	92.1
租赁房租金高	41.8	36.6
保障房申请难	51.0	28.7
危旧房改善难、拆迁(征收)难	23.5	49.5
流动人口(农民工)住房保障难	54.1	46.5
其他	6.1	5.0

总之,对于现代城市发展来说,城市病的恶化和蔓延会带来城市运行成本的上升,将城市系统拖入恶性循环的怪圈,因此必须高度重视应对之策。例如,交通拥堵带来巨大的时间损失,且加剧大气污染,对抗拥堵而产生的城市蔓延又增加总体交通量,或在新城与主城连接处形成新的拥堵节点。但我们也必须认识到,城市在其发展过程中,不可避免地存在各种问题,城市问题不断出现和解决的过程,实质上就是城市发展进步的过程。我们一方面应该重视其对社会、经济、生态等各方面的不良影响,另一方面也应正视其存在的客观性与必然性。

4.2 城市病的成因分析

由于城市化的复杂性,分析城市病产生的原因,不能单纯地在单一的子系统内寻找,还必须从城市化发展的阶段性规律和城市化发展的方方面面去寻找原因。城市病发生的共性是由经济社会生态发展的不协调造成的,但是不同国家的城市病都有各自的特点。除了部分共性的特征,中国城市病的形成还带有比较典型的体制性特点。

4.2.1 城市病是伴随城市化发展而出现的一种必然的阶段性现象

通过回顾西方发达国家的城市化发展历程和城市病治理经验，我们可以发现，随着城市化的发展，城市病呈现出一定的规律性，可以分为城市病的隐性阶段、显性阶段、爆发阶段和康复阶段。

（1）城市病隐性阶段。即城市化水平在10%~30%的初级缓慢阶段，农业经济依然占主导地位，城市工业发展的资金短缺，城市化的动力不足，城市规模小、数量少，而且城市系统简单、功能比较单一，城市病处于隐性状态。

（2）城市病的显性阶段。即城市化水平在30%~50%的加速发展阶段，城市人口急剧上升，城市数量急剧增加，城市规模急剧扩大，对城市系统和城市功能的需要日益复杂。在此背景下，起步阶段的城市系统与功能已越来越不适应城市人口增加和城市规模扩张的需要，以交通拥挤、住房紧张、基础设施严重不足为病症的城市病显现出来。同时由于各城市治理者还把精力和目标都放在经济建设上，忽视了社会效益和生态效益，城市居民的民生需求和环境污染也日渐显现。

（3）城市病的爆发阶段。即城市化水平在50%~70%的加速发展阶段，也是城市化的基本实现阶段，这是国家实现城市化的革命性阶段，它标志着一个国家从传统的农村社会转变为现代的城市社会。在此阶段中，城市产业结构发生了革命性的转型，城镇规模继续扩大，城市数量仍在增加，城市系统和职能由单一化向复杂化和多样化完善和转化。然而，在这一社会性的变革中，政府治理者对城市和人口的治理观念、方式、手段均还停留在传统社会；被治理者的思想、观念、行为方式等也基本上习惯于传统的治理方式。从城市发展的效益来看，由于整个社会的经济实力还不强大，且全社会的目标都集中在经济效益上，在此阶段人们尚不愿意付出一定的经济效益代价来实现必要的生态效益和社会效益，政府对资源和环境的宏观调控能力脆弱，因此治理者面对许多新问题束手无策，而被治理者则面对治理者的治理无方而无可奈何，由此双方往往发生冲突，从而使城市病全面爆发。

(4) 城市病的康复阶段，也是城市化的完成阶段。城市化水平达到 70%以上，第三产业成为城市化的主要后续动力，城市化主要表现为内涵提高，即城市现代化。随着城市功能的完善，城市系统开始进入良性循环。同时大中小城市协调发展，地区间的不平衡大大缓解，城市间的交流日益频繁，从而增强了城市的辐射力，人口不再向大城市和特大城市集聚，城镇的空间形态逐步形成相互交叉渗透的网状结构，城乡之间的界限完全消除。正是由于城市系统的良性循环和城乡界限的逐步消除，从而使城市病得以缓解乃至康复。

4.2.2 城市病是由城乡差距和城市结构体系不完善造成的

城市病影响城市发展的总体质量和城市化进程的综合效益，放眼当今中国的政府管理职能架构，防治和管控城市病的成效，主要取决于城市政府对经济事务的宏观调控能力和对社会公共事务的治理能力。当前转型期存在的体制机制等种种约束因素使得中国不少大中城市的城市病得不到有效及时的治理，进而造成其蔓延。主要体现在：

(1) 城乡差距过大。农村人向大城市迁移、西部人向东部大城市迁移是中国改革开放以来两大移民走向。究其原因，是由城乡发展差距、东西部发展差距导致的。相对于第二、第三产业而言，农业是一个比较利益较低的弱质产业，要受到市场因素和自然因素的双重限制。由于比较利益的驱动，农业内部的资本、劳动力等生产要素，必然要在非农部门外在拉力和农业部门内在推力的双重作用下，流向非农部门。在中国，城乡之间除了产业之间的差异，还有居民收入方面的差异、社会事业发展和文化生活方面的差异。如城市拥有比农村要好得多的基础设施和社会保障、公共卫生服务体系，拥有从基础教育到高等教育较为完备的教育系统和舒适的工作环境及丰富多彩的文化生活等。由于中国的城市化没有能够自然地走向城乡一体化，城乡之间没有能够实现高度的融合，城乡的资源没有实现自由流动，导致城乡差距越来越大，按照比较利益的原则，人们会自然而然地为追求更高的收入和更好的生活而涌向大城市。

（2）城市内部空间结构不合理。空间布局是决定城市发展潜力和发展持续性的重要因素。它包括两个方面：一方面是大城市自身内部的空间布局，大城市的人流、物流过度集聚于中心城区。另一方面是大城市所处区域城市体系的空间布局。大城市自身内部空间布局是通过城市规划来完成的。合理的城市规划和空间结构不仅可以改善环境、有利于低碳、环保，还可以扩大城市容量，有利于人口、经济增长。然而长期以来，中国城市管理者对城市规划的作用认识不够，规划意识差，规划滞后于城市建设；即使认识到规划的重要性，但由于缺乏经验，特别是缺乏科学发展的理念，规划更多考虑的是城市的经济效益，忽视城市发展的社会效益和宜居等生态效益，注重短期效益，忽视长远效益；即使有了科学的城市规划，但在规划实施过程中，行政干预规划、人为影响规划的现象比较普遍，从而肢解了城市规划集中统一治理权，削弱了规划的权威。在城市的规划上，没有合理进行产业布局，资本密集型、技术密集型产业集中在大城市，劳动密集型产业也集中在大城市，大城市周围没有卫星城来分散城市压力。

（3）城市外部空间体系不完善。城市体系是在一定区域范围内，以中心城市为核心，各种不同性质、规模和类型的城市相互联系、相互作用的城市群体组织，是一定地域范围内相互关联、起各种职能作用的不同等级城镇的空间布局总况，是区域社会经济发展到一定阶段的产物，是城市带动区域发展最有效的组织形式。从城市所在区域城市体系的空间结构来看，如果一个地区的城市体系发育比较成熟，大、中、小不同等级和空间网络分布结构比较合理，各城市相互依存，各司其职，彼此之间的福利差异比较小，就不易产生城市病。如果城市体系发育不成熟，特大城市功能高度集中，而周边的中小城镇功能不够健全，从推动经济发展和提高效益来看，特大城市尤其是城市核心区仍有许多优势，人、财、物等生产力要素不断向城市集聚，导致城市规模越来越大，超出了城市社会管理和公共服务能力，最终导致各种城市病随之产生并且急剧恶化。

在 20 世纪 90 年代中期以前，中国城市发展政策是“严格控制大城市规模、合理发展中等城市和小城市”。这一发展方针抑制了大城市的发展，但是，东部沿海一些城市凭借得天独厚的条件和市场经济的推动实现了优先发展。2000年之后，中国城市化发展方针有了调整，“大中小城市和中小城镇协调发展”的思路取代了“严格控制大城市规模、合理发展中等城市和小城市”的方针。但是由于大城市积聚了政治、经济、科技、文化等方面的资源，产业规模大、现代化程度高、吸纳就业人口量大、基础设施相对完备，所以吸引着全国各地各方面的人才和劳动力资源蜂拥而来；而众多小城市和小城镇却缺乏产业支撑，经济发展动力不足，基础设施落后，公共服务缺乏，集聚人口的功能明显不足，导致人口向大城市持续性流动。对此，我们必须强化城市群的发展理念，将城市群作为城市化的主导模式，推动大中小城市和小城镇协调发展。

4.2.3 城市过度追求GDP增速，忽视以人为本的发展

长期以来，GDP是中国评价考核城市发展水平的重要指标，也是考核城市管理者工作业绩的重要指标，“唯GDP论”直接导致城市发展走上注重规模和数字的粗放型、外延式扩张之路，被形象地称为城市“摊大饼”。以面积、人口、经济总量为主要表征的城市规模已经成为一些地方政府显示政绩的亮点，城市蔓延在某些区域已经愈演愈烈，如果城市开发无限地蔓延下去，每一个城市都会往外扩张，大“饼”、小“饼”会越摊越多、越摊越大。城市蔓延虽然不是导致城市病的唯一因素，但着实在空间上对加速城市病的爆发起了推波助澜的作用。城市有两大基本功能：一是侧重于生产的经济功能，二是侧重于生活的社会功能。如果过分看重经济功能，一味追求经济发展的增速，那么城市的社会功能就会被忽视，城市的生活气息就会被淡化，缺乏足够的生气。因此，城市发展战略应该重新调整经济功能与社会功能、生产性活动与生活性活动的比重，不忘初心，继续前行。当务之急是要回归城市以人为本的宜居属性，重视城市让生活更美好的初衷，重提经济发展是为了改善生活，在确保生态的基础上把握好、处理好生产、生活的关系。我们必须要明确如果过分强调经济发展，居民的生活质量就要受到影响。

4.2.4 城市化的制度建设滞后于城市化发展

城市化作为伴随经济社会增长和结构变迁而出现的社会现象，同样与制度安排及其变迁密切相关。有利于城市化的政策或制度安排会促进城市化的发展，如果缺乏有效率的或提供不利于生产要素聚集的制度安排，则会阻滞城市化的正常发展。从新中国成立以后到改革开放以前，严格的户籍制度、劳动就业制度、粮食供应制度、住房医疗以及其他福利制度限制了农村人口向城市的自由流动，造成城市与农村长期处于分割状态，客观来看，阻碍了中国城市化的进程。目前，国家正在进行户籍制度、劳动就业制度等方面的改革，但是，影响城市化发展的根本制度——户籍制度还没有完全改变，导致进城农民处于“半城市化”状态。这是农村人口向城市人口转化过程中的一种不完整状态，主要表现为：农民已经离开乡村到城市就业与生活，但他们在劳动报酬、子女教育、社会保障、住房等许多方面并不能与城市居民享有同等待遇，在城市没有选举权和被选举权等政治权利，不能真正融入城市社会。当前，对中国城市化影响力最大、最直接的制度主要有户籍制度、土地制度和社会保障制度。

4.2.5 城市化忽视对生态环境的保护

城市化是在工业化的基础上产生、发展的，而工业化是以对自然资源的大量消耗为前提的。因此，随着工业化和城市化进程的加快，对自然资源的过度开发就成为一个非常突出的世界性问题。例如对土地资源、森林资源的过度开发和破坏，对淡水资源的严重污染和浪费，城市噪声、空气污染的日益泛滥，特大城市的人口过度拥挤带来的交通、住宅等问题。因此，如何适度开发自然资源，实现城市化与生态环境保护协调发展，是一个世界性的难题。20 世纪 70 年代在西方发达国家出现了逆城市化现象，即出现城市市区人口向郊区迁移，大城市人口向卫星城迁移的倾向。造成逆城市化的原因主要有大城市城区人口过于密集、就业困难、环境恶化、地价房租昂贵、生活质量下降，导致人口向环境优美、地价房租便宜的郊区或卫星城迁移。近年来，在中国出现“逃离北上广”现象，实际上是一些年轻的群体在北京、上海、广州等一线城市打拼数年后，重新选择到二三线城市发展的现象，这实际上是对高房价、高污染、低收入、交通拥堵大城市和特大城市的抛弃，也带有逆城市化的性质；此外，北京等特大城市出现了一些城里人在城市郊区租赁农庄小院、享受城外郊区新鲜空气和田园生活的现象，也是逆城市化的表现。所以说，适度的、健康的城市化，必须保持人类生产活动与城市环境承载力之间的协调关系。

从系统科学的角度来看，城市自组织过程是人口、经济等要素的历史演变和空间演变过程，是人口、土地、产业、景观等各种要素城市化逐渐推进的过程，同时也是城市病产生、演变和发展的过程。自组织系统在非平衡态的状况下通过涨落达到有序，人口的增减、经济的波动、建筑的拆建等，都是城市系统内部常见的涨落现象，其中人口和就业机会的增减与空间变化尤其频繁，城市系统正是通过这些涨落现象逐渐趋于有序。人口和就业等状态参量的不断增长或减少是城市系统演变的突出特征，人口和就业在空间上的分布格局代表了城市系统稳定的耗散结构。而这一格局的演变正是城市自组织过程的空间映像。人口演变与住房紧张、交通拥堵等城市病息息相关，是城市自组织系统趋于有序的途径，合理引导这一涨落过程可促进系统从耗散结构走向有序，反之则可能导致城市自组织系统的“郁结”或“病症”。对于大城市来说，人口向城市外围空间和新城的流动有助于缓解中心区的过度拥挤，这种流动持续而且方向多样，速度有缓有急：缓慢的人口迁移活动属“微涨落”，可以调节城市系统，一定程度上缓解中心拥挤的城市病；政府主导下的一些大规模居民、产业外迁等“巨涨落”，则可改变城市空间结构，大幅度疏解城市问题。

总之，上述因素共同导致了城市病快速蔓延并在大城市中急剧恶化。在这些成因中，除了管理水平方面的因素，其他很多因素是由于城市化的体制机制保障不力所引发的。对于城市病的制度成因，需要在目前的行政资源投入水平和管理能力下，通过完善绩效考核制度、财税体制、土地管理制度、规划保障制度、上下级政府关系等相关的体制机制，为提出防治和管控城市病的对策奠定基础。

4.3 城市病综合诊断与评估

4.3.1 城市病综合诊断技术

大数据、云计算、物联网等一批新技术条件下，城市病诊断治理的形式和手段更加多样化，治理思路更加具有整体性和系统性。在日益全球化的网络时代，为获得更多的战略性资源，城市发展与城市病诊治越来越依赖于信息采集传输和大数据加工计算等新技术。在此背景下，城市病诊治情报服务存在三种重要推动力：智慧城市信息环境改善（宏观环境）、大数据战略实施（中观资源）以及用户需求（微观环境）的深刻变化。

从目前来看，数据挖掘、知识库建设、网络舆情分析、计量评价等信息数据采集模块在城市病治理的攻坚战中都起到了关键作用，但实践中政府并未将城市病综合诊断技术研究置于城市规划的前端，并未赋予新技术对规划编制智力支持的特殊定位，信息技术对城市规划的支撑服务功能总体上较为分散。因此，我们可以根据新信息环境下城市病现象折射出的信息技术学基本原理，以城市数据、信息、情报资源为基础，以城市基本信息数据流运转为引导，设计出符合实践要求、适应时代环境的城市病诊治技术服务模式，构建城市数据大脑和城市中枢神经系统，实现精细化的城市运行和管理，促使低碳化、高效化、人性化等智慧城市建设目标早日达成。具体而言，可以从以下三个方面提升城市病智慧诊断能力：第一，构建统一的城市管理信息采集和监测体系，如成立市级层面的数据资源管理局，为科学系统地认识城市病提供支持；第二，集成各类信息技术、工具与方法，支撑城市病治理的综合协调和路径分析体系，为科学系统地治理城市病筑起防护墙；第三，重视城市管理与信息服务中“技术理性”与“人文价值”的协调共生，实现城市病诊治的决策范式演进。

4.3.2 城市病的综合评估

面对城市化高速推进的时代背景，为应对城市病这样常态化的城市危机，在管理模式上应根据复杂的系统工程要求，积极研究和制定一揽子的解决方案。随着城市病的凸显和蔓延，各种城市病相互叠加，由此引发的城市危机不可能绝对避免，但我们可以尽可能地预防和减少危机的发生。通过对城市病危机的全面认知和科学管理、有效控制、积极化解，同时借鉴和吸收国外成熟的城市危机管理经验，切实提高应对城市病的城市危机管控和治理水平。

（1）城市病评价指标体系构建。城市病是一系列现象和问题的总和，各类问题之间虽有一定的联系，但在表象和特征反映上，却往往是显著不同的，相关反映指标也难以直接加总。正因为如此，目前多数有关城市病的研究中对城市病状态的反映都以描述特定类型的特定现象（指标）为主，例如，以人口密度反映人口拥挤状况、以通勤时间和平均车速等反映交通状况。对城市病的各个种类进行描述，能够清楚地反映本类城市病的状况，但对作为整体的城市病状态，却无法给出判断或进行比较。鉴于各类城市病之间的相互联系，在此，本书以杭州为例，重点针对人口膨胀、交通拥堵、住房紧张、环境污染四大主要城市病，采用专家咨询和标准比对等方法，探索对城市病状态进行综合测度，并计算一个综合值，反映杭州市城市病的总体状况。

第一，城市病评价指标选取。

对于城市病综合评估，常见的做法是从城市当中的人口、交通、环境和住房四个方面进行考量①，从人口拥挤、交通拥堵、环境污染与风险、住房贫困四个方面构建测度城市病的指标体系。分别用人口拥挤指数、交通拥堵指数、环境污染与风险指数、住房贫困指数来代表各类城市病指数，四者共同构成城市病总指数。参照国际大都市的理想值，中国生态城市、宜居城市的发展目标及相关规划标准，确定各指标的目标值。继而对各指标数据进行标准化处理，具体方法可分为三类：一是对现状值大于目标值的指标，取两者之比值作为该指标的标准化值；二是对现状值小于目标值的指标，取“1+（1-两者之比值）”作为该指标的标准化值；三是对目标值为零的指标，以“现状值×100”作为该指标的标准化值。最后，依据各指标等权的原则，计算

① 石忆邵．中国城市病的测度指标体系及其实证分析［J］．经济地理，2014（10）．

得到3个城市各类“城市病指数”及“城市病总指数”。“城市病指数”越大，表明城市病现象或程度越严重。

城市病是当前人口、交通、住房、环境等问题的反映，同时，经济社会发展总体趋势也将影响这些要素的变化情况，并进而对城市病产生影响。因此，在选择度量各类城市病的指标时，可以分为两类，一类是代表各类城市病当前状态的指标，即现势指标；另一类是将会影响到城市病变化和发展状态的指标，即趋势性指标。综合各类反映城市病状况的指标，分别给出代表人口拥挤、交通拥堵、环境污染、住房困难四类城市病的现势性指标7项和趋势性指标6项，各项指标以及其所表示的意义如表4-6所示。

表4-6　城市病主要评价指标及其解释

城市病类型	现势性指标	指标解释	趋势性指标	指标解释
人口拥挤	建成区人口密度	城市病状况的最直接指标	人均收入水平与区域整体水平比	就业和收入水平是吸引人口集聚的关键，一个区域相对收入水平越高，对人口的吸引力越强
	居住用地人口密度	反映真实居住拥挤状态		
交通拥堵	高峰时期车速	反映交通拥堵状况的直接指标	恩格尔系数	代表汽车进一步增加的可能性
	平均通勤时间		百人汽车拥有量	
环境污染	优良天气比重	也可以选择各类污染检测指标，在此选用优良天气数量，作为总体定性判断	产业结构	不同产业结构通常代表不同的污染物来源，例如，第二产业比重较大的城市，污染可能更为严重
住房困难	房价收入比	代表家庭购房难度	基尼系数	系数越高，通常表明住房困难缓解的难度更大
	人均居住面积	数据越小，表明住房困难越突出	自有住房比重	潜在住房需求

在各类城市病中，人口集聚情况是最直接、影响程度最大的指标，因此，首先选取中心城区人口密度作为度量指标。由于中国城市人口统计中，城市人口不是纯粹市区人口，而是市行政区人口，因此，若计算城市建成区人口密度，对于中国城市，应以行政区内城镇人口与城市建成区为依据计算城市人口密度。交通拥堵是城市病中反映最为直观的类型，因此，选取城市通勤时间作为反映城市交通拥堵状况的指标。在其他各项指标中，由于趋势性指标难以获得较为全面的数据，因此，实际计算中只考虑现势性指标。

第二，各项指标的影响及权重。

根据对以上各项指标的解释，就各指标值大小所表征的城市病状态看：对指标值越大、对应的城市病越严重的指标，称之为正向指标，用“+”表示，如建成区人口密度、居住用地人口密度、平均通勤时间等；对指标值越大、对应的城市病越轻的指标，称之为负向指标，用“-”表示，如自有住房比重，数值越大，表明住房困难程度越小。

对于各项指标对城市病程度的影响大小，采取专家咨询法，分别确定各影响指标的权重值。另外，考虑到现势性指标和趋势性指标的差别，我们将现势性和趋势性的指标分别赋权。最后，再对两类指标各自加总后分别赋予0.8 和0.2 的权重。相关指标的影响方向及权重结果如表 4-7 所示。

表 4-7　相关指标权重及其对城市病的影响方向

城市病类型	现势性指标	指标权重	影响方向	趋势性指标	指标权重	影响方向
人口拥挤	建成区人口密度	0.3	+	人均收入水平与区域整体水平比	0.4	+
	居住用地人口密度	0.1	+			
交通拥堵	高峰时期车速	0.15	-	恩格尔系数	0.1	+
	平均通勤时间	0.1	+	百人汽车拥有量	0.15	+
环境污染	优良天气比重	0.1	-	产业结构（第二产业）	0.1	+
住房困难	房价收入比	0.15	+	基尼系数	0.15	+
	人均居住面积	0.1	-	自有住房比重	0.1	-

第三，“标准城市”与指标值计算。

城市病源于居民的普遍感受，具有很强的主观性，因此，对于各项指标达到何种程度可以认定为城市病，也因不同人群（城市、国家）而有不同的判断，因此，难以给出一个统一的标准。在此，按照标准比对方法，即以运行较好的大城市的各项指标的平均情况为依据，确定一个“标准城市”，以此作为判断城市是否发生城市病的临界标准。由于各个国际城市的指标难以全面掌握，研究中仅选取部分代表性国际大都市的相关指标作为参照。

根据代表性城市的有关数据，确定“标准城市”的各项指标（见表4-8），其他城市各项指标与运行良好的城市的各项指标进行对比，确定一个无量纲的值，对于负向指标，则取比值的对数进行计算，该值大于1，表明该项指标对应的城市问题存在“病症”；该值小于1，则表明该项指标表征的城市问题不存在“病症”。计算各项指标值后，再根据表4-7各指标权重值，计算各城市城市病的判断指标值，并与“标准城市”的值进行比较，值越大，表明城市病越严重。

表4-8 “标准城市”各项指标值粗略估计

城市病类型	现势性指标	指标值	趋势性指标	指标值
人口拥挤	建成区人口密度	1.5万人/平方千米	人均收入水平与区域整体水平比	1.5
	居住用地人口密度	—		
交通拥堵	高峰时期车速	20千米/小时	恩格尔系数	—
	平均通勤时间	40分钟	百人汽车拥有量	—
环境污染	优良天气比重	80%	产业结构（第二产业）	20%
住房困难	房价收入比	12~15	基尼系数	—
	人均居住面积	25~30平方米	自有住房比重	—

（2）城市病评价指数评估。

第一，城市病评价指数构建。

根据上述衡量城市病不同等级的指标体系和相应的指标值，本章以杭州市 2013 年的城市病状况为研究对象，研究选用量化结果清晰、综合解释能力较强的加权合成法来计算反映一个城市的城市病情况的综合指数 K：

$$K = \sum_{i=1}^{n} \lambda_i W_i$$

其中，K 为一个城市的城市病的综合评价值，λ_i 为单个指标的评价值，n 为评价指标的个数，W_i 为各个指标的权重。

具体的研究路径为：第一，收集数据，即收集评价指标体系中各指标的实际值，并对其进行整理，统一口径；第二，对选定的指标进行指向性的界定，随后对其进行无量纲化处理，得出各指标的评价值；第三，用层次分析法计算出各指标的权重；第四，用加权合成法对各指标的评价值进行综合，得出杭州市城市病的综合评价值。

第二，城市病评价指数评估。

为确保数据的可比性和权威性，本章我们主要从杭州市官方的统计年鉴中收集数据，对于有些不能直接获得的数据，参考了相关的研究成果，并根据经验事实进行了修正。

在权重确定方面，采用层次分析法确定城市病综合评价指标的权重，参考专家的意见构造出各指标的比较判断矩阵，并且该矩阵通过了一致性检验。

参照当前常规的评价指数计算方法，我们将城市病划分为一级到五级，表示城市病的严重程度逐渐加重，再结合一些理论研究和经验，估计确定了不同等级城市病中各个基本指标的赋值。其中，一级城市病表示没有城市病或程度很轻，基本感受不到；五级城市病表示程度十分严重，严重影响了人们的日常生活，对于城市发展的阻力很大，甚至已不适合人类居住；二级城市病到四级城市病的程度介于以上两者之间，并依次增强。

根据有关统计数据和问卷调查数据，经过测算，杭州市的城市病综合评价指数为 48.79，属于三级城市病。从各单项来看，杭州市的城市病四个方面的情况均比较好，与北京、南京、上海、武汉、天津、石家庄、广州、重庆八座城市相比，杭州市自然资源短缺的评价指数为 17.28，排名第 8；社会资源短缺的评价指数为 7.98，排名第 7；环境恶化的评价指数为 16.57，排名第

8；交通拥堵的评价指数为6.96，排名第2。

总体来看，杭州市城市病发展态势主要体现在以下几方面：一是在城市人口膨胀方面，在杭州市主城区范围内，人口密度甚至超过国际部分城市人口密度，这也是中国大城市城市病普遍较为严重的主要原因。随着全国人口向发达地区转移集聚，杭州市流动人口仍将呈现增长态势，但增速可能会放缓，分布可能会更合理。另外，人口向大城市的集聚速度，还取决于国家促进大中小城市和小城镇协调发展的力度和推进公共服务均等化的进度，以及防止优质资源向大城市过度集中的态度。二是在城市交通拥堵方面，虽然科学合理的城市规划和布局、公共交通工具的广泛普及以及组合式的交通管控收费机制可以缓解交通拥堵状况，但大城市人口集聚在主城区的状况短期内难以扭转，私家车进家庭的普及热潮短期内难以降温，大城市内部就业、医疗、入学等优质公共服务均等化难以到位，这些都使得交通拥堵状况在短期内难以显著好转，并有可能进一步恶化。三是在城市环境保护方面，随着经济结构调整和环境污染治理力度加大，通过污染源、污染物集聚状态和创新处理方式三个方面的努力，加大针对PM2.5、城市内河道、垃圾焚烧（填埋）场的专项治理力度，城市总体环境状况有望得到改观。四是在城市住房保障方面，随着城市产业结构转型升级，从业人员文化水平和专业素质有望进一步提升，产业园区用地增长过快的势头有望得到遏制，城市产业用地挤占城市住宅用地的局面有望扭转；同时，随着多中心城市结构的规划建设和城乡建设用地统一市场的改革，城市住房价格上涨过快的矛盾有望缓解。总之，通过土地使用制度的改革探索，逐步打破按照土地所有制进行管理的模式，有望增加城市住宅用地供应量，从而从根本上缓解城市住房困难的问题。

4.4 城市病系统治理案例分析

城市治理主要涉及城市空间内不同的权利主体——政府、社会组织和城市居民。中国城市化的迅速发展奠定了城市治理的时代背景和外在基础，城市社会管理体制的变革提供了城市治理的政治动因和内在动力。近年来，杭州依托复合主体参与协商民主的机制，通过在全市建设基层社会服务管理中心及其数字平台，进一步整合辖区公共行政资源，通过各城区深入探索服务管理体制创新，着力提升社会服务和管理水平，逐步实现了社会资源和公众参与渠道的优化配置，即在参与协商民主的框架下实现了从社会复合主体到城市品牌网群再到城市治理的发展跨越。巩固深化城市治理导向的社会服务管理创新成果，需要继续探索系统治理、依法治理、综合治理、源头治理的社会服务管理和治理体系建设的基本路径。

党的十八届三中全会明确把“完善和发展中国特色社会主义制度，推进国家治理体系和治理能力现代化”作为全面深化改革的总目标，并专门部署创新社会治理体制，强调“创新社会治理，必须着眼于维护最广大人民根本利益，最大限度增加和谐因素，增强社会发展活力，提高社会治理水平，全面推进平安中国建设，维护国家安全，确保人民安居乐业、社会安定有序”。治理是多元社会主体在平等、参与、沟通、协商、合作基础上形成的经济社会事务互动管理机制，其实质是在利益整合基础上建立的以问题为导向、追求共同利益、解决公共物品有效供给的综合管理过程。治理可分为全球治理、国家治理、城市治理、社区治理等不同层级，其中，城市治理是国家治理的源头和基础。城市权力分配运行体制与经济社会发展之间的关系一直是现代民主实践的核心问题，如何在城市空间内协调两者之间的关系，是推进城市民主制度建设的关键。治理的理论前提在于，每个主体的考量和行为模式都源自于其特定的利益需求，从而据此构建多元主体之间相关利益的分配调节机制。在多中心治理的典型模式中，城市事务的利益相关者是分析城市治理结构的关键变量。社区治理既是城市治理的重要节点，也是城市治理的基本单元。社区是户籍人口与非户籍人口、原住民与外来人口等城市市民栖息、生活、交往和互动的邻里空间，市民通过家庭、邻居而融入社区，社区治理是和谐社会的基础。由于生活需要彼此关联，市民之间的和睦有赖于社区认同，形成相互帮助、相互照应的亲密情感联系。社区成员因籍贯、职业、收入、文化程度、志趣和个性等不同，会产生不同的利益诉求甚至矛盾，因此需要通过制度化的城市治理进行调节。以社区治理为载体的城市治理实质上是管理与自治的复合形式。近年来，杭州通过大力推进社会服务管理与和谐社区的体制建设，推动城区开展多种类型的服务管理创新，培育发展各种功能的复合型社会主体，进而探索了城市治理导向的社会服务管理实现路径。

4.4.1 城市治理导向的社会服务管理理论探讨

在肇始于英国工业革命的两百多年的城市化进程中，西方国家公共管理理论创新和改革探索卓有成效，在城市治理理论范式方面主要出现了三次较大的理论转向：先从传统区域主义到公共选择理论学派，再到新区域主义。虽然不同的理论范式各有侧重和优劣之处，但在不同学者和改革家的整合下逐渐被吸收到各类城市治理运作机制中，形成了各具特色的城市治理模式。中国城市管理模式的变迁受国内经济社会结构转型和西方公共管理改革的双重影响，完整经历了管制模式、经营模式和治理模式三个发展阶段。改革开放以来，中国进入快速城市化时期，尤其是 1994 年以后，城市逐渐成为国家经济社会发展的主要载体。如何在城市空间内形成一个合理、有效的整体发展模式，寻求建构现代社会良性治理的发展路径，成为中国城市治理中的核心议题。从国内研究情况来看，城市治理议题多集中于公共管理、城市规划、区域经济、人文地理、社会学等学科领域，研究的主题和内容主要集中于城市治理的兴起背景、基本含义、主要模式、分析框架、实践经验、绩效评估、研究述评等方面。总体来说，国内学术界有关城市治理的研究仍有待加强，现有成果多停留在介绍西方城市治理理论、具体经验和比较研究层面，对城市治理中的政府自身建设、基层经验、民间组织、企业与政府良性互动参与治理等方面，尚缺少深入的系统研究。

城市治理对政府管理提出了新的诉求，需要城市政府协调好政府自身利益和城市公共利益之间的关系，在兼顾政府自身利益的同时，坚持城市公共利益至上的原则，大力提高城市政府的公共精神和公共意识。只有这样进行正确的利益定位，才能保证城市政府利益机制的正确性和合理性，城市政府才能担负起在城市治理中的引导者、监督者和维护者的职责，成为城市治理的核心。从政府管理下的大包大揽向城市治理导向的社会服务管理体制转型，是城乡一体化发展背景下的市场经济体制对政府管理模式提出的改革与创新要求。与传统的城市政府管理相比，现代的城市公共治理在参与主体、信息平台、组织制度、规范体系等方面进行了创新性的探索，主要体现在：

（1）多元治理的参与主体创新。传统城市管理模式的基本特征，就是以政府组织为单一管理主体。在公共产品和公共服务的生产与供给上，政府习惯于大包大揽或垄断经营，没有动态地反映公共服务消费者的需求结构变化，社会公共参与的渠道狭窄，公民参政议政的效能感低，导致政府不堪重负而且费力不讨好。现代公共治理模式以公众偏好或市民对公共服务的实际需求及满意程度为导向，同时结合公共资源的可支配程度来改进城市管理和公共服务的方式。这种顾客导向的有效供给模式，尊重公共选择、注重通过非政府组织（NGO）等公民社会组织提高公众参与水平，促使公共服务的消费者参与到公共服务的生产、供给、提升与维护之中。

（2）多元治理的信息平台创新。城市政府管理的基本工具是法定权力与政府管制。在公共治理的工具体系中，政府管制、法律强制仍然是必备的手段。然而，当社会发展到要求政府淡化强制管理、突出社会服务职能的时候，政府在确保信息采集和传递畅通的情况下放松管制，充分采用分权、授权、谈判、协商、合作、自治等方式方法，被证明是必要和有效的。

（3）多元治理的组织制度创新。政府管理的组织结构是科层制度（官僚制），其长处是使政府的政策过程像结构精密的钟表一样按部就班地运转。面对日益分化的、不确定的、动态的现代社会，这种组织制度暴露其僵化和低效的弊病。因此，城市治理导向的政府城市管理体制改革，需要构建动态合作的、网络结构的、社区自治的城市管理模式，提高治理组织的灵活性，降低城市运营成本，提高管理效率和效果。

（4）多元治理的规范体系创新。政府管理的规则体系是法律、法规和政府政策。按政策办事，依法行政是政府行政管理的基本要求。对于城市治理活动来说，法律、法规和政策是其规范体系的基础和核心。在这个基础上，还必须构建授权合同、契约、自治章程、行业规章等社会规范体系和协调机制，以弥补法律、法规和政策的不足。就城市管理来说，城市治理更加注重采取说服的、契约的、多边的、自治的方式来调整和调节复杂多变的社会关系和利益矛盾，而不是依赖压服的、强制的、单边的行政控制或命令主义的方式方法。

总之，随着城市化的推进和城市利益多元化诉求格局的形成，城市社会管理面临越来越多的挑战，一方面城市管理需要向城市治理转变，另一方面城市治理导向的社会服务管理亟须引入系统综合的治理理念。以系统科学为指引，积极构建城市治理导向的城市社会服务管理模式，这对于中国避开西方国家走过的弯路，走向统筹协调的精明增长之路，具有重要的借鉴意义。系统治理既是对社会系统的综合管理，更是运用系统论的观点对城市复杂系统实施的系统化管理，即遵循系统科学理念，运用系统思维方法，对服务管理对象进行全过程、全方位的立体式管理。基于系统治理的理念，城市治理可定格为由党政界、知识界、行业界、媒体界、市民界等不同社会主体，通过互动、民主方式建立复合的决策参与机制，以实现共同治理城市公共事务的管理模式。

4.4.2 城市治理导向的杭州社会服务管理实践探索

近年来，杭州以深化基层社会管理“规范一体化、管理信息化、服务高效化、协同社会化”建设为目标，积极推进城市街道、社区服务管理模式创新，着力提升社会管理和服务水平。围绕建立健全党委领导、政府负责、社会协同、公众参与的城市社会服务管理网络体系，强化城市社区组织建设，加快推进城市社区党组织、社区居委会、社区公共服务工作站“三位一体”的社区组织建设，强化健全基层服务管理力量，形成社会服务管理的合力，在城市治理导向的社会服务管理实践方面积累了宝贵的经验。

（1）探索建立复合主体的参与协商民主机制。在公共事务治理中，管理主体、管理对象具有愈加突出的开放性、复合性、协商性和灵活性特征，特别是将协商民主和社会复合主体纳入了城市治理范畴。协商民主强调在多元社会群体共处的现实背景下，通过社会团体和普通公民的积极参与，使得决策和立法达成共识。协商民主的实质，就是要实现和推进公民有序的政治参与。在党的领导下，把协商民主与选举（票决）民主结合起来纳入依法治国的体制，把“公民有序的政治参与”这一现代民主精神作为民主和法治建设的重要内容，引导群众以理性合法的形式表达利益要求、解决利益矛盾，协商治理城市，共同构建和谐社会。随着城市经济社会的全面发展，杭州市意识到单一主体的社会管理结构正在被打破，亟须构建多元社会主体协作的公共治理体系，即社会复合主体，大力培育以推进社会性项目建设、知识创业、事业发展为目的，社会效益与经营运作相统一，由党政界、知识界、行业界、媒体界、市民界等不同身份的人员共同参与、主动关联而形成的多层架构、网状联结、功能融合、优势互补的新型创业主体。培育社会复合主体，是政府引导城市治理的积极探索。例如，城市品牌网群以“让我们生活得更好”为价值共识，以“生活品质”城市发展理念和城市品牌的研究、宣传、推广为目标，构建了“研究中心+研究社团+展览、推广、制作机构”的复合型社会主体，成功组织了生活品质点评活动、生活品质全国论坛、生活品质调查发布等重大活动，有效反映了社会各界对城市生活品质建设的意见建议。2006年3月，定位为杭州“智库”和“外脑”的杭州市决策咨询委员会成立，聘请在杭州的高等院校、科研机构、媒体单位、文化团体的专家学者担任委员，主要为杭州市的发展思路、发展战略和重大问题、重要政策提供决策咨询论证，进一步完善了城市治理的社会参与机制。

（2）全面推广基层“社会服务管理中心”综合平台。杭州市余杭区是乡镇综治中心的发源地。2004年，余杭区坚持发展“枫桥经验”，在全国率先设立乡镇（街道）社会治安综合治理工作中心，取得良好成效。“余杭经验”曾被中央社会管理综合治理委员会在全国推广。2012年初，余杭区将全区20个镇（街道）的社会治安综合治理工作中心统一更名为“社会服务管理中心”，为基层群众提供综合性、“一站式”、“一条龙”服务。乡镇（街道）社会服务管理中心是在乡镇（街道）党（工）委、政府（办事处）组织领导下，集社会服务、社会管理、社会建设于一体的工作平台。平台主要为辖区居民群众提供行政审批、帮扶救助、社会保障、人口计生、税务稽征、城市管理、法律咨询、来信来访、矛盾调解等公共服务。基层社会服务管理平台一般设置在行政办公楼一楼或裙房，并配备必要的办公设备和通信工具。平台划分为服务功能区、管理功能区和办公功能区。2012 年 8 月，杭州市委办公厅、市政府办公厅发文要求，按照“应进尽进，资源整合，方便群众”的原则，将基层综治、党建、政务、计生、社保、民政（残联）、国土、城管、税征、工会、信访、安监、消防、司法、调解、警务、禁毒、流动人口服务管理等各项工作，一并纳入基层社会服务管理平台，为辖区居民群众提供综合性、“一站式”、“一条龙”服务。目前社会服务管理中心模式已经在全市乡镇（街道）推广。2013 年，杭州市 193 个镇（街道）和 3015 个村（社区）已全部建立了社会服务管理中心。镇街社会服务管理中心不仅是大平台，也是指挥部，有利于多部门联动作战，提高办事效率。自全市 3208 个社会服务管理中心组建运行以来，已累计为人民群众办实事上百万件。同时，社会服务管理中心为基层稳定做出了突出贡献。据统计，杭州群众的安全感满意率达 97.2%，居全国副省级城市前列。杭州已连续 8 年蝉联全国最具幸福感城市之首。

（3）深入探索网格化社会服务管理模式。随着城市化时代的来临，老城区面临着大量的经济社会发展与居民诉求不相匹配的矛盾冲突，而“小问题”往往因被人为忽视而最终积累成为“大问题”。因此，如何快速发现、科学应对、合理解决小问题、小纠纷，满足人民群众日常生活的基本需求，是推动城市治理不应忽视的问题。为此，杭州市上城区创新了“365”网格化的社会服务管理模式。“3”是指加强社会建设、创新社会管理、提升社会文明水平“三位一体”；党委政府领导、社会组织配合、广大群众参与“三管齐下”；区、街道、社区“三级联动”。“6”是指构建“六大机制”：在社会服务管理工作全程中注重建立矛盾纠纷联调机制、“平安上城”联创机制、社会问题联治机制、管理工作联动机制、社会治安联防机制、公共服务连抓机制。“5”是促进五化联动：在社会管理工作的体制机制、方法手段上强调通过服务化、集成化、标准化、透明化、信息化实现。全区 6 个街道 54 个社区被划成 159 个网格、593 个片组、2500 个组，每个社区包括 4~6 个网格，每个网格内又细分为 3~4 片，每片包括 200~300 户人家，每片继续细分为小组，1 个小组通常为1个单元楼或写字楼。每个网格设置1名网格长，1~3名协管员，1~5名信息采集员。信息采集员通过街面巡查，发现问题第一时间电话告知信息平台并配发图片，全区相关部门看到信息之后会进行及时处理，并将处理结果及时反馈，做到“细分网格、无缝联结”。网格化社会平台的最大作用就是整合各部门资源，通过区、街道、社区的“三级联动”，形成“小问题自行处置，矛盾不出社区；一般问题联动处置，矛盾不出街道；难点问题及时上报区委、区政府，协调解决”的基本模式。

（4）着手建立“三全十服务”社会服务管理工作机制。早在2009年，杭州市西湖区就推出了以服务时间“全天候”、服务内容“全方位”、服务对象“全覆盖”为目标，以开展面向居民群众的十项服务为主要内容的“三全十服务”工作机制。近年来，西湖区又在此基础上，进一步整合区级部门、镇街和村社三级服务资源，构建了以“六网一平台”为载体的“三全十服务”社会服务管理网，形成了覆盖到户、触角灵敏、反馈有力的社区服务工作网络，通过打造综合服务平台、建立快捷服务流程、设置亲民服务项目、推行便民服务举措，向居民提供更加全面、更加便捷、更加贴心、更加高效的公共服务，受到了居民群众的普遍欢迎。“三全十服务”社会服务管理网整合了各方面的资源，依托网络向居民提供公共服务，内容涉及老百姓生活工作的方方面面，极大方便了社区居民，体现了基础扎实、功能齐全、服务到位、管理有效的特点，是在新的历史时期对“枫桥经验”的继承和发展。这一模式的主要特点是：充分认识和全面把握当前网络时代、信息时代、法治时代的特征，把握当前各种社会矛盾相互叠加、集中呈现的特点，把公共服务与社会管理有机结合起来，研究新情况，解决新问题；把握创新导向，拓宽服务领域，提升服务效率，让更多老百姓享受到贴心、便捷的服务；强化基层导向，突出街道、社区两个阵地，努力把方便让给社区，把社会矛盾和问题解决在基层，不给基层社区增加负担；进一步研究整合了社会组织力量，发挥自我服务、自我管理、自我教育的功能，不断提升基层社会管理服务水平。

总之，面对纷繁复杂的城市社会问题和基层社区改革难题，杭州市部分城区积极建立社会的组织化与组织的社会化这样双向反馈的体制机制，经过多年的实践探索，成功推动了城市治理导向的社会服务管理创新实践。在传统城市管理向新型城市治理转变过程中，社会正是在组织化的方式、模式、结构、制度、机制等基础上，形成了社会管理和社会治理的关键特征，实现了向城市治理导向的社会服务管理的提升转化。在协商民主和社会复合主体机制的作用下，依托社会服务管理中心综合服务平台，探索网格化社会管理和“三全十服务”工作机制，是杭州城市治理导向的社会服务管理创新的成功经验，也是未来的发展趋势。

4.4.3 城市治理导向的城市社会服务管理创新启示

随着中国城市化水平的不断提高，特别是在外来流动人口比较集中的东部沿海发达地区，城市中以市民、农民、流动人口为主体的新三元社会结构愈加明显，影响社会稳定的城市管理矛盾和压力日趋增多，杭州也不例外。在推进城市治理方面，关键是要建立起有效的社会参与机制，建立科学的考评体系和保障机制，并结合运用现代信息技术等智能手段，形成以促进治理现代化为目标的社会治理体系。在“立足社区、面向社会”的管理模式下，政府主管部门负责制定规则和标准，社区基层组织负责落实业务管理，社区居民广泛参与相关事务，逐步形成政府指导下权责统一的社会服务管理新体制。下一步，在推动城市治理和社会服务管理改革方面，应坚持以复合主体参与的协商民主机制为保障，依托社会服务管理系统和指挥平台，按照权力清单、责任清单的要求，打造联系服务型的智慧政务平台。为此要特别重视以下几点：

（1）坚持系统治理，从政府单向管理向政府主导、社会多元主体共同治理转变。根据政府权力清单和责任清单的梳理情况，进一步明确政府在城市治理中已被赋予的权力和所应担负的责任，推进政府从全能统揽型政府向有限责任型政府转变。增强非政府组织在城市治理中所担负的责任，并将其纳入社会服务管理网络体系。分类培育引导社会组织健康发展，提高社会组织化程度，增强社会组织在服务基层、改善民生中的作用。为此，要促进政府治理和社会力量参与、居民自治良性互动，大力发展基层政府面向社区的公共服务，着力保障民生，增加公共服务项目，提升公共服务水平，努力实现基本公共服务均等化。

（2）坚持依法治理，从行政管理、信访维稳、管控规制向法治保障转变。推进治理现代化，关键是要推进和实现治理体系和治理能力的法治化、民主化、科学化和信息化，核心是推进治理的法治化。城市治理改革需要完善公共法律服务覆盖问题，提升政府依法行政水平。例如，2012 年 6 月 1 日正式实施的《杭州市流动人口服务管理条例》和 2013 年 3 月 1 日正式实施的《南京市城市治理条例》，都是通过地方立法的形式对城市治理改革的目标、理念、方法、模式、体制、机制等关键事项进行明确，以地方法规推动行政管理配套改革，进而推动城市治理的法治化、规范化和常态化，对探索城市管理体制改革、有效化解城市治理的难点问题起到了引领示范作用。

（3）坚持综合治理，从传统街道办、居委会向基层社会服务管理中心转变。强化社区网格化管理和综合服务平台建设，健全“智能化建设、网格化管理、组团化服务”的工作机制，实现多部门工作联动，提高办事效率。完善基层社会服务管理中心模式，充分挖掘辖区政务资源，整合人力社保、城管、交通、司法、综治、法律援助、社区服务等各方力量，依托社会服务管理中心数字平台，大力发展社区服务，在服务中实施管理，为社会管理创新提供坚实保障。

（4）坚持源头治理，从事后被动处置向事前科学预防和事中积极干预转变。公民不仅依法享有管理权、知情权、参政议政权、监督权等政治民主和政治权利，而且依法享有自我管理、社会保障、医疗养老、住房就业、教育卫生、公共服务等社会民主与社会权利。随着经济社会的结构调整和信息技术的广泛普及，公民的诉求将越发利益多元并且迅速传播。因此，必须畅通公民的利益诉求表达渠道，健全社会矛盾调解和纠纷化解机制，调动公民参与城市治理的积极性、主动性和创造性。完善社会服务管理重心下移的工作机制，为城市社会服务管理创新提供更多的新经验。

综上所述，随着城市化的推进和人员流动的加快，城市社区的熟人社会正被陌生人社会取代，基层干部对辖区居民情况将越发难以全面掌握。面对日益严峻的新挑战，做好城市基层社区的社会服务管理工作，仍然要坚持和发扬党的群众工作路线，依靠广大人民群众及时发现矛盾和就地化解矛盾，这也正是推动城市实现有效治理的目标。同时，城市治理肩负着全面建成小康社会、全面深化改革、全面依法治国和全面从严治党在城市中贯彻落实的重任，是新时期“从群众中来，到群众中去”工作方法在城市工作中的创新性体现，代表了城市管理重心下移、社会服务管理扎根基层和城市公共事务多元参与的治理发展趋势。在城市治理的体制下，一方面要求政府依法为社会、为群众提供更加便捷、优质、高效的公共服务，逐步构建科学完善的社会服务管理体制机制；另一方面要求公民能够有更加便利、可行、有效的公共事务参与渠道，发挥非政府组织在治理体系中的独特作用，逐步形成体现群众路线和“人民城市人民建、人民城市人民管”的具有中国特色的城市治理体制机制。这些都需要通过城市治理导向的社会服务管理创新和改革来实现。

4.5　城市病系统治理策略

城市病是城市化过程中出现的必然现象，是城市化发展过程中的问题，高速城市化过程必然伴随有城市病。但是，城市病并非不可治理，随着城市化的继续推进，随着城市居民需求水平的不断上升，城市发展必然实现由规模扩张向质量提升转型。党的十八届三中全会明确指出：坚持走中国特色新型城市化道路，推进以人为核心的城市化。因此，医治城市病必须坚持以人为本的科学理念，以新型城市化发展和科学的城市规划减少城市病，以制度改革和城市体系的协调发展克服城市病，以有效的生态环境保护措施医治城市病。

近年来，为预防和管控城市病危机，国内许多一线城市采取了诸如空间重构的干预措施，如明确提出建立多中心城市并配套必要的行政管理法规，防止城市病蔓延。这种治理理念强调以城市转型发展来医治城市病，提出城市发展要从过去追求空间规模的“外延式”向集约高效的“内涵式”转变，同时中心城市、大城市的产业结构与整体功能应从制造型、生产型向服务型、商务型转变。提出了中国城市主动转型的实践路径：坚持以新型城市化战略为引领，以经济转型带动城市转型，根据生态文明建设要求优化城市空间布局。探索了“联动转型”的城市治理方式及其动力机制。即通过大城市、中心城市的转型发展和功能有机疏散，进一步带动区域发展，形成与周边地区协调发展的城市群、都市圈空间扩张方式，使大城市、中等城市、小城市和小城镇构成错落有致的城市网络体系。

4.5.1 明确城市发展方向，推动人口合理布局

坚持“保老城、建新城”理念，坚持“两疏散、三集中”方针，把保护的重点放在老城，把建设的重点放在新城，从而使老城保护与新城建设在空间上错位发展。“两疏散”就是疏散老城区人口和建筑，严格控制老城人口总量，调整和减少老城工业、居住和行政办公用地，降低老城人口和建筑密度，改善老城居住生态环境，提高老城区城市品位，保持老城区的历史格局，保护古城传统风貌；“三集中”就是工业向工业区集中，高校向大学城集中，城市建设向新城区集中。坚持“保老城、建新城”的理念，要推进主城、副城组团建设，实现“市域网络化大都市”目标。重点是实现中心城区人口及产业等功能的扩散，协调处理好新城与组团城市的公共服务和基础设施配套问题，形成相对独立、各具特色、功能齐全、产城融合、职住平衡、设施完善、环境优美的组合城镇。在保护名城与城市化推进之间找到一个最佳平衡点和最大“公约数”，实现从“拆老城、建新城”向“保老城、建新城”的跨越。

科学定位城市的发展目标，有机疏散城市的非核心功能，是推动城市常住人口合理布局的关键。城市战略定位的功能分为两个层次：一是城市基本功能，即人类生产和生活功能，包括居住功能、经济（产业）发展功能、交通运输发展功能、科技、教育、文化、卫生等社会事业发展功能、生态环境调节功能等；二是特殊功能或主导功能，指城市为所在地区、国家乃至世界承担的功能。中国城市因为定位不准而导致产业发展历经曲折的现象比比皆是。城市人口数量过多，资源环境压力就大，城市运行成本就高，公共服务

和社会治理任务就重，经济社会各要素就处于“紧平衡”状态，城市病的各种症状就日益凸显。

解决人口膨胀问题是治理杭州市城市病的关键。要有明确的城市定位及发展方向，以明确的功能定位来吸引特定人群。20世纪以来，杭州实施了城市东扩、旅游西进的发展战略，推动城市发展由“西湖时代”迈向了“钱塘江时代”，成功推进了下沙、滨江、临平、萧山、大江东等地区的城市建设。然而，近年来城西科创产业园区、青山湖科技城等城西园区的开发建设导致了城市市区向西蔓延，部分建成区已经延伸至绕城高速以西地区，对于疏散城西地区的密集人口产生了不利影响。因此，我们建议继续坚持城市东扩、旅游西进的发展战略，控制城市建成区向西蔓延的态势，推动城市沿江开发、跨江发展，吸引城市人口向城市东部地区疏散。同时，要高度重视技术革新和管理改进对城市承载力的拓展，在充分发挥技术、管理对城市病的治疗作用之前，不能简单地将城市病作为阻止城市扩张和妨碍农民工市民化的理由。相反，如果忽略城市规模对于提升劳动生产率和创造就业的积极作用，以为控制城市人口规模就能够缓解城市病，只会在城市经济增长与社会和谐方面走向双输的局面。

4.5.2 以人为本推进城市化，改善城市居民生活品质

以城市居民公共服务均等化为目标，推动土地城市化与人口城市化的协调推进。以往在城市建设中，存在着“以物为本”突出、“以人为本”淡化的现象。人们把主要精力放在增加城市的财政收入，建造宽阔的马路，架设立交桥，修建高标准的酒店、商场以及高层写字楼和住宅楼，忽视为城市居民和进城农民创造更多的就业岗位，提供更好的服务和保障，增加对人力资本的投资，扫除各种进城障碍，缺乏以人为本的发展理念，忽视社会建设以及社会事业的发展。“以人为本”，就是以实现人的全面发展为目标，从人民群众的根本利益出发谋发展、促发展，不断满足人民群众日益增长的物质文化需要，切实保障人民群众的经济、政治和文化权益，让发展的成果惠及全体人民。加快推进以改善民生为重点的社会建设，实现“学有所教、劳有所得、

病有所医、老有所养、住有所居”是当前改善民生的重点和目标，是城市化发展的出发点和落脚点。特别是改善城市弱势群体包括进城农民的生存状况，从某种程度上可以避免两极分化，避免西方式“贫民窟”的出现。

避免将城市化率列入地方官员政绩考核标准。从实际情况来看，城市化率是单纯以“入住”城市人口数占总人口数的比率来衡量城市化程度的，这种衡量方法往往会忽略对城市中不同阶层人群的生活质量考量，也会忽略对城市经济、公共资源配置及环境状况的考察。如果以城市化率作为考核地方政府绩效的主要标准，就会造成“伪城市化”现象的蔓延。因为地方政府为了提高城市化率，就会一味地推动大量农民工进入城市，而忽略城市基础设施的建设和公共服务的完善，进而使得农民工群体无法享受平等的权利，他们与城市居民间的壁垒也无法被打破。恰恰相反，我们认为应将城市化过程中的农民工就业、教育、医疗、社保、住房等生产生活中的困难解决情况纳入对地方政府官员的绩效考核范围，只有这样才能形成有质量的城市化率，才能高质量地推进城市化。因此我们建议：若要建立合理的地方官员考核制度，就不应该以城市化率作为地方官员绩效考核的标准，而要将地方官员的考核与当地民生联系在一起，以民生问题的解决成效来决定官员的升迁。

近年来，杭州市的房价一再上涨，即使中央政府多次出台调控政策，房价依然高企。要解决居民住房问题，一方面要依靠来自政府的补助，另一方面要通过政府加大投资建设在居民承受能力范围内的保障房。同时，政府还应进一步采取加强医疗保障、定期免费为居民进行体检、加大对医疗卫生事业的投入等旨在改善居民身体健康的措施，有效防治城市病的恶化。

4.5.3 立足可持续发展，加强城市环境综合治理

大规模城市化过程使城市病蔓延，加大了城市危机管理的负荷，因此，树立可持续发展的城市发展观念，是构建中国城市危机管理体系的保证。城市是高度集约化的社会，各个组成部分间密切联系、相互影响。因此，保持资源、经济、社会同环境的协调，城市公共安全是必需的基本条件。城市的

可持续发展以自然资源的可持续利用和良好的生态环境为基础，以经济可持续发展为前提，以谋求社会的全面进步为目标。因此，只有树立可持续发展的城市发展理念，正确处理人与自然的关系，才能确保城市公共安全，实现城市社会经济的稳定和健康发展。

我们应寓城市发展于治理城市病之中。当前，在城市化快速推进过程中，如何避免各方面城市病发生“共振”，从而导致系统性城市运行风险爆发，是城市管理者应当高度关注的问题。我们认为，要推进城市化，让更多的人民群众享受到美好的城市生活，就必须正视并破解城市病。要破解城市病，就必须坚持“先‘治病’、后发展，边‘治病’、边发展，寓城市发展于治理‘城市病’之中”的方针，全面提升城市治理理念，提高城市管理水平，并通过制度化、法律化手段加以实现，同时遵循“标本兼治”思想，从“管”（事前预防与管理机制设定）、“控”（事中控制与事后管理）两个层面出发破解城市病，避免“头痛医头、脚痛医脚”，从而最终在全党、全社会形成共识，即要在全力推进城市化的进程中破解城市病，促进城市的健康发展，使广大人民群众过上美好生活。

为加强环境治理，建议如下：首先，应坚持区域联合治理的理念，对长三角城市群、杭州都市圈的产业发展进行科学规划，尤其是对会造成污染的产业项目进行合理布局。其次，应坚持技术治理的理念，积极鼓励对先进技术的开发研究，并将先进技术应用于生产和环境卫生治理中，降低生产中的水耗和能耗，减少工业生产过程中的污染物排放，同时提高环境治理的范围和效率。再次，应坚持惩戒治理的理念，加大对工业企业、黄标车等环境污染责任主体的处罚力度。最后，以环境立市为前提，打造企业投资创业的基地。劳动力密集、能耗大、环境破坏性强已成为中国制造业的严重弊端，产业升级要求十分迫切和强烈，但产业升级的具体路径却较为模糊。转变城市发展方式，关键是以做城市做环境带动做产业做企业。城市政府应把环境立市作为城市发展核心战略，努力营造一流的人文、体制、法治、治安、政策、政务、人居、生态、硬件环境，以一流环境吸引一流人才，以一流人才兴办一流企业。

4.5.4 完善规划体系，科学制定城市发展规划

要控制城市化的规模和速度，必须确定合理的城市发展规划。过快的城市化速度，将带来很多城市公共安全方面的问题。城市化的进程必须与经济和社会的发展相适应，否则就会埋下安全隐患。城市发展关键取决于城市规划，城市病实质上多是缺乏规划或规划不当造成的。对此，建议在城市规划编制中实现“多规合一”。借鉴“概念规划+X 规划”的实践经验，建议在规划编制中，整合各类规划资源，注重规划的衔接。第一，在宏观层面，以概念规划为龙头理顺协调管理体制。第二，在微观层面，以概念规划为指导建立科学规划、有序建设的城市规划建设机制。第三，在整体上，形成“概念规划+X 规划”的多规合一城市规划编制模式。

尽快将概念规划和城市设计纳入城市规划编制体系。《中华人民共和国城乡规划法》中明确的城乡规划方法包括城镇体系规划、城市总体规划、控制性详细规划等法定规划。在具体实施过程中，这些法定规划由于行政区划、政府管治行为和部门职能以及法定规划规范性、权威性、专业性等方面的局限，难以有效实现规划对城市发展的保障、统揽和支撑作用。同时，由于法定规划在编制时受专业性、单一性、技术性的束缚，编制内容过于具体翔实，在实施时，面对实际情况的变化，容易出现操作性不强、调整多的问题。因此，亟须将概念规划和城市设计等非法定规划纳入城市规划编制体系。具体做法包括：一是明确城市概念规划的编制任务。以概念规划先行，为其他各类规划提供技术支撑和研究基础。概念规划虽不是法定规划，却是对城市未来远景的描述和整体性认识，强调对全局的把握，注重城市的发展战略研究。各地在实际工作中也有编制概念规划的，但由于没有明确编制内容而出现概念规划过于虚化、不能有效指导和支撑的现象。对此，在城市总体层面的概念规划，应主要解决城市发展战略、发展定位、空间布局、产业发展战略等问题，为城市总体规划的编制和实施提供技术支撑；在城市局部地区层面的概念规划，应主要解决区域的公共设施、交通设施、用地布局等问题，为编制分区规划、详细规划、专项规划或城市设计提供依据。同时，以政府文件

形式明确现状分析、趋势评估、方案制定等编制内容。二是突出城市设计的特点和作用。以城市设计彰显城市美学，提升城市品位。城市设计作为全新的城市规划技术手段，能够实现设计与现实目标较好的融合和衔接，创造城市高超的艺术水平和环境品质，提升城市形象。在组织和实施规划的过程中，要明确注重城市设计对象的空间性、设计工作的综合性、设计思路的连续性、设计目标的最优性等特点，把城市设计贯穿于城市规划编制的各个阶段，发挥其在优化城市空间布局、塑造城市风貌特色、提升公共环境品质、创造宜人活动空间方面的作用，有助于丰富法定规划体系的内容，提升法定规划编制的科学性。

为推进城市科学发展，建议在发展规划编制改革方面加以提升：第一，做好城市规划需要在城市功能定位上下功夫，根据地方特色调整好城市的功能结构，协调各城市的职能分工。第二，做好城市规划要在城市区域布局上下功夫。每个区域都要有比较具体的有特色的城区规划，做到针对性强，防止重复建设与恶性竞争。第三，做好城市规划要在产业支撑上下功夫，确定城市发展的主导产业，没有产业的城市化将导致城市的“空壳化”，引发失业、贫困等问题。第四，做好城市规划要在建筑风格上下功夫。既要保持传统，还要体现现代，更要着眼未来。注意运用好人类现代文明的建筑成果，积极引进、消化、吸收、再创新，使建筑和自然风格浑然一体。第五，总结国际许多特大型城市规划治理的经验和教训，城市规划还应当完善周边区域功能，尽量减少职住分离现象，减少“钟摆式”通勤；城市规划应当疏散主城区功能，尽量减少人流、物流在中心城区的高度集中；应当按照人口比例等合理配置公共资源，促进高品质公共资源的均衡配置。

4.5.5 重视有机更新，提升城市建设管理水平

城市是一个生命体，是一个复杂的巨系统。“城市有机更新”的最大创新，就在于把生物学中的“生命”概念引入城市建设，把城市作为一个生命体来对待。如何通过城市有机更新弘扬城市美学，从城市自然和人文的品质根源上继承和发展城市建设的生命特点，是城市化推进中必须解决的重要课

题。因此，必须以城市有机更新理念为指导，以大项目带动为载体，统一规划、综合开发，使项目建设与区域开发、单向突进与综合配套、功能目标与城市品质等相互联动，做到建设一个、开发一片、配套一批、美化一域。

以路（河）有机更新带动城市有机更新。在城市建设中坚持总体规划、分步实施，由点到面、由线到片，系统综合、有序推进，以路（河）有机更新带整治、带保护、带改造、带建设、带开发、带管理，推动城市有机更新。以路（河）有机更新带改造，就是通过道路、河道的有机更新，带动道路、河道两侧“城中村”改造；就是通过道路、河道的有机更新，将市政基础设施向城乡接合部延伸，推进城郊农村地区的基础设施更新；就是通过道路、河道的有机更新，带动道路、河道两侧地块开发，利用这些地块的土地出让收益平衡道路综合整治资金投入；就是通过道路、河道的有机更新，带动道路、河道后续长效管理的落实，推动路河两侧环境总体优化；就是通过道路、河道的有机更新，保护好道路、河道两侧的自然生态和人文生态，凸显城市美学，在不割断城市历史文脉、不打破城市肌理的前提下进行适度开发和建设，实现生态、社会、文化、经济效益的共赢。

为提升城市建设管理水平，建议采取以下举措：一是提升城市建设特别是基础设施建设质量。城市建设应该向国际一流标准看齐，功能区块建设、街区改造、社区建设、市政公用设施建设、单体建筑建设都应该按照国际城市标准定位，形成适度超前、相互衔接、满足未来需求的功能体系。优化城乡空间布局，统筹考虑人口资源环境承载能力，控制城乡建设用地规模和开发强度，划定城市增长边界和生态红线，遏制城市“摊大饼”式发展。二是提高城市运行与管理水平。积极借鉴和学习国际成功经验，提升城市运行与管理水平。推进“四化”管理，提高改善水平。“三分建、七分管”，落实背街小巷长效管理是重中之重，要按照“完工一条，验收一条，管理一条”的原则，切实、及时做到“街巷改善到哪里，管理就延伸到哪里”，将“洁化、绿化、亮化、序化”管理工作提高到一个新水平。要围绕提高“四化”管理水平和保障城市公交、供水、供热和基础设施安全运行目标，完善“块抓条保、公众参与”的城市管理工作机制，健全城市管理法规体系特别是特许经营立法，加快“数字城管”建设，落实“从严、依法、长效、标化”管理，着力解决老百姓关注的热点难点问题，努力把城市管理提高到一个新水平。三是防治资源、环境方面的城市病，避免出现垃圾围城现象，须改变过去被动应付和偏重末端治理的管理方式，实现对垃圾减量化和资源化的管理创新，对从资源开发到生产、流通、消费、废弃的全过程进行控制和管理。垃圾是一种放错了位置的资源，而对垃圾进行分类是实现垃圾资源化处理的基础。政府可将每一种按类分好的垃圾都按一定价格收购，这样有助于引导居民做好垃圾源头的分类。

4.5.6 多举措辨证施治，提高城市交通建设管理水平

根据国际标准，从车辆的保有量方面来看，当一个地区每千米道路汽车保有量达到270辆时，本地区汽车容量基本达到饱和[①]，如果再继续增加，汽车在道路上行驶将出现车速下降、交通堵塞等交通拥堵情况。可以预见，随着机动车保有量的爆发式增长，城市交通拥挤将愈演愈烈。城市道路空间资源有一个最大承载量问题，因此城市能够承受的机动车也一定有一个极限容量。如果突破了极限容量，即使再提高建设管理水平，效果也是杯水车薪。因此，为促进城市交通可持续发展，必须出台政策限制小汽车的泛滥，控制机动车的总保有量。

防治交通拥堵及其引发、加剧的城市病，提高城市交通建设管理水平，关键是要完善城市公共交通体系，让人们能够通过公共交通方便、舒适、快捷地到达目的地。轨道交通不仅运量大，而且较准时，因此已经成为国内外很多城市公共交通建设的重要方面，在有效缓解城市交通难题方面发挥了巨大的作用。在轨道交通建设中，要注意地铁出入口的规划和设计，注意标识标牌的科学配置，使之能够“抓住”更多乘客、提升运载力。与此同时，要注重做好轨道交通和其他公共交通线路的配套、衔接。

近年来，杭州市交通拥堵情况越来越严重，应作为城市建设管理治理的

---

① 潘增友．城市道路与汽车保有量相互关系研究［J］．汽车工业研究，2009（7）：16-20.

重点领域。建议按照“疏堵结合”的理念，主要采取以下举措：第一，在城市规划方面，应当适度地进行超前规划，并通过合理规划和有效措施将中心城区的一部分产业和人口分散到东部的新城，在这些新城内形成相对完整的产业和住宅功能，减少中心城区的人口出行压力。第二，大力发展地铁、公交车、出租车等公共交通，在中心城和新城之间建设形成完整的公共交通网。第三，注重运用经济手段等市场机制引导老百姓选择绿色、低碳的交通出行方式。尽快研究征收城市交通拥堵费，提高部分核心区域地上车位的停车费（可考虑阶梯式收费标准），提高主城区私家车使用成本。第四，加大交通管理处罚力度。防治城市病，至关重要的是要实现“共同防治”。虽然杭州市通过限行、限牌已经限制了私家车的增长，但是在某些时段内仍有许多路段因车流量过大而造成拥堵，所以需要进一步加强司机及行人的交通意识，依托遍布城区的监控探头和路上行人，建立“违章必拍、奖励举报”的交通违法行为处置工作机制，加大对违反交通规则行为的处罚力度。第五，借鉴新加坡、中国香港等城市治堵经验，灵活利用行政杠杆和经济杠杆，实行限行与限购、收费等措施组合实施，形成合力，有效限制私人汽车出行需求，调整出行结构，缓解城市交通拥堵。

4.5.7　合理布局空间要素，推动城市组团化、网络化发展

防治和管控城市病不能只是“头痛医头、脚痛医脚”，而应统筹规划、合理布局，从源头上减少城市病的发病率。通过城乡一体的规划、建设、管理，从单中心的城市向多中心的城市组团发展，在城市的组团之间保护好、建设好、利用好由湖泊、山林、田园、江河组成的生态带，发挥乡村保护城市生态的作用，城在园中，景在城中，进而促进城乡一体化发展。一是合理规划城市生态带。生态带是区域及城市生态网络系统的构成骨架，是以生态服务和控制功能为主体的城市生态基础设施，是城市建设区域与乡村区域之间的隔离带，也是城市居民日常游憩的场所。二是确立城市“留白”区域。通过生态带保护规划，明确城市哪些地方永远不能建设，明确以区域人口总量、人口密度、建设用地比例三项核心指标和农田面积比例、森林面积比例、林

网水网结合度、林网路网结合度四项扩展指标，形成生态带建设评价指标体系结构，明确城市空间格局中的禁建区、限建区、适建区、已建区四种建设用地划分类型，以及四种类型的面积和控制比例，为城市的发展“留白”。改变以往那种“摊大饼”式的城市发展模式，变为组团式城市，也就是“主城+副城+组团+新城”的发展模式。

以城市群为主导模式，走大中小城市和城镇协调发展的道路，即以大城市为依托，以中小城市为重点，逐步形成辐射作用大的城市群，促进大中小城市和小城镇协调发展。政府财政要加大对中小城市的投入，通过对中小城市和城镇基础设施的改善、城市建设的加快，努力实现全国各地大中小城市与小城镇的均衡发展，而不是唯大城市论。以前集中在大城市的一些产业，现在应该通过梯度转移逐步调整到中小城市去，弥补县域经济的历史欠账。现在大城市的生活成本越来越高，中国还有大量的农村剩余劳动力需要解决就业问题，靠生活成本日益升高的大城市已经不可能解决这些劳动力的就业、生活问题，中小城市才是主要的渠道。劳动密集型产业需要的是大量低端的劳动力，已经不再适合大城市，资本密集型、技术密集型产业更适合在大城市集中。同时，大城市的医疗资源、教育资源也应该向中小城市和小城镇辐射和转移。因此，城市发展战略和城市规划必须在区域统筹理念下科学谋划。

日益庞大的人口规模使得大城市更像一个气喘吁吁的“肥胖症”患者，“负债累累”导致其难以正常行走。虽然包括杭州市在内的不少地方政府出台了包括“提价、设卡、限制”等多重政策在内的“组合药方”来限制城市人口数量，并取得了一定的成效，但从长远来看，出台“限政”的同时还应直面城市发展过程中的矛盾，对诸多“顽疾”对症下药。2013 年 12 月，杭州市委十一届六次全体（扩大）会议公布的改革措施中，关于严控人口是这样表述的：“科学划定主城区开发边界，严格控制人口规模，推动城市建设中心向副城、组团和新城转移。”通过实施城市组团化、网络化的发展战略，加大对副城的基础设施投入，让居民在家门口享受到就业、医疗、教育、购物等服务，逐步将人口从主城疏散出去，从而缓解城市病。如果包括副城、组团、新城在内的中小城市都发展起来了，新农村建设好了，每个中国人的家乡都会得到好的发展，就不会有那么多的人离乡背井投奔大城市。降低人口向特大城市的流动性，城市病才会得到有效的控制。

4.5.8 围绕生态文明建设，创新城市发展方式

以生态文明建设为抓手，加大空气污染治理力度。中央把生态文明建设放在突出地位，融入经济建设、政治建设、文化建设、社会建设各方面和全过程，努力建设美丽中国，实现中华民族永续发展。中国首次提出将“美丽中国”作为未来生态文明建设的宏伟目标，这也需要在城市化发展中着力推进绿色发展、循环发展、低碳发展，创新城市发展方式，建设“美丽城市”。因此，在经济上，政府需要改变以往粗放的经济增长方式，积极推进企业节能减排，走新型的工业化道路，建设低碳生态城市；在市政建设与治理方面，通过合理规划对污染源进行调整和治理，改善城市的生活环境；在解决交通问题方面，积极实行“公交优先”，发展轨道交通，减少汽车尾气的排放量，减少大气污染，改善空气质量；在对干部的考核问题上，改变过去以 GDP 来考核城市发展水平和干部绩效的做法，提倡用绿色发展的考核指标；提高城市居民的环境保护意识和责任意识，改变居民原来不环保的生活方式和习惯，减少生活垃圾等带来的污染。

立足低碳发展，建设宜居城市。一是培育低碳产业，打造低碳经济。构筑低碳产业支撑体系，加快建立现代产业体系；发展新能源产业，培育壮大低碳产业集群；推进工业节能减排减碳，淘汰轻工、纺织等行业的落后产能；提高工业废水、废气和余热综合回收利用率，发展循环经济；建立再生资源集散、加工中心，构建和完善再生资源回收利用网络体系。二是推进建筑节能，打造低碳建筑。实施“阳光屋顶示范工程”，充分利用公共建筑、工业建筑、住宅建筑、公共设施等各类建筑和构筑物表面（含屋顶、幕墙等），加装太阳能光伏电池组件、电能控制系统和并网系统，实现光伏发电在建筑领域的推广应用；实施城市“绿屋顶”工程，提高城市立体空间的绿色浓度，降低城市热岛效应；推进实施建筑节能改造，提高建筑保温节能效果。三是倡导绿色出行，打造低碳交通。发展“免费单车”服务系统。深入开展“无车

日”活动，倡导市民选择低能耗、低排放的低碳交通出行方式。加快构建地铁、公交车、出租车、水上巴士、免费单车“五位一体”的大公交体系。严格执行机动车低排放标准，扩大市区高污染机动车辆限行范围，积极扩大新能源汽车的应用试验，发展低排放、低消耗交通工具。四是加强生态建设，打造低碳环境。倡导“让城市融入森林，让森林拥抱城市”的理念，大力开展全民绿化植树活动，使人人成为城市的护绿使者，实现从注重绿化率向注重林木覆盖率的提升转变，培育城市“碳中和”能力；实现城市建设“留白”，严格控制生态带建筑密度，统筹城乡环境保护工作，建立生态补偿机制，营造全民共建共享生态文明的社会氛围，形成碳源和碳汇城乡互哺格局。

以智慧应用为载体，推进智慧城市建设。信息化带来的交通智能化，可以引导车流、减少拥堵，其带来的远程体验，可以减少市民外出通勤的需求，降低整座城市的“流动性”，对节能减排也助益良多。信息化的意义并不仅在于技术的进步和创新，更在于信息技术、网络技术、数字技术在城市运行的各个层面的渗透、融合与互动而引发的“质的革命”。为了进一步推进智慧城市建设、保护杭州的生态环境，2014 年 3 月，杭州市政府与中国工程院签订了建设智能城市战略合作框架协议，共同推进建设全国一流、国际先进的“智慧杭州”。城市病正是在信息化与城市化相互协调、相互促进的双赢中被治疗并最终被治愈的。通过采取上述措施，可以不断提高城市生态空间与城市基础设施的人口承载力，重建人与自然的和谐关系。

4.5.9 建立城市病危机管理预警机制

如何预防和化解城市病所引发的各类危机，已经成为考验城市政府的重要难题。通过建立有效的危机预警机制，可以体现应对城市病未雨绸缪、防患于未然的危机管理理念，可以针对特定的城市病采取相应的预防和治理措施，降低发生更大危机的可能性，尽量避免危机可能带来的危害和损失。

为有效管控城市病所引发的危机，建议采取如下举措：一是建立科学合理的城市危机预警系统。危机预警就是依托先进的信息技术平台，通过预测和仿真等技术对危机态势进行有效的动态监测，做出前瞻性分析和判断，并及时评估各种灾害的危险程度，为管理者提供参考性的对策建议，提高政府应急管理的科学性和高效性。科学的预警系统首先是及时收集和发现危机信息，再通过完备的判断和信息确认程序对爆发危机的可能性作出预测，同时还要及时向公众发布信息，引起全社会的警惕。二是对危机等级进行有效划分。危机预警体系需要对危机的灾害程度进行有效的划分。借鉴西方国家的经验，预警体系可以将危机分为四类：突发自然灾害、突发事故灾难、突发公共卫生事件和突发社会安全事件。根据突发危机事件的紧急程度、危害大小、涉及范围、人员及财产损失情况，由低到高划分为一般（四级）、较大（三级）、重大（二级）和特别重大（一级）四级预案，分别以蓝色、黄色、橙色、红色表示。三是建立城市危机风险评估机制。对各种潜在危机风险随时进行评估是危机预防管理的一项重要工作。建立危机风险评估机制，首先要把握危机的数量、种类、性质、特点及其规律，评估可能遇到的各种危机并进行分类，根据危机的不同性质，对危机划分等级；其次要根据不同级别的危机制定具体的危机处理战略和战术。通过监测危机发生的概率和趋势，分析危机可能产生的负面影响，对危机做出科学的预测和判断，为防范和处理危机做好准备工作。

4.5.10 完善城市危机信息管理系统

城市危机管理的全过程涉及大量丰富又庞杂的信息。随着信息技术的发展，建立完善的危机信息管理系统已经成为促进城市危机管理发展的重要工具。在长期的危机管控实践中，西方发达国家充分应用现代通信、网络等信息技术建立了科学的城市危机管理机制，并建立与之配套的危机管理决策支持系统。中国城市危机信息管理系统在技术水平和实用效果方面尚处于起步阶段，需要尽快地加以完善。

高效的信息管理系统可以帮助城市政府快速甄别出危机相关信息，如危机的信息报告、危机举报、信息分析、信息发布等，因此建议采取以下举措：第一，政府应该利用已有的信息网络资源建立起危机管理信息中心，引进先进的管理技术、完善的管理设备、专业的管理人员，保证信息发布的及时性、有效性和可靠性。特别是行政机构内的信息机构建设，需要保证政府内部信息网络与外部信息网络的接轨，有效加速危机信息传播。第二，结合智慧城市建设，针对城市病的各个方面，建立城市危机综合管理信息系统。利用云计算、大数据等现代科技手段，感测、分析、整合城市运行的各项关键数据，从而对市民的各种需求作出智能响应，协助解决城市病。在网络基础设施建设方面，不仅包括计算机城域网络系统，还包括广播电视、电话、文件传递、特快专递等一切可行的通信工具和管理方式，全面提升城市数字化和城市管理信息化水平。第三，做好处理突发情况的预案管理，为有效应对突发状况，城市危机管理信息系统在依托计算机网络系统的同时，需要做好应急管理预案，全面提升危机管理的能力，构建以统一机构为中心，联动协调、信息共享的城市综合危机管理新机制，实现城市危机管理的信息化和科学化。第四，要不断完善以社区为基础的城市社会管理格局和社会治安防控体系，健全社会矛盾调处化解机制、城市监测预警机制、应急响应机制、协调联动机制等。

综上所述，城市病属于城市自组织过程中的特定非平衡态，资源供需失衡、社会失衡和体制不良共同构成城市病的一般根源，人口无序、过度聚集所引发的系统不协调和结构失衡属于更深层次的核心诱因，一旦组织作用失灵则更加剧城市病的症状。为了尽可能地将城市病的不良影响降至最低限度，需要通过城市系统的自组织和他组织作用来共同治理，治理路径包括四个主要方面：引导自组织发挥最佳作用；协调自组织系统中社会、经济、生态子系统，协调人口与建成环境的关系；将城市自组织置于区域组织的大背景下来考虑城市发展和城市病治理，构建城市之间、城市与区域之间的和谐共生关系；准确定位政府的他组织地位，完善权力和政策的制约体制。在此基础上，坚持走“统筹兼顾、协调发展”的城市病综合治理之路。依靠政府、社会、市场三种治理力量和协作机制，统筹兼顾并协调处理好特色定位与全面发展、生活空间与规模容量、文化传承与创新发展、生态建设与功能建设、管理与建设、文化内涵与物质形态、高端引领与整体推进、区划管理与区域合作、本地人与外地人、共建与共享十对关系，探索城市健康可持续发展之路。

5　城市化进程中的小城镇特色化发展

对于城市病蔓延和恶化所带来的各种危害，从中央到地方各级政府都已经高度重视，一方面借鉴吸取国内外以往城市化发展中的经验教训，另一方面采取了很多的危机防控措施，诸如：推动城市规划体系多规合一、建立多中心城市、推动城市组团化发展、积极建设城市群，推动特色小城镇发展；限制私家车上牌和出行、积极发展城市公共交通、推进公务车改革、提高城市交通智能化水平、强化市民交通素质；合理调控房地产市场、积极推进城市住房保障、逐步推进城市土地管理制度改革；加快淘汰落后产能、切实推动产业转型升级、对污染源实施关停并转、加强跨区域环境治理协作、全面治理城市环境污染；等等。一些城市病已经逐渐得到控制和治理。“十三五”期间中国仍处于高速的城市化进程之中，全面迎来城市病的爆发期不可避免，在应对和治理城市病的进程中应吸取以往城市化发展和城市病治理的经验教训，加强城市学的系统研究，推进城市的科学规划和综合治理，实现小城镇特色化发展，为中国城市体系和城市化发展最终走向健康可持续的发展道路奠定基础。

所谓发展模式是一个国家或地区在特定的时代背景下，基于自身特有的历史传统和现实条件所形成的发展方向，以及在体制机制、结构功能、运行管理、发展绩效、文化特质等方面的特点，是在实行现代化道路过程中对政治、经济、社会、文化等方面体制和战略的选择。所谓文化规划发展模式是指通过对城市文化资源进行战略性和整体性的计划和安排，实现城市文化的物质形态和观念形态的统一协调，实现城市文化对城市竞争力的提升以及对城市经济发展的促进作用，同时实现城市文化对居民生活质量以及社会凝聚力的提升促进作用。在文化规划的有效推动下，文化创意产业和创意城市在空间上实现了有机融合，文化规划发展模式成为了克服城市病、应对城市衰落危机的重要政策性工具。在大文化的发展理念指引下，城市政府依托对文化体育设施、文化教育设施、医疗卫生设施等社会文化资源进行重新规划布局，从而将其纳入城市发展规划格局而形成独具特色的经济社会发展道路。

5.1 城市新城新区规划与特色城区建设

城市新城新区是在现有城区之外由政府部门主导规划建设而成的相对独立的空间单元，主要包括国家级新区、经济技术开发区、高新技术产业开发区、保税区、边境经济合作区、出口加工区、旅游度假区、物流园区、工业园区、自贸区、大学科技园，以及产业新城、高铁新城、智慧新城、生态低碳新城、科教新城、行政新城、临港新城、空港新城等。在某些区域，将特色小镇也纳入新城新区的统计范畴。综观中国新城新区发展情况，面临的突出问题包括规划定位不够清晰、功能同质化严重、园区职能交叉、企业集群化水平低、过度依赖房地产拉动、管理体制机制不顺、融资渠道单一、创新资源转化不充分等，由此导致新城新区发展陷入了同质化、碎片化、一般化的窠臼，特色城区建设任重道远。[①] 对此，本节以智慧新城为例，剖析上述问题产生的原因，并提出解决问题的对策。

近年来，中国不少地方政府围绕城市管理、社会民生、公共服务、智慧经济等核心目标，结合自身资源禀赋和产业优势，积极推动智慧新城、高铁新城、空港新城等开发建设，形成了政府导向的新城新区发展模式。回顾分析并系统评估中国新城开发建设情况，特色城区建设成功的关键在于围绕产城融合的发展目标，探索并形成适合的商业模式。提升城区的综合效益需要进行系统整理，充分发挥市场机制的基础作用，抓好城市发展方式转变和经济发展方式转变的双轮驱动，抓好供给侧和需求侧的综合调控，实现城市和产业合理有序发展，避免盲目建设、过度投资和产能过剩。

作为新城开发的创新模式，智慧新城是城市信息化进入高级阶段即信息

① 冯奎．中国新城新区发展报告：2016［M］．北京：企业管理出版社，2016.

时代后城市发展的新形态，是高度智能化、全面网络化、产业高端化和应用普及化的新城。随着中国工业化和城镇化建设的全面推进，传统的社会经济增长方式出现“天花板”效应，交通拥堵、环境污染、食品安全等各种被称为城市病的社会问题日益突出。在此背景下，从 2009 年开始，随着新一代信息技术特别是 RFID、数据采集、精密传感器、4G、云计算、下一代互联网、GIS、大数据等广泛兴起，国内外城市信息化开始进入高级阶段，出现了“智慧城市”的概念和模式。从理论层面看，智慧城市是高度信息化、网络化、智能化的城市发展形态，能对城市内的人员、设施、环境等实施精确的监控、管理、操作，从而有效提高各类资源利用率和社会服务管理水平，改善人与社会和自然间的关系。① 从实践层面看，智慧城市不仅是“城市信息化”和“数字城市”等概念的延伸扩展，还反映出社会各界对未来城市更智能、更绿色、更协调的美好愿望，是中国推动工业化信息化两化融合、促进城镇化健康发展和城市转型升级的战略选择。作为新城开发的创新模式，智慧新城是信息时代城市产业集聚和科技创新的空间经济形态，是高度智能化、全面网络化、产业高端化和应用普及化的新城市、新城区，是城市信息化与工业化、城镇化融合发展的高级阶段。其内涵是以信息、知识为核心资源，通过新一代数字信息技术构建无所不在的高速畅行网络、智能感知环境与高效整合利用信息的能力，形成基于海量信息和智能处理的城市生产生活、经济社会发展、服务管理创新的模式，从而全面提升城市的综合竞争力。② 建设智慧城市，实质是要利用物联网、云计算、大数据等新一代信息技术，通过交换平台的融合共享，实现大数据在城市规划、建设、管理、保护、经营等多个领域的综合应用，进而形成面向城市治理、控制与服务的应用模式，提升城市运行管理的效能，消除城市主体间的各种信息不对称，高效率配置城市资源，让城市中各个功能主体之间彼此协调运作，建成一个从统筹规划、综合运行到具体作用、优化提升的智慧城市系统，为企业提供优质的发展空间，为市民提供宜居的生活环境。

---

① 巫细波，杨再高．智慧城市理念与未来城市发展［J］．城市发展和研究，2010（11）．

② 李德仁，邵振峰，杨小敏．从智慧城市到数字城市的理论与实践［J］．地理空间信息，2011（9）．

（1）中国智慧新城开发建设概况。

2012年5月，工业和信息化部（以下简称工信部）发布《关于征求智慧城市评估指标体系意见的通知》，同年11月，住房和城乡建设部（以下简称住建部）正式发布了《关于开展国家智慧城市试点工作的通知》和《国家智慧城市（区、镇）试点指标体系》，国家部委开始推动国家级智慧城市试点申报工作。2013年8月国务院出台《关于促进信息消费扩大内需的若干意见》，提出"加快智慧城市建设"，"支持公用设备设施的智能化改造升级，加快实施智能电网、智能交通、智能水务、智慧国土、智慧物流等工程"。2014年3月中共中央、国务院下发《国家新型城镇化规划（2014—2020年）》，单列一节对"推进智慧城市建设"作出部署。2014年8月国家发改委、工信部、科技部、公安部、财政部、国土部、住建部、交通部八部委联合印发《关于促进智慧城市健康发展的指导意见》，提出到2020年，建成一批特色鲜明的智慧城市。2015年3月国务院发布《关于落实〈政府工作报告〉重点工作部门分工的意见》（国发〔2015〕14号），提出"发展智慧城市，保护和传承历史、地域文化。加强城市供水供气供电、公交和防洪防涝设施等建设。坚决治理污染、拥堵等城市病，让出行更方便、环境更宜居"，并明确由住建部等12部委局负责落实。2015年12月中央城市工作会议提出："要提升管理水平，着力打造智慧城市。"2016年4月中共中央、国务院印发《关于进一步加强城市规划建设管理工作的若干意见》，进一步重申中国智慧城市建设的发展目标——到2020年建设成一批特色鲜明的智慧城市。上述文件的出台，标志着中国已将智慧城市建设作为具有前瞻性、先导性、全局性的重大产业选择和战略突破口。截至2015年底，住建部先后发布了三批智慧城市试点，将近400个市、县（区）、镇纳入试点名单，重点项目超过2600个，总投资过万亿元。

2015年是国家"十二五"规划的收官之年，阿里巴巴、腾讯等互联网企业巨头纷纷与地方城市签署关于智慧城市的战略合作协议，媒体热炒"阿里腾讯厮杀跑马圈地"，各地政府密集推出建设规划，一时间为国内智慧城市建设注入了新的动力。数据显示，截至2015年，中国95%的副省级以上城市、76%的地级以上城市，总计500多个城市提出或在建智慧城市。2016年是国家"十三五”规划的开局之年，相关规划显示，“十三五”期间政府对智慧城市的直接投资将逾5000亿元，估计会带来数万亿元的市场需求。[①] 目前，全国主要大城市围绕城市管理、社会民生、公共服务、智慧经济等核心目标，结合自身城市资源禀赋和产业经济优势，大力开发建设智慧新城，打造产城融合新亮点。[②] 与老城区相比，新城新区实现创新、协调、绿色、开放、共享发展的难度大大降低，并且智慧城市建设与新城的空间规划、土地规划、产业规划、基础设施规划可以同步实施。因此，智慧新城成为全国智慧城市建设实践的新热点。

在政府及相关企业的共同努力下，目前中国智慧城市建设已经进入高速发展期。从各省区市智慧新城开发建设情况来看，已经形成“东部沿海集聚、中部沿江联动、西部特色发展”的空间格局。东部地区领跑智慧城市的建设，环渤海、长三角和珠三角地区以雄厚的经济实力和众多的工业园区作为基础，成为全国智慧新城建设的三大聚集区。数据显示，东部九省提出建设智慧城市的地级及以上城市82个，区、县和乡镇总数为52个，江苏、浙江、福建的所有地级市均提出或在建设智慧城市，山东、辽宁地级市建设智慧城市的比例分别为88%和57%。中部地区正在加快智慧城市建设步伐，武汉、长株潭等中部城市借助长江经济带和沿江城市群联动发展势头，大力建设智慧新城。数据显示，中部十省提出建设智慧城市的地级市共计109个，占中部全部地级市的80.5%。广大西部地区依据各自园区建设特色，正在逐步推进智慧新城建设，在重庆、成都、贵阳等城市出现了部分以智慧城市为特色的新城区。数据显示，西部十二省提出建设智慧城市的地级市共64个，占西部地区全部地级市的76%。西北五省份地级以上城市智慧城市建设数量同比增长最快，达到了44%。[③] 未来中国中西部地区智慧新城或将迎来新的建设浪潮。

（2）中国智慧新城开发建设的主要原因。

第一，智慧城市建设是完善国家治理体系和提升治理能力的重要举措。

---

① 徐振强．“十三五”智慧城市建设应着眼服务城市管理与社会治理创新［EB/OL］．［2016-07-28］. http：//news. xinhuanet. com/info/2016-05/03/c_ 135330891. htm.

② 宋刚，邬伦．创新2.0视野下的智慧城市［J］. 城市发展与研究，2012（9）．

③ 孙中亚，甄峰．智慧城市研究与规划实践述评［J］. 规划师，2013（2）．

城市是国家治理体系的关键环节，承载着人民让生活更美好的期盼。治理好城市不仅事关中央提出的国家治理体系和治理能力现代化进程，而且关系到广大人民的生活品质。① 当前中国正处于城市化加速期和城市病爆发期，要充分发挥网络、软件、电子设备和信息技术服务业在国家治理体系和治理能力现代化、经济结构转型调整、融合发展等方面的关键作用，坚持以人为本，以民生需求为导向，着眼于推动经济社会全面协调可持续发展，以信息化基础设施为支撑，以信息技术、网络技术进入党政机关、企事业单位、家庭应用为重点，以建设智慧城市经济为载体的智慧城市为抓手，全面推动工业化、信息化、城市化、市场化、国际化融合，加快发展方式转变，创新社会管理，提升社会服务水平，营造发展新优势。

第二，智慧城市建设是推动城市经济结构乃至城市形态脱胎换骨的重要途径。要把智慧城市建设作为新一轮发展的主要抓手扎实推进，使之成为推动城市发展方式和经济发展方式转变的一个突破口。后金融危机时期，城市运行的基本环境和指导理念正经历重大变化，城市发展正从依照国际通行标准提升城市水平和配置城市功能的“1.0 版”，进化为以挖掘和发扬自身特点为基点，谋求在世界城市之林中差异化崛起的“2.0 版”。智慧城市建设将容纳和采用大量的新技术、新平台、新模式，构建具有全面感知能力、信息采集能力和数据处理能力的城市基础设施，创造和推动新的产业门类发展，为城市 2.0 版和经济 2.0 版的同步升级提供契机和动力。②

第三，智慧城市建设是推动城市化和高科技两大主引擎融合最好的结合点。移动互联网、云计算、大数据时代的到来，使智慧城市成为城镇化与高科技这两大发展引擎的最佳结合点。智慧城市建设是推动以城市化和信息技术为代表的高科技相结合的有效形式。通过国内外智慧城市项目试点情况来看，信息技术尤其是网络化、智慧化的信息技术，可以有效破解交通拥堵、城市公共安全、食品药品安全等城市发展难题，提升城市承载能力，并已经

① 李明超．城市治理导向的社会服务管理体制创新刍议［J］．当代经济管理，2015（11）．

② 王广斌等．“智慧城市”背景下的城市规划创新［J］．上海城市规划，2013（2）．

成为实现现代城市可持续发展的重要手段。[①] 大数据与云计算、物联网等新技术相融合，构建“城市数据大脑”、“城市中枢系统”，能产生倍增效应，促进用新的思路和工具解决交通、医疗、教育等各种问题，有效提升政府和企业科学决策和管理水平，推动产业发展转型、管理方式变革和社会效率提升。面对新的科技革命和产业变革，面对区域间日趋激烈的竞争态势，地方政府必须站在全局和战略的高度，把发展的重点聚焦到推进信息化与工业化、城镇化深度融合上来，全面推进信息化和信息经济、智慧经济的发展提速、比重提高、水平提升，加快实现产业转型和发展方式转变“双突破”，经济发展质量和效益“双提升”，打造智慧城市和城市经济“升级版”。

第四，智慧城市建设是城市创新和产业创新的重要载体。智慧城市建设作为一项复杂的系统工程，传统的政府主导模式不能满足投资需求，需引入更多的市场力量参与。突破智慧城市建设瓶颈的关键在于商业模式创新，未来将有更多的智慧城市建设运行机制和投融资模式创新。为此，国务院和相关部委在推动 PPP 方面也密集出台了多项相关政策文件，以引导 PPP 项目实施。PPP 模式有利于提升公共服务项目的效率和水平，兼顾社会效益和经济效益，促进实现公共利益最大化。很多企业瞄准“智慧城市运营商”的定位进行转型，通过商业模式创新向最终用户提供更为丰富的服务和个性化的体验，使技术创新成果转化为实际的商业价值，从而成为引领消费热潮的新亮点、培育产业发展的新增点。智慧城市要持续健康地发展下去，就需要具备一定的创收和盈利能力，能推动城市问题解决和实现可持续发展。

第五，智慧城市建设是落实政府管理和民生服务的重要手段。智慧城市已经逐渐在管理和民生领域显现效果，智慧医疗、智慧交通、智慧安防、智慧城管等作用凸显。我们现在处在创新 2.0 模式时代，发展方式正在从生产范式向服务范式转变。国家统计局发布的数据显示，中国产业结构调整取得历史性变化：第三产业增加值占国内生产总值比重首次超过第二产业。我们的产业结构比例发生了变化，业态也在更新。从“+互联网”的产业智慧化到

① 顾朝林．转型发展与未来城市的思考［J］．城市规划，2011（11）．

"互联网+" 的智慧产业化，从工业时代的分布式生产到信息时代的系统集成，从 1.0 向 2.0 转变有很多模式，可以看到，在这个过程中，无论是新兴通信工具、创新空间还是传统的社交网络、开放实验室，包括政府管理和公共服务在内的管理方式都从原来以生产者为中心转变为现在以用户为中心。[①] 在智慧城市建设中，基于生产者创意、创新、创业的知识空间成为发展的重要方向，社区经济、社群经济开始兴起。

第六，智慧城市建设是整合设施、产业、服务的重要平台。城市建设初期的重点是基础设施建设，解决公共基础设施从无到有、从少到多的问题。社会、经济发展到当前阶段，单纯依靠增加基础设施或继续重复建设等传统发展路径，已很难应对城市各个层面的有效管理和服务要求，城市经济系统、环境系统、生活系统中都存在重大问题，亟须从根本上进行改变，即城市发展模式创新，力求通过更加智慧的建设手段和组织模式来提高城市能源、交通、社会管理的效率。智慧城市的内涵不是"信息化+城市建设"，而是"创新经济社会发展模式"，核心思想在于运用信息化手段实现人与经济、人与社会、人与自然环境和谐发展，最终检验标准是城市社会经济发展及服务管理的综合实力能否得以提升。

(3) 中国智慧新城开发建设的基本模式。

第一，政府与市场协作成为主要开发模式。政府主导型的新城开发模式，优势在于统筹规划，布局合理，配套完善，目标明确，有利于形成优势的产业集群。存在的问题在于行政力量过于强大会对新城新区建设拓展形成制约，另外，政府可能面临开发资金不足、市场研判失误等问题。市场主导的新城新区开发模式，优势是符合市场规律，能充分满足市场需求，形成良好的产业体系，但存在逐利性、自发性和无序性，缺乏统一的规划和开发机制，建设较为分散，土地集约节约利用难以保证。政府与市场协作，通过发挥两种机制的优势进行新城新区的开发建设，能最大限度地化解问题，积累优势，但同时也存在参与主体较多、管理难度较大的问题。政府与市场协作需要较

① 宋刚，邬伦. 创新 2.0 视野下的智慧城市［J］. 城市发展与研究，2012 (9) .

好的制度环境与保障条件，也需要有良好的运行模式。当前，有关部门正在积极研究出台 PPP 合作领域清单，推动出台相关的扶持政策。随着深化投融资体制改革及建立规范透明的市政债发行与监控机制，民间资本参与新城新区建设的活力也在逐步得到激发。政府与市场协作有制度上的优势，随着相关政策环境的进一步优化，未来政府与市场的协作模式将会大范围推广。

第二，产城融合成为主要布局形式。在智慧新城发展过程中，产城关系的协调程度非常关键，特别是对于那些以园区为基础的智慧新城。产城关系有四种类型，即有产无城、有城无产、产城低端结合、产城融合高度发展。“有产无城”指一些工业区、产业区定位于产业发展，但没有城市功能的配套。这类新城存在的普遍性问题是：公共服务尚不完善，生产空间、生活空间相分离；生态空间较小或水平较低。“有城无产”指一些大面积连片开发的房地产项目，只具备居住功能，没有相应产业导入，沦为“卧城”。“产城低端结合”指沿袭以往“产业集聚区（产）+小城镇配套（城）”的发展模式，大量依靠外来流动人口劳动力，技术水平较低，有的产业污染较为严重。“产城融合高度发展”是新城发展的重要方向，在未来规划建设过程中要作为重要的空间布局任务与方向。① 以新经济为导向，注重功能区与行政区的职能整合和服务叠加。

第三，智慧产业成为经济转型引领。把培育智慧产业作为智慧新城建设的立足点和落脚点，以产业发展带动新城乃至城市经济发展。智慧新城与传统城区最大的区别在于注重培育发展智慧产业并加以推广应用，积极推动科技创新和产业转型升级。未来受语言、手势甚至眼神和意念等交互方式和虚拟现实、深度学习技术创新推动，物联网与人工智能的融合将成为工业 4.0 和智慧产业发展的主导模式，从而建立智慧的经济发展模式和社会生态系统。传统商贸业转型升级以功能区建设为依托，以电子商务产业园、跨境贸易产业园建设为重点，提升商贸服务业的规模效应和品质层次。积极培育以软件和信息服务业为代表的信息技术产业。推动软件和信息服务业与智慧新城建设之间深度融合，加快企业核心技术和产业战略性技术的研发，提高相关产

① 辜胜阻，王敏．智慧城市建设的理论思考与战略选择［J］．中国人口·资源与环境，2012（5）．

业的创新能力，推动区域经济转型升级。

第四，应用服务助推品质城区建设。从民生服务智慧化、政务管理优化两方面着手，构筑新型的全方位的智慧服务应用体系，推动服务从“分散低效”向“智能互动”明显转变，助力品质城区建设。在推动民生服务智慧化方面，重点推动智慧社区建设，通过不断优化政府资源、社区资源、居民资源和商家资源，打造一个让所有居民能随时随地享受到各种智慧服务的智慧社区综合服务平台。① 在推动政务管理优化方面，以建设统一的覆盖区政府主要行政权力运行全过程的电子监察系统为突破口，将涉及行政审批、行政执法、项目招投标、国有资产处理、投资项目管理、公共服务监督、电子交易等覆盖区政府所有行政权力及公共服务的相关业务系统和数据信息进行整合集成，促进行政服务效率提升和政务公开透明。随着移动互联网的大范围普及，互联网将向智能、智慧物联网发展，让硬件、网络和交互变得更为智能，除了智能手机以外，智能家居、可穿戴设备、车联网、机器自动化都有可能成为物联网在城市广泛应用的领域。

（4）中国智慧新城开发建设的成绩与问题。

第一，新城的定位从模糊转向清晰明确。国家层面的规划以及多个部委的政策文件，着眼于对中国新城在经济社会中的战略角色进行规划与指引。从本质上说，新城新区存在的问题之所以引起社会各界的广泛关注和热议，恰恰说明建设新城地位重要和意义重大。与发达国家的新城不同，中国的新城是国家工业化、城镇化发展战略的重要组成部分，在经济社会发展领域发挥着不可或缺的历史性作用。以国家级新区为龙头，以国家级经济技术开发区、国家级高新技术产业区等为骨干，以各类园区和新城为基础的新城新区，将成为国家战略的重要组成部分。

第二，新城新区构建起较为完整的体系。目前，中国已形成包括 3000 多个新城在内的多层次、多类型的新城体系。经济发展进入新常态之后，增速明显放缓，新城从总体而言将进入内涵式增长的新阶段。今后中国新城的数

① 席广亮，甄峰．基于可持续发展目标的智慧城市空间组织和规划思考［J］．城市规划，2014（5）．

量将趋于稳定，增速有所减缓。针对不同类型的新城新区应采取不同的应对举措。一是处于消化期的基本不增。比较突出的是大学城。二是极少量地增加但影响巨大。考虑到国家战略的需要，未来还可能会在一些重要的功能区或重要的战略位置设立国家级新区。三是基本稳定但缓慢增长。国家级经济技术开发区经由摸索发展时期、高速发展时期、稳定发展时期，已进入基本稳定期。四是有较多增长但随后减缓，未来高铁新城仍有较多增长，但之后将趋于减缓。五是持续增长且具有方向性意义。主要指用市场化手段或以市场开发为主，并与政府相结合建设起来的各类小型化的新城新区，如智慧新城、低碳生态新城。①

第三，转型从粗放走向集约，从低效迈向高效。在土地利用方面，未来新城新区的土地管理将会日趋严格，增量严控、存量盘活的方向基本确定。土地开发利用的动态监管将会进一步加强，闲置、低效利用土地的成本增大。在资源节约、环境准入门槛方面，未来将会更加严格。在此前提下，未来新城新区发展的一个方向就是大力发展节能环保产业，提高能源资源利用效率，减少污染物排放，防止环境风险。中国智慧城市建设取得的成就如图 5-1 所示。

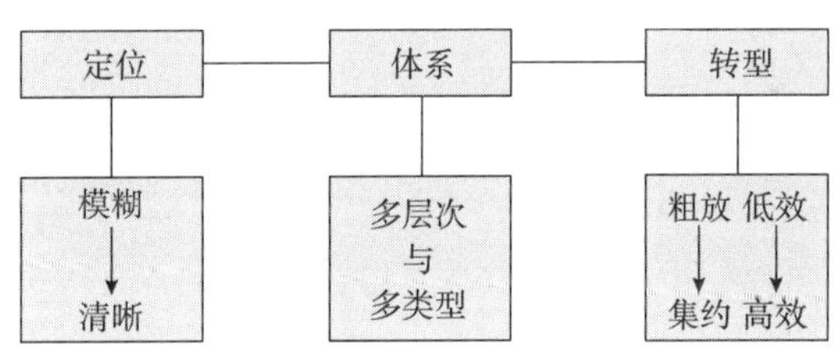

图 5-1 中国智慧城市建设取得的成就

第四，中国智慧新城开发建设面临不少的问题。在智慧城市建设中，当前中国部分地区热衷于以项目作为驱动，过于追求新技术、新设备投入，忽视了与本地实际和民生需求的结合。有的地方急于求成，缺乏明晰的长期建

① 仇保兴. 智慧地推进中国新型城镇化［J］. 城市发展与研究，2013（5）.

设目标。由于各地间的智慧城市建设缺乏互联互通性，造成民众参与度较低、实效性较差。虽然很多城市意识到了 PPP 模式的重要性，但在践行方面关键是要让民间资本看到盈利预期，愿意且能够参与，而智慧城市建设项目盈利模式暂不清晰，如图 5-2 所示。当前智慧新城开发建设面临的问题主要体现在：一是经济转型、产业升级和城市提升对智慧城市建设提出了现实的考验。二是智慧城市建设对体制机制创新提出了极高的要求。三是智慧城市建设对资金、人才、安全等要素保障提出了全新的挑战。四是智慧城市建设面临更加激烈的区域竞争压力。五是智慧城市建设的认识水平、体制机制和商业模式有待提升。①

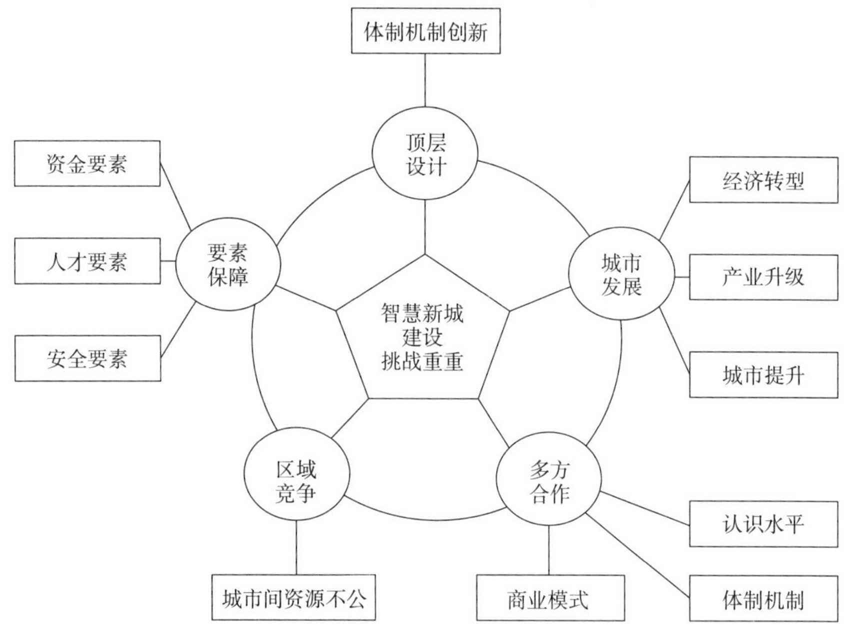

图 5-2　智慧新城建设面临的挑战

（5）中国智慧新城的发展展望。

智慧新城开发建设涉及经济社会发展各个方面，必须抓好供给侧和需求

① 冯奎．中国新城新区转型发展趋势研究［J］．经济纵横，2015（4）．

侧综合调控，实现合理有序发展，避免盲目建设、过度投资和产能过剩。国家应尽快对智慧城市建设现状进行摸底，在统筹考虑城乡区域和经济社会协调发展的前提下，根据城市规划建设管理要求，明确智慧城市建设相关战略布局，协调国家部委、地方政府开展智慧城市建设的政策。① 在智慧城市建设具体步骤上，需要确立从国家到地方的建设协调管理制度，坚持政府引导、社会参与，加强对智慧城市建设的顶层设计和滚动规划。智慧城市项目建成后，要实施成效评估，加大推广力度。

从技术层面来看，未来智慧新城体系架构主要包括三个层级：一是业务应用层，能够支撑现有城市管理和运行现有各个业务系统。推进智慧城区建设，需要因地制宜地完善和升级现有业务应用系统，其最重要的建设内容是融入物联网和网络基础设施。二是共享交换层，包括容灾备份、超算中心、信息交换平台和安全管理四大部分，各职能部门依托信息交换平台、交换应用数据，进而推进智慧政务、智慧教育、智慧医疗、智慧城管、智慧环保、智慧社区等智慧应用系统建设。三是智能服务层，通过大数据应用，推动智慧经济、智慧服务、智慧管理、智慧信用、智慧健康、智慧生活建设，让城区管理和运行更加高效、科学、敏捷且更富有创造性、预见性。②

从运行层面来看，未来智慧新城建设应符合十个方面要求：一是目标融合。发展方向和目标要与党中央、国务院确定的新型城镇化、2020 年全面实现小康社会的目标高度融合。二是功能完善。要落实到解决城市发展的关键问题上，特别是要把解决环保难、出行难、看病难、住房难、上学难等百姓最关心的问题和公共服务的关键问题放在优先位置。三是同城一体。适应城市群和同城化的大趋势，为解决异地同城化带来的一系列新问题，以及在交通、医疗、教育、环保、安全、保险等方面做好规划。四是基础设施配套。需要把打造一流的、并与工业时代基础设施高度融合的城市信息基础设施放在特别重要的位置。五是云计算服务。打通不同部门、领域各自为政的信息资源，构造以云计算为核心的城市信息资源管理新架构。六是大数据支撑。

① 李健．新城发展中的智慧城市建设战略与框架［J］．南京社会科学，2013（11）．

② 乔智．树立大数据理念　推动智慧城区建设［N］．深圳特区报，2014-01-23（A02）．

需要切实围绕智慧城市发展的重点和总体规划建设利用好大数据，构建一批切实可行的、行之有效的“城市数据大脑”。七是科学评价体系。需要建立一个科学公正、切实可行的评价体系，评估智慧城市建设的投资成效，发现其中存在的主要问题和改进提升空间。八是市民广泛参与。把提升市民的参与度和参与能力纳入智慧新城建设任务。九是市场机制协调。通过市场机制发挥企业投融资和运营管理的主力军作用，吸引相关企业参与建设是智慧城市可持续发展的关键。对于有盈利能力或收益权可让渡的项目，优先选择 PPP 模式，减少直接由政府投资、运行、管理。此外，运营商参与智慧城市建设也是重要的融资途径。十是强化制度保障。深化体制机制改革既是智慧城市发展的动力所在，也是开发建设智慧新城的必然要求。①

（6）中国智慧新城发展的政策建议。

新时期智慧新城建设除依托于信息技术的发展和应用，更加强调生态发展，避免对土地、水资源的浪费；避免生态破坏和环境污染；避免城市病和城市安全问题。与传统的城市发展模式相比，智慧新城建设强调文化传承，避免“千城一面”，并强化自然景观和人文景观的特色传承与保护，塑造并发扬城市文化个性；强调人的城镇化，提高人的文明素质和精神境界，全面提升城市的文化品质。在城市景观风貌上，体现“望得见山、看得见水、记得住乡愁”。在城市发展策略上，强调资源整合，包括组织平台资源的整合、技术支撑平台资源的整合。在城市运行管理上，强调保障安全，既包括软性的安全，也包括硬性的基础设施的安全等。总体来看，智慧新城是城市建设的宏伟蓝图和长期目标，没有成熟的经验可以完全照搬和借鉴，每个城市都是在摸索中前行。建议在建设智慧新城过程中采取以下保障措施：

一是组织保障，融合发展。建设智慧新城是加快实现区域城市化和信息化这两个现代化基本任务的重要结合点，将对城市规划、建设、管理、保护和经营带来全局性、根本性的变化，是推动城市发展模式转型升级、再创发

---

① 中国城市报．智慧城市应向十大要素发力[EB/OL]．[2016-08-08]．http：//news.xinhuanet.com/info/2016-02/24/c_ 135125140.htm.

展新优势的重要支点。所以，开发建设智慧新城，应从区域全局发展高度给予重视，明确由一个强有力的主导部门和相应的支持力量来有序推进智慧新城建设工作。由市、区、新城政府或管理机构主要领导牵头组建智慧城市领导小组，各相关部门主要负责领导参加，领导小组负责确定智慧新城建设发展战略、规划和政策，统筹协调发展中的重大问题，形成统一、高效、畅通的协调推进机制。各部门和企业特别是新城管理部门、负责智慧应用具体项目的单位也要成立相应的工作推进小组，明确分工，确定责任，形成合力。[①]

二是整体规划，分步实施。结合城市治理和社会治理体制创新，创造条件让社会各方面的力量参与到新城的规划建设工作中。建立前期研究、规划设计、立项审核、项目验收、绩效评估等全过程管理工作机制。智慧新城建设项目的概念设计和具体实施需要政府、行业、企业多方联动，整合各种资源，先从城市的一个区域、智慧新城的一个方面开始做起，做成熟，积累经验，再由点到面地依次展开。缩小空间尺度，模块化、单元化、精品化和系统化构建智慧城市生态体系。可先从条件最成熟的方面做起，如智慧新城中的智慧社区建设，注重与以解决社会问题为导向的社区规划进行衔接。随着智慧城市的模式推广以及新一代互联网、物联网技术的广泛普及，智慧社区作为企业业务落地的承载点，将迎来新一轮的快速发展，预计各企业将会加快在智慧社区的布局，智慧社区入口的争夺将会随着模式创新、技术推广和数据沉淀而日趋激烈。

三是特色发展，持续建设。特色发展就是在建设智慧新城过程中，要充分学习吸收其他城市有共性的解决方案，但决不能千篇一律、完全照搬。各个城市必须根据自身条件和实际需要，打好智慧新城建设的特色牌和创新牌。首先可以考虑谁投资、谁实行、谁受益、谁负责的市场模式。事实证明，借助民间资本的力量，将市场机制和经营理念引入城市发展管理，既可拓展城市管理的各方资源，又能提升城市管理的效能和质量。以 PPP 为代表的政企合作协同模式比单纯依靠政府投资的财政拨款模式更有利于智慧城市建设项

① 陈偲．如何打造智慧新城［J］．科技风，2012（7）．

目实施。[①] 在建设过程中，政府需要抓好供给侧和需求侧综合调控，在坚持顶层设计的前提下做到统一规划、统一管理。依托统一的领导机制，加强各智慧点之间的衔接，部门与部门之间的信息要实现资源共享和综合利用，优化资源配置，防止重复建设，促进协调发展。

四是基础先行，整合资源。要开发建设智慧新城，实现智慧新城的跨越式发展，必须大力加强信息基础设施建设，推广应用包括宽带光纤网、下一代互联网、第三代移动通信乃至第四代移动通信技术、物联网及云计算等在内的先进信息通信技术，全面提升城市信息基础设施建设水平，推进信息网络基础设施向泛在化、综合化、宽带化、智能化方向发展。强化各网络间业务融合，积极探索“三网”与物联网、无线宽带网、下一代互联网的“多网融合”，为构建智慧城域网、建设智慧新城打下坚实的基础。在完善信息化基础设施的同时，尽快改变个别行业、单个企业孤军奋战的状态，调动政府、企业和用户三方积极性，形成整体合力。智慧新城建设应该重点提升新城的集聚能力、综合竞争力以及综合管理能力，关键是对城市各项资源“整合”和“共享”，为政府、企业和居民提供系统、全面、方便、高效的相关综合服务。[②]

五是创新发展，聚焦应用。围绕政务、产业、民生这三条主线，构建新城完整的智慧应用体系。在智慧政务应用体系方面，智慧新城以政务数据中心、管理平台建设为主线，进行信息资源的“感知、整合、传输、处理”，共享资源，深化智慧新城管理、智慧地下管网管理等应用，通过一批智慧政务重点工程的建设，使政府运行、服务和管理更加高效和智慧。[③] 在智慧产业应用体系方面，智慧新城涉及产业服务、管理和发展、提升产业信息化水平的应用，深入应用信息技术改造提升传统产业，通过重点建设新城统一的中小企业云服务平台和电子商务平台，大力推动信息技术在产业发展中的广泛应

① 阮重晖，李明超，朱文晶．智慧城市建设的商业模式创新研究［J］．浙江学刊，2015（6）．

② 沈健，唐建荣等．智慧城市：城市品质新思维［M］．北京：人民邮电出版社，2012.

③ 中国（杭州）智慧城市研究院课题组．智慧城市建设战略研究［M］．北京：中国社会科学出版社，2015.

用，加快构建智慧产业应用体系，引导智慧产业发展。在智慧民生应用体系方面，智慧新城建设应紧扣“以人为本”这条主线，为社会大众的教育、吃穿住行等物质生活以及文化生活提供便捷服务，为社会文化的传播提供有效途径，为居民人生发展提供智力平台，全面提升物质和文化生活品质，着眼解决市民最关心、最直接、最现实的问题。①

六是智慧驱动，产业升级。抓住国家推进“两化融合”和“三网融合”机遇，打造和提升优势产品集群，坚持政府引导、企业主体、市场导向的发展原则，坚持政、产、学、研、用相结合的创新体系，大力推动信息技术在经济社会生活中的广泛应用。根据智慧新城的发展定位和产业规划，以产业领域数字化、智能化、信息化应用为重点，积极运用新一代互联网（包括移动互联网）、物联网、嵌入式软件等新兴技术，有针对性地培育人工智能、虚拟现实等特色鲜明的新兴智慧产业和研发基地。加强产业链整合，引导智慧产业发展，并依托智慧产业基地加快产业的实质化落地与发展。以产城融合为目标，促进产业基地资源优化整合，强化分工协作，向专业化、特色化方向发展，提升智慧新城发展的竞争实力。

5.2 文化规划与城市生活品质

在经济全球化和各国经济转型的背景下，由传统工业化、城市化所导致的“千城一面”、城市空间蔓延、城市衰落危机等城市病愈演愈烈。为应对和治理城市病，国内外学术界和城市管理者对城市发展模式创新进行了各种探索，伴随着研究和实践的深入，社会文化因素在其中的地位愈加突出。伴随着我国工业化和城市化的进程，城市规划逐步从关注业态和建筑更新、规划管理制度向关注社会文化融合迈进，理论创新指引与经济结构转型升级的现实需要使城市文化建设问题成为了热点。如何通过文化规划来提升城市创新能力进而推动城市整体发展，成为各方广泛关注的焦点。以上海为例，上海

① 李明超．文化规划的发展成效、模式分析与经验启示——以英国为例［J］．城市发展研究，2015（11）．

杨浦大桥和翔殷路隧道连接着黄浦江东西两岸城区，早高峰时是从浦西往浦东的车道更堵，晚高峰时则是从浦东往浦西的车道更堵。不少人居住在浦西，上班在浦东，宁愿承受堵车劳顿之苦，也不愿搬到浦东。① 按照人口学推—拉学说的理论，人口迁移方向与迁移速度取决于某些外在推拉力量的作用，迁出地的有利因素对人口的巨大拉力以及迁入地的不利因素对人口的巨大推力，都与都市空间资源配置不协调密切相关。② 究其原因，除了教育、医疗等社会服务设施配套，更多的因素在于新城区人气不足，特别是生活气息不足。如何通过文化规划来保持城市创新能力、提高城市生活品质，成为各方广泛关注的焦点。

文化规划的理论和实践均起源于西方世界，从 20 世纪 70 年代开始，国际上已有城市规划机构和设计人员对“文化规划”的定义和涵盖内容进行界定。“文化规划”正式提出始见于 1979 年，经济学家和城市规划师哈维·佩罗夫在《城市经济生活中的艺术》中，提出运用“文化规划”的理念推动城市社区的文化认同和文化资源开发，推动城市经济和社会生活水平提升。③ 1982~1990 年，关于文化规划的研究发展迅速，到 20 世纪 90 年代，文化规划的研究已经在北美、澳大利亚和欧洲广泛兴起。回顾西方国家城市规划学科的发展历程可以发现，注重文化保护并进行文化规划是城市规划发展的最高阶段。④ 20 世纪 90 年代以来，西方国家开始尝试对城市及社区的文化资源进行战略性培育与整体性运用，构建以创意产业为形态的创意城市可持续发展模式，这种探索逐渐形成了当今的文化规划。西方学术界对文化规划的研究起步较早，研究力量来自于社会学、管理学、经济学、文化学和城市规划等众多学科，取得了诸多有分量的研究成果。

与传统的城市规划相比，“文化规划”在国内学术界还是一个相对比较新

---

① 陆铭. 大国大城——当代中国的统一、发展与平衡［M］. 上海：上海人民出版社，2016.

② 杨卡. 多中心城市建设与“城市病”治理［M］. 北京：经济科学出版社，2017.

③ Harvey S. Perloff. The Arts in the Economic Life of the City［M］. NewYork：American Council for the Arts，1979.

④ 黄鹤. 文化规划：基于文化资源的城市整体发展策略［M］. 北京：中国建筑工业出版社，2010.

颖的词汇，主要受到经济学和城市规划学等学科的关注。文化规划的概念最早是由上海社科院经济所尹继佐（2003）在其主编的《世界城市与创新城市——西方国家的理论与实践》一书中引入，其后清华大学建筑学院黄鹤（2005，2006，2010）在论文和专著中对西方文化规划在一些代表性国家（英国、美国、澳大利亚和加拿大）的发展状况及实施案例做了分析，并对依托文化资源进行文化规划推动城市整体发展的战略进行了研究。[①] 南京大学城市与区域规划系李祎、吴义士和王红扬（2007）在此基础上，着重区分了西方国家文化政策与文化规划，并介绍了相关国家的实践情况及其对中国的启示。[②] 重庆大学建筑与城市规划学院黄瓴、肖洪未（2011）分析了城市规划的文化转向，提出了将文化规划引入城市规划体系的设想。[③] 上海社科院屠启宇、林兰（2012）认为，文化规划是关于城市规划发展思路的创新，应将文化规划的思维贯穿于城市创新转型的全过程。[④] 兰州大学资源环境学院李伟伟、杨永春（2013）基于文化规划与城市规划之间相互借鉴与补充的关系，提出了把文化规划引入城市规划的理念、思路和路径方法。[⑤] 北京大学城市与环境学院郑憩、吕斌、谭肖红（2013）从旧城再生的国际经验角度，探讨分析了文化战略、文化模式对旧城更新的推动作用。[⑥] 总体来看，国内对文化规划的研究起步时间不长，虽然取得了一些成果，但与如火如荼的城市创新发展相比还存在着许多空白领域。

有鉴于此，本书选取了文化政策、文化战略和文化规划都起步较早的英国等西方国家，通过对这些国家城市文化规划兴起的背景、历程与实践的方法、效果进行回顾分析，希望能对中国目前的城市规划有所启示。综合国内外现有的研究文献，城市文化规划是指通过对城市文化资源进行战略性和整

① 黄鹤．文化规划：基于文化资源的城市整体发展策略［M］．北京：中国建筑工业出版社，2010.

② 李祎，吴义士，王红扬．西方文化规划进展及对中国的启示［J］．城市发展研究，2007（2）．

③ 黄瓴，肖洪未．文化转向：城市规划体系中文化规划的引入［M］//转型与重构——2011 中国规划年会论文集．南京：东南大学出版社，2011.

④ 屠启宇，林兰．文化规划：城市规划思维的新辨识［J］．社会科学，2014（11）．

⑤ 李伟伟，杨永春．文化规划引入中国城市规划的机制及其层系构建［J］．规划师，2013（2）．

⑥ 郑憩，吕斌，谭肖红．国际旧城再生的文化模式及其启示［J］．国际城市规划，2013（1）．

体性的计划和安排，实现城市文化的物质形态和观念形态的统一协调，实现城市文化对城市竞争力的提升以及对城市经济发展的促进作用，同时实现城市文化对居民生活质量以及社会凝聚力的提升作用。研究制定科学清晰的文化规划对于一座城市的发展至关重要，不仅能够继承、延续和推广城市的文化价值，同时也将使城市的经济和社会发展持久充满活力。

5.2.1 西方国家城市文化规划的兴起

西方国家文化规划由于各个时期社会经济发展背景不同，文化概念和文化政策、战略、规划具有不同的含义，使得文化规划的目标也在不断变化。西方国家文化规划编制目标是将文化发展与经济、社会、政治进行协调，强调社会公正、社区参与、多方利益协同；同时，城市空间的文化内涵由单一型向复合型扩展，从文化设施、艺术产品向整体生活方式转变，这也证实了西方国家文化规划是建立在物质经济层面转向社会、政治乃至市民生活方式等非物质层面的文化价值理念上的。[①] 西方的城市复兴是在经历了以政府为主导的旧城改造和以私有部门为主导的城市更新的经验教训的基础上逐步明确的概念。与以往主要关注物质空间、以项目为导向的旧城改造、城市更新不同，城市复兴是“一项旨在解决城市问题的综合性、整体性的城市开发计划与行动，其目的是寻求某一亟须改变地区的经济、物质、社会和环境条件的持续改善”。而以文化为导向的城市复兴是将文化视为一种新的机制，试图在城市中实现广泛的社会经济的综合目标。

（1）文化规划兴起的时代背景。西方国家早期城市规划主要受技术和工程理念的影响，规划师的权威绝大部分来自于对社会科学中的理论和方法的掌握，规划知识和专门技能都建立在实证科学的基础之上，因此偏向定量模型和分析。[②] 然而，随着城市问题的日益繁多和日趋复杂，特别是当城市面临现代化、全球化和可持续发展三重压力时，单纯依靠科学方法和物质规划的

---

① 黄瓴，肖洪未．文化转向：城市规划体系中文化规划的引入［M］//转型与重构——2011 中国城市规划年会论文集．南京：东南大学出版社，2011.

② 孙施文．多元文化状况下的城市规划［J］．城市规划汇刊，2002（4）．

城市规划就显得捉襟见肘。城市规划既是科学也是艺术，尽管都是基于经验，但显然现代城市规划更强调的是科学。在这种背景下，注重物质环境与人居环境协调发展的文化规划应运而生。

自工业革命以来，西方国家城市规划深受以经济高速增长为核心目标、通过技术发展主导人类生活的发展模式影响，追求效率与价值最大化的工具理性取代了人文主义的城市发展与规划取向。以科技革命为标志的工业化进程极大地放大了人类的力量，这种力量施加的对象不仅是自然的生态环境，而且还粗暴地作用于人类的社会文化环境，由工业大生产带来的城市人文危机已经演化成为越来越严重的社会问题。① 人们对工业化以来城市发展模式的反思为文化规划的兴起提供了契机，以刘易斯·芒福德为代表的人文主义城市学家成为早期在工业社会中重新探寻人类自身价值、领悟城市发展真谛的先行者，他们的思想也成为后来文化规划发展的重要参照。

英国的工业化经历了100多年的历史，成为世界工业强国，造就了一批像曼彻斯特、格拉斯哥等一样重要的制造业中心城市。20世纪中期英国的社会经济环境发生了深刻的变化，随着产业转型，传统制造业开始衰败，伴随着经济衰退的是城市中心的衰败，失业人口大量出现，郊区化现象加剧，城市人口迅速下降，中心区失去吸引力和活力，许多城市老城区大量的经济社会问题不断涌现。20世纪后期，随着知识经济包括高新技术产业和文化产业的蓬勃发展，英国城市经济开始复苏，而旨在综合、整体解决城市问题的城市复兴计划的实施，则彻底改变了城市中心区的环境质量，活化了城市经济，城市功能得以恢复和发展，至21世纪初，大部分英国城市均实现了产业的成功转型。英国城市经济转型的主要策略是以知识经济取代了传统经济模式，确立了以文化产业为核心的全新产业结构。这里文化作为一种产业在经济发展中占据了主导地位，而以文化为导向的城市发展政策既包括了对历史文化遗产的尊重和保护，更注重了现代文化的创新。

经过漫长的工业化和城市化进程的洗礼，西方城市文化规划的起步时间

① 张京祥．西方城市规划思想史纲［M］．南京：东南大学出版社，2005.

更早、目标策略更加清晰、实践效果更加显著。西方城市文化规划最早是以城市文化政策的形态出现，在发展历程上经历了始于20世纪50年代的重建时期、始于60年代的参与时期、始于70年代中期的经营时期和始于90年代的复兴时期。面对新城开发带来的人口郊区化问题，文化政策主导下的城市更新更加关注经济发展与城市设施的更新换代，试图通过兴建大型购物中心、商贸街区、城市广场和开展城市营销、文化艺术表演、旅游休闲等活动对旧城区进行再开发，所以城市更新有时也被称为“文化更新”。城市更新极大地改善了城市的环境面貌，解决了城区工业转型升级后的城市经济结构优化问题，但也面临着对城市社会问题和社区建设缺乏关注的弊端。在文化冲突和社会问题凸显的背景下，侧重于社会经济目标综合发展的文化规划逐渐成为西方城市文化建设的主流。与文化政策主要侧重于国家层面相比，文化规划的重心明显下移，区域与城市成为文化规划的重要参与力量。与文化政策关注经济增长相比，文化规划重新高举“文化即整体生活方式”的大文化理念，主张对包括基础设施、城市布局、旅游景点、产业发展、公共场所、社区发展、教育培训等在内的城市硬环境和软环境进行统一规划。①

（2）文化规划理论的发展历程。虽然文化在当代城市发展中的核心地位日益突出，但文化规划理论中与文化有关的许多概念仍然面临争议。在芒福德和沙朗·佐京的同名专著《城市文化》中，比较分析了文化在城市发展中的多种可能性。与学界对规划的定性争议相比，关于文化的内涵与外延争议更大，英国人类学家威廉姆斯认为，“文化是英语世界中最难以定义的三个单词之一”②，“文化”和“规划”的概念争议注定了文化规划的复杂性。虽然英国文化研究大师雷蒙威廉斯提出了“文化包含整个生活方式”的主流观点，但在城市文化中，文化作为一种社会价值理念是促进社会认同的符号，文化作为引领经济发展的诱饵是城市创新发展的资源。作为研究领域的权威，佛朗哥·比安奇尼（1993）着重研究了西方城市更新中的文化因素以及城市文

① 黄鹤．文化规划：基于文化资源的城市整体发展策略［M］．北京：中国建筑工业出版社，2010.

② 李明超．文化规划的发展成效、模式分析与经验启示［J］．城市发展研究，2015（11）.

化政策对于城市发展的导向作用，并探讨了文化政策向文化规划转化的可行性。① 斯图亚特·坎宁汉姆（2004）认为，文化政策对于城市发展的作用主要体现在文化、服务和知识经济三个方面。②

随着文化创意产业的兴起和创意城市建设的推进，文化资源在推动城市发展方面的地位日益提高。在文化规划理论界，以英国学者的研究贡献最大，这与英国文化研究传统和最早开始发展创意产业有关。1995 年英国芒福德大学国际文化规划与文化政策研究室提出的定义获得了广泛的认可，即认为文化规划是城市和社区发展中对文化资源战略性及整体性的运用。2000 年，查尔斯·兰德里提出：文化规划是一种基于文化资源的确认项目、制定规划和管理实施策略的过程，并不是困难重重和危机四伏的“对文化的规划”③，而是为实施城市规划和城市政策而采取的文化途径。2001 年格雷恩·伊文思指出，文化规划一方面是城市规划设计的艺术，是城市文化艺术表达的整体性，另一方面也是城市和社区发展中对文化资源的战略性和整体性运用。在综合各方观点的基础上，笔者认为文化规划具有两方面的含义：一方面是作为针对文化资源和文化需求的规划方法，是在城市和地区发展中对文化资源整体及策略性的运用，用以提升城市和地区的竞争力和宜居程度，是城市规划的重要组成部分；另一方面文化规划作为一种规划思想和理念，是城市规划设计的艺术，代表了以文化的观念来解决城市问题的发展理念。

文化规划应该是追求社会目标与经济目标的统一。文化规划的社会目标是通过对文化资源的确认及策略性运用，培育城市和地区的文化自信与凝聚力，通过不同文化背景的主体参与规划过程和协商文化事务，进而培育文化包容性和多元性，促进城市和地区的良性发展。文化规划的经济目标是立足于文化资源的经济发展推进城市和地区的产业结构调整，推动文化设施建设，改善当地的宜居环境。创意城市作为两者目标的统一，在《文化规划》一书

---

① Franco Bianchini. Urban Cultural Policy in Britain and Europe：Towards Cultural Planning ［M］. Brisbane：Institute for Cultural Policy Studies and Griffith University，1993.

② 李明超．创意城市与英国创意产业的兴起［J］．公共管理学报，2008（4）．

③ 王亚宏．英国：创意产业驱动经济增长［EB/OL］．［2015-05-30］．http：//news. xinhuanet. com/fortune /2010-06/08/c_ 12194453. htm.

中得到了体现。作者以伦敦、新加坡、香港、京都为案例，分析了各国或各地区构建创意城市的可行性经验。[①] 在文化规划的有力推动下，欧美国家的文化创意产业和创意城市建设都得到了迅速发展，创意城市成为新时期城市应对衰退和危机问题的有效方式。伊文思（2001）认为，城市文化规划主导的创意产业和创意城市是推动旧区更新改造和城市再生的重要途径。[②] 弗罗里达（2006）认为，创意城市的建设至少需要满足三个条件：社会文化多元和开放；城市产业发展能提供足够的发展机会；具有能够吸引创意阶层的高品质的生活环境。[③] 卢卡斯（2007）认为，生产力发展和竞争优势的真正来源不是自然资源，而是城市化、区域集中和人口聚集；在经济全球化的背景下，城市发展经常面临如何重塑形象、重获生机和重新定位等问题，创意城市突出了消费经济、文化生产和城市规划的重要性；建设创意城市不仅能够吸引创意人才和产业机构，还能以创意的方法解决城市发展遇到的难题。[④]

5.2.2 文化规划推动下的创意城市建设

通过建设创意城市，让城市的经济、文化平衡发展，创造性地解决城市发展中所不断面临的经济、社会、环境等问题，使城市获得可持续发展，市民的精神生活和物质生活质量都得到提高。西方国家城市在建设创意城市、发展创意产业方面有着丰富的实践，近 30 年来，在欧美国家有三类城市成为创意产业集聚区：一是历史文化悠久的大都市，包括伦敦、巴黎、米兰、纽约、东京等地；二是适宜人居的城市，如洛杉矶、悉尼、温哥华、巴塞罗那及法国地中海沿岸城市带；三是复兴的老城市，如格拉斯哥、波士顿、巴尔的摩、曼彻斯特等。[⑤] 此外，还有一些中小城市在探索利用文化创意进行城市突围方面积累了多样化的经验。

---

① 黄鹤．文化规划：基于文化资源的城市整体发展策略［M］．北京：中国建筑工业出版社，2010.

② 尹宏．现代城市创意经济简论［J］．城市问题，2007（8）．

③ 曹康．西方现代城市规划简史［M］．南京：东南大学出版社，2010.

④ 李明超．创意城市与英国创意产业的兴起［J］．公共管理学报，2008（4）．

⑤ 上海城市规划设计研究院．世博会回眸与展望［M］．上海：上海文艺出版社，2005.

（1）文化规划的产业效应。一般认为，传统的经济中心城市因为在创意人才、产业结构、经济能量及市场需求等各方面均占有优势，所以更利于建设发展创意城市。英国的城市复兴是在经历了以政府为主导的旧城改造和以私有部门为主导的城市更新的经验教训的基础上逐步明确的概念。与以往主要关注物质空间、以项目为导向的旧城改造、城市更新不同，城市复兴是“一项旨在解决城市问题的综合性、整体性的城市开发计划与行动，其目的是寻求某一亟须改变地区的经济、物质、社会和环境条件的持续改善”。而以文化为导向的城市复兴是将文化视为一种新的机制，试图在城市中实现广泛的社会经济的综合目标。主要内容包括以下几方面：一是科学定位。城市文化的定位科学准确，就会符合城市历史传统和现实状况，就能成为城市居民的共同价值，城市文化建设与发展也必然卓有成效。二是科学论证。对城市文化建设的各个方面进行可行性研究，特别是对城市文化的发展模式、发展途径、发展步骤等进行科学评估，使城市文化建设能够健康有序进行。三是科学规划。对城市文化建设进行统筹规划，不仅包括长远规划，而且包括近期规划，详细规划，将规划细化到各区域、各部门、各阶段。四是科学事实。在实施中要统筹协调文化发展与城市建设及其他领域发展的关系，以促进既定目标的实现。

作为引领全球文化创意产业风潮的国家，英国主要是通过发展文化创意产业园区来构建创意城市，已有超过 20 个城市在规划建设创意城市，这其中不仅有伦敦，还有从曼彻斯特到布里斯托尔再到普利茅斯和诺维奇的众多城市。有很多城市都在依托自身历史文化资源建设创意产业园区，其中不乏像曼彻斯特北部园区、谢菲尔德文化产业园区这样颇为成功的案例。总体来说，伦敦在这方面的表现更为突出，拥有较多稳步发展的文化创意产业园区。作为英国的首都和最大的城市，2003 年 2 月，伦敦提出的战略目标是维护和增强伦敦作为“世界卓越的创意和文化中心”的地位，成为世界级的文化都市。2004 年，伦敦创立了“创意伦敦”工作协调小组，广泛征求创意公司、艺术组织和政府部门的建议，协调和制定伦敦的城市文化规划，培育、支持和促进伦敦的创意产业。“创意伦敦”工作组的目标是：促进伦敦创意产业的多样性和活力，解决创意产业面临的投融资、房地产和人才开发等方面的障碍。[①]伦敦的创意产业园区主要分布于城市中心，在发展内容上各具特色，空间布局与实体建设也各不相同。其中剧院区和SOHO区都是城市文化标志性区域，历史延续和文化沉淀使其自发集聚成创意产业园区，相应的艺术组织机构对产业的持续发展发挥主要影响力，在产业发展空间上维护历史文化街区风貌与保持传统文化氛围成为主要工作。肯·列文斯通曾说："伦敦是世界设计中心，所推出的尖端创新设计涉及所有的相关领域，这种声誉为伦敦成为重要的国际创意城市奠定了基础。"

文化规划的产业效应主要表现在文化导向的城市复兴策略，即以文化创意产业推动整体经济结构转型升级，进而推动创意城市的发展。2008年，英国政府发布《创意英国：新经济的新人才战略》规划，将创意产业作为一个整体与其他经济进行协调和融合发展。该规划通过调动中央和地方政府的积极性，成功推动了文化创意产业增加值和就业人数的持续增长。相关的企业超过15万个，就业人数占英国就业人口总数的8%以上，年均出口增长率达到11%。通过培育和发展文化创意产业，原来因传统制造业衰败导致的城市经济滑坡产生了如下的积极效应：一是发掘了地方经济新的增长点，随着产业结构的成功转型，城市发展转入了整体稳步上升的轨道。二是金融服务业等现代服务业蓬勃发展，提供了大量的就业岗位，使城市核心区重新积聚了人气，焕发了活力。三是文化、艺术、体育、信息、设计、教育、科技、管理、休闲、商业服务等文化创意产业的发展，使城市社会文化功能得以强化完善，城市生活品质的魅力和特色得以显现。在文化创意产业的大框架下，不同的城市结合自身的优势资源和发展条件，培育发展了各具特色的文化创意产业门类和品牌。在伦敦的带动下，英国东南部地区通过国防、科学与教育等方面高强度的公共投资，发展成为英国最重要的高科技产业和研发产业基地。威尔士地区卡迪夫的文化创意产业的发展则是以文化、艺术、体育和餐饮为代表的休闲服务业为主导，创意城市发展具有明显的消费城市特色。

---

① 张京祥．西方城市规划思想史纲［M］．南京：东南大学出版社，2005.

德国鲁尔区是以煤炭和钢铁产业为主导的传统工业区，同时也是德国规模最大的城市化区域。由于传统工业衰落，大量的工业设施、厂矿、厂房和受污染土地被遗弃，成为了大片亟须治理的城市棕地。为了应对挑战，州政府在1989~1999年拨款20亿美元，并争取欧盟、联邦政府拨款和企业投资，实施了以景观公园为核心的综合商住区开发规划，新建和改造项目包括科技园区、职业培训中心、博物馆、文化馆、展览馆、图书馆、演艺中心等科技文化设施，成功治理了20多平方千米的城市棕地，最大限度地保护了当地的工业遗产，促进了区域内文化创意产业的兴起。许多利用老厂房开设的创意企业聚集在园区，形成了独具特色的文化娱乐、数字内容产业集群，200万当地居民因此受惠。

（2）文化规划的空间效应。面对城际日益激烈的竞争，旨在推动城市文化艺术活动、彰显城市公共艺术价值、提升城市文化生活品质的文化规划为城市保持竞争力奠定了基础。文化规划在旧城更新、滨水区开发等方面的实践活动中，侧重于恢复城市文化和传统地区的活性（包括修缮传统建筑、兴建新型社会文化设施、完善居民生活服务配套、提高区域经济活力等），融合博物馆、画廊、工作室、音乐厅、影剧院、体育馆等文化体育设施的城市综合体得以兴建。因此，文化规划在空间发展战略上成功将文化战略与城市的历史传统、社会经济条件联系起来，而文化的含义也从文化艺术活动扩大到包括城市日常生活的方方面面。①

以文化设施建设引领城区改造和复兴。在城市的空间结构上培育新的经济增长点，完善经济功能布局，使城市的经济环境更加适合现代化城市的发展需要。通过文化设施建设，不仅有效改善了城市形象，也促进了城市功能再生，由此吸引文化旅游、居住休闲，并带动相关产业发展。英国的卡迪夫就是通过兴建新千年艺术中心、千年体育场、威尔士议会大厦、新市政厅等大型文化设施，并成功举办了一系列国际、国内重要的文化活动和体育比赛，成功带动了相关产业的发展，推动了港口衰败区的复兴，形成了新的社会和

① 曹康．西方现代城市规划简史［M］．南京：东南大学出版社，2010.

经济发展核心区块，重新确立了卡迪夫在南威尔士的区域中心地位，并在国内外扩大了其知名度。

以文化活动组织提升城市活力。文化活动作为城市复兴的一个切入点，不仅意味着城市面貌的改善，同时也是吸引人气、增加城市活力的重要手段，并由此拉动消费，促进经济增长。英国的牛津和剑桥自 1829 年开始举行校际赛艇比赛，如今这项赛事已成为英国一项独具魅力而富有影响的传统活动，每年都会吸引大量的学生、当地居民和游客观看，并被电视直播、转播，带来很多商业利益。威尔士地区的卡迪夫湾在改造以后，千年艺术中心前的广场不仅成为人们休憩、观光的开放空间，更是举办各种文化表演、活动的极佳场所，广场的利用率非常高；在卡迪夫大众文化活动非常频繁，有定期的活动，如暑期嘉年华等，有不定期的活动，如美食节，有场地型的活动，如广场表演，也有利用街道在晚上进行的活动，种类繁多，使得卡迪夫商业、服务业得以迅速发展。苏格兰地区的爱丁堡通过举办国际艺术节，吸引了国内外的游客，成为文化旅游的一项标志性内容。

以城市形象推销创新城市文化品牌。文化作为城市树立形象、营造特色、打造品牌的重要手段，已被广泛运用到城市形象宣传的各个方面，通过整体的形象设计，可以形成崭新的城市标志，而这种标志一般会广泛运用到各种推销场合，形成一种城市整体而统一的形象，通过系统的形象推销活动，可以创新城市文化品牌，并对此广为宣传。如英国苏格兰地区的格拉斯哥在 1983 年推出了“格拉斯哥微笑运动”的城市形象提升策略，成功塑造了“快乐先生”的形象标志，1989 年又进一步实施“格拉斯哥活力之都”规划，1997 年推出“格拉斯哥友善之城”的活动，重新设计了城市标识——将第一个字母“G”设计成一个“笑脸”，并将城市的新形象标志广泛用于各种宣传品、旅游纪念品、出租车、旅馆等服务业中，这场城市标志的推广运动融合了推销、广告、商业、展览和媒体各种手段，展示了城市的设计和创新能力，扭转了由于工业衰退而导致的城市环境恶化形象，由此格拉斯哥重新恢复了经济活力和良好形象，于 1990 年获得“欧洲文化城市”的称号。

以文化战略推动城市滨水区开发。在西方国家里，西班牙巴塞罗那在展示城市文化魅力方面做得最为到位。它一方面积极实践城市营销的理念，引进各方资本推动城市滨水地区开发；另一方面积极保护加泰罗尼亚风格的历史建筑，以独具特色的城市文化吸引投资者、游客和居民。特别是借助于1992年巴塞罗那奥运会的成功举办，为老城区兴建了新的公园、体育设施、文化设施和医院学校等保障设施，有效改变了城市东北部沿海地区的落后面貌。战后德国和荷兰为复兴被毁的城区推出了城市花园节庆活动，通过重建城市公园、社区花园等公共空间聚集人气。德国法兰克福作为欧洲著名的空港城市，为了丰富城市的文化内涵，从20世纪90年代开始，当地政府投入巨资保护了一批中世纪留存下来的历史街区，兴建了大批博物馆、影剧院、音乐厅、图书馆等文化设施，成功提升了城市的文化品位，吸引了大量游客前往参观游览。

5.2.3　文化规划推动创意城市建设的启示

回顾英国等西方国家的文化规划历程，城市规划、建设、管理、保护、运营等环节具有整体协调性，在城市化进程中保护城市文化资源是确保城市特色的重要途径，也是推动城市经济发展的潜在力量。英国等西方国家在规划编制方面已形成一套以法规、条例、规则、政策、通告、指引、开发规划等构成的庞大的文件库，其规划分类注重类型与作用的关系——针对即将开发的行动地区，采用城市设计的方式为项目开发提供明确指引。地区和区域层面的规划内容则体现为战略和政策，空间战略成为规划编制的关键词。作为世界上最先开始探索文化规划实践的国家，西方国家在文化规划理论与实践方面积累了丰富的经验，主要体现在以下方面：

（1）城市系统研究与文化规划兴起的理论基础。在英国文化规划的理论与实践中，城市文化规划理论除了源自于英国传统文化理论和伯明翰学派为代表的新文化理论，还受到了人本主义城市规划思潮、城市美化运动等城市重大历史事件的影响，城市文化规划是跨领域、多学科的产物。英国是世界上最早开始启动工业化和城市化的国家，在城市发展理论和实践方面都积累了丰富的经验。经过两个多世纪的积累，英国在城市发展方面已不再是“头痛医头、脚痛医脚”地孤立看待城市文化，无论是在文化资源理解的全面性上，还是在文化与城市发展的关系认识上，都已经在尝试整体地把握思考城市的文化发展问题。①

（2）城市旧城更新与文化规划兴起的现实需求。文化政策的出台与产业更新、城市发展实践相关，特别是与新城开发和内城更新关系密切。英国城市在20世纪后半期开始经济转型和产业升级，经济的震荡导致了荒废的工业区、破败的港口区、废弃的老城区大量出现，并由此带来了诸多社会问题。在文化规划的实践中，文化被赋予了“城市或区域发展资本”的全新含义，原本只是文化部门用以推进国家、地区或城市艺术文化发展的文化政策开始成为政府借以推动经济复兴的政策工具。通过加强和实施文化规划，政府的文化政策主要集中在鼓励文化生产和文化消费领域：一方面通过专辟的文化产业区吸引并引导资金投向新兴的文化产业，另一方面则通过文化旅游开发、文化设施建设等项目将城市营造成一个强调体验和参与的文化消费空间。这种以文化为中心的发展模式的确使一些老牌城市或城市旧区重新焕发了生机。

（3）文化规划作为新兴规划方法注重与传统城市规划的融合。文化规划与城市规划有着天然的渊源关系，强调通过城市设计创造良好的空间环境，将艺术和文化观念结合到规划与设计之中，从而有助于美好景观的塑造。在理论方面，文化被作为城市的“灵魂”、城市发展的资本、城市经济的诱饵、可供消费的商品和独具特色的社会景观②，成为城市文化传播和城市空间重构的重要发展方向。在实践层面，文化规划的流程大致可分为五个步骤，即前期准备—现状评估—制定目标—规划实施—监督反馈。基本方法有注重文化资源直观动态展示的文化地图绘制法、注重社区建设的参与法、明确所处竞争地位的SWOT分析法。③ 从空间层面来看，文化规划主要可以分为国家文化规划、区域文化规划、城市文化规划和社区文化规划等；按规划内容和性质可

---

① 李明超．创意城市与英国创意产业的兴起［J］．公共管理学报，2008（4）．

② 安迪·C．布拉特．创意城市：社会、文化和经济发展间的冲突——英国经验解读［M］//马克思主义美学研究．北京：中央编译出版社，2011.

③ 黄鹤．文化规划：基于文化资源的城市整体发展策略［M］．北京：中国建筑工业出版社，2010.

以分为历史文化保护规划、文化创意产业规划、文化设施规划、文化地区规划、文化活动规划、教育培训规划乃至学校和医院布局规划等（如图 5-3 所示）。

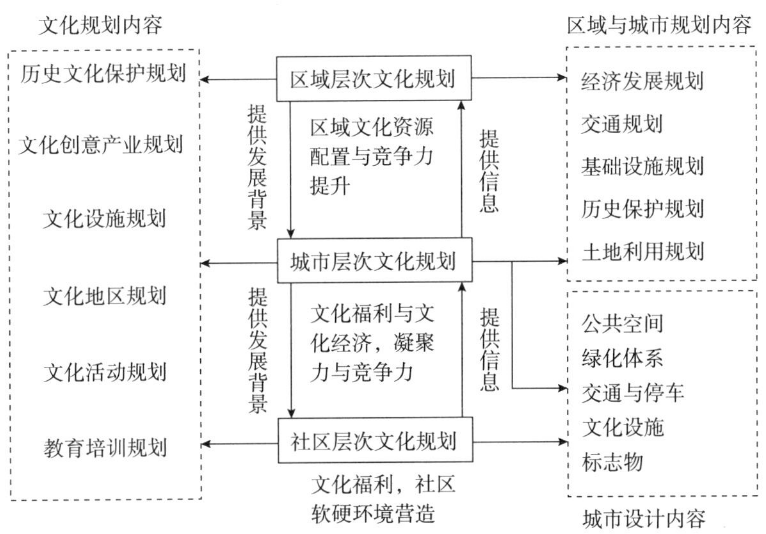

图 5-3 文化规划体系与内容

（4）文化规划注重与空间规划、发展规划、产业规划等多种规划的衔接。文化规划以城市的文化资源为主要规划对象，在实践层面必须处理好空间要素、管理要素与资本要素之间的协调发展。首先在空间要素层面，注重城市历史文化环境、文化设施、文化创意产业空间及城市公共空间的规划设计，使其与城市基本特质相统一，建立层级化、网络化、混合化的城市文化空间。其次在管理要素层面，注重文化规划的管理机制与法制建设，通过建立规划部门与文化部门的有效合作、吸引社会力量多方参与、完善相关法律法规，逐步建立决策科学、运行统一、行之有效的管理体系。最后在资本要素层面，科学区分公益性文化事业与经营性文化产业，确保政府财政对文化事业的有效投入，同时建立多元化的文化产业经营和投融资机制。[①]

① 黄鹤．文化规划：基于文化资源的城市整体发展策略［M］．北京：中国建筑工业出版社，2010.

（5）文化规划兼容历史文化遗产保护与城市景观再造。文化规划以城市的文化资源为主要对象，注重制定历史文化保护规划和文化创意产业发展规划，可以有效地兼容衔接文化保护部门负责的历史文化遗产保护和规划部门负责的当代城市景观建设。文化规划的主要内容包括：科学定位，即城市文化的定位科学准确，就会符合城市历史传统和现实状况，就能成为城市居民的共同价值，城市文化建设与发展也必然卓有成效；科学论证，即对城市文化建设的各个方面进行可行性研究，特别是对城市文化的发展模式、发展途径、发展步骤等进行科学评估，使城市文化建设能够健康有序进行；科学规划，即对城市文化建设进行统筹规划，不仅包括长远规划，而且包括近期规划、详细规划，将规划细化到各区域、各部门、各阶段；科学事实，即在实施中要统筹协调文化发展与城市建设及其他领域发展的关系，以促进既定目标的实现。

（6）文化规划推动创意城市建设的动力机制。城市文化规划主要包括四个环节：一是战略定位，即以文化的思维对城市的各种功能加以认识和考察，从而发掘城市的创新空间和创新方向；二是政策导向，即从文化的角度考虑和制定各类公共政策，在文化资源和公共政策之间建立一种相互影响、相互协同的关系，开展城市创新决策；三是城市实践，即把文化资源置于创新实施的中心来整合城市的各种资源，达到城市的和谐发展，保持文化的地方特色；四是文化融合，开放性、跨领域、交叉式的思考能力、企业家精神、组织管理能力等都是文化规划的核心内容，需要从文化角度考虑、研究和融合城市发展的各种要素。在城市旧区更新提升过程中，创意产业和创意城市开始兴起，这是文化规划实施的重要成果，也是文化规划实践的主要载体。创意城市是在经济全球化的背景下，由产业转移和产业升级推动、伴随城市更新和创意产业兴起而出现的一种新型的城市形态，是在消费文化和创意产业基础上向社会其他领域延伸的城市发展模式，是科技、文化、艺术与经济的融合。[①] 创意产业与创意城市在兴起的动力方面存在某些类似之处：除了来自

① 李明超．英国创意城市兴起的基础与启示［J］．国际城市规划，2010（4）．

于产业内部和城市区域的创新推动之外，还与政府政策、产业转型、人才培养和文化理论等因素密不可分。无论是发展创意产业还是建设创意城市，它们所依赖的这些因素都是文化规划所包含的内容。

综上所述，由于英国等西方国家的城市化进程起步较早，所以作为城市发展特定阶段产物的文化规划在西方国家的发展同样较早，在理论和实践方面都积累了不少宝贵的经验，这为其他国家尝试开展文化规划提供了参考和借鉴。城市学认为，“凡系统必有结构，系统结构决定系统功能”，分析解决城市病带来的城市衰落危机，应根据城市系统内部组成要素互为因果的反馈特点，从运行管理系统的内部结构来寻找城市问题发生的根源，而不是用外部的干扰或随机事件来说明系统的问题所在和行为性质。同时，鉴于经济社会发展就是经济结构的优化和社会产品的增加，其充分条件是制度与意识形态的相应调整，我们可以得出如下结论：经济发展的全过程就是社会、经济、政治、文化结构和政策相应调整的过程，是社会各种观念的不断更新过程。所以，应高度重视文化规划的重要作用。在经济转型时期，英国等西方国家城市的文化发展政策既注重对传统文化的保护并善加利用，更注重新时期文化的创新，整体上是以文化创意产业的发展作为转型时期振兴经济、创新城市品牌、提高城市竞争力的重要战略，并已取得预期成效，其经验值得回顾和借鉴。伴随着城市化进程加速推进，如何借鉴吸收西方国家的成功经验，设计科学合理、切实可行的文化规划，推动文化创意和设计服务等相关产业可持续发展，延缓、预防和治理城市病以有效应对城市衰落危机，已成为各地推动产业结构和城市发展方式转型升级的当务之急。

5.3 城市化进程中的小城镇发展历程回顾

小城镇是中国城市体系的重要组成部分，也是推动和实现城市化的主体力量之一。发展特色小（城）镇是推进供给侧结构性改革的重要平台，是深入推进新型城镇化的重要抓手，有利于推动经济转型升级和发展动能转换，有利于促进大中小城市和小城镇协调发展，有利于充分发挥城镇化对新农村建设的辐射带动作用。小城镇，顾名思义就是规模较小的城镇，但在中国却是一个使用频率较高却又很不规范的通用名词，对小城镇概念的覆盖范围往往存在争论。归纳起来，不同学科对小城镇概念的理解分为狭义和广义两种。狭义上的小城镇是指除设市以外的建制镇，包括县城。这一概念较符合《中华人民共和国城市规划法》的法定含义。建制镇是农村一定区域内政治、经济、文化和生活服务的中心。广义上的小城镇除了包括狭义概念中所指的县城和建制镇外，还包括了集镇的概念。这一观点强调了小城镇发展的动态性和乡村性，是中国目前小城镇研究领域更为普遍的观点。概括地说，关于小城镇的外延主要有以下四种观点：第一，“小城镇=小城市+建制镇+集镇”。显然，这一小城镇概念分属城与乡两个范畴，从发展的观点看，集镇只宜称为“未建制镇”。第二，“小城镇=小城市+建制镇”。这一小城镇概念指城镇范畴中规模较小、人口少于20万的小城市（县级市）和建制镇。第三，“小城镇=建制镇”。这一小城镇概念属于城镇范畴，是建制镇（包括县城镇）在城镇体系中的同义词。第四，“小城镇=建制镇+集镇”。这一小城镇概念属城与乡两个范畴，包括小于城市但从属于县的县城镇、县城以外的建制镇和尚未设镇建制但相对发达的农村集镇。[①] 世界上其他国家同样对小城镇没有统一的规定和划分标准。本书认为小城镇是区域城镇体系的基础层次，应包括县城镇、建制镇、集镇和部分发达的村镇。

小城镇作为中国城市化的载体之一，已经成为城乡发展格局的重要组成部分，也是学界多门学科竞相参与研究的学术领域。纵观国内小城镇研究的发展历程，小城镇的发展受制于二元经济结构和三元社会结构，在研究方面大致可以分为四个阶段：改革开放至20世纪80年代中后期是起步阶段，1978年中央提出“控制大城市、多搞小城镇”，1980年国务院批转《全国城市规划工作会议纪要》提出“控制大城市规模、合理发展中等城市、积极发展小城市”，在以费孝通先生为代表的社会学者的推动下，有关小城镇的研究迅速成为了国内学术界的热点；1990年前后为繁荣阶段，1990年国家颁布的

① 袁中金．中国小城镇发展战略研究［D］．华东师范大学资源与环境学院博士学位论文，2006.

《中华人民共和国城市规划法》第四条规定"国家实行严格控制大城市规模、合理发展中等城市和小城市的方针，促进生产力和人口的合理布局"，小城镇研究也达到了一个高峰；1992~1999 年为调整阶段，大中城市成为了城市化的主导力量，小城镇发展相对趋缓；1999 年以来为创新阶段，随着中央统筹城乡发展和建设社会主义新农村的战略出台，小城镇研究呈现出方兴未艾的态势。从城市化进程的角度来看，国内的小城镇研究主要涉及小城镇的外部联系和内部结构两方面。①

5.3.1 中国城市化进程中小城镇外部联系研究

小城镇的外部联系研究主要涉及小城镇在城乡发展格局中的地位和作用问题。从城市化发展规律的角度来看，小城镇是联系城乡区域的桥梁和纽带，具有城市和乡村的双重角色，承担着完善城市体系和带动乡村地区发展的双重职能。小城镇研究历来横跨城市和乡村两个空间领域，因此小城镇的外部联系也主要集中在城市化道路选择、小城镇与大城市的关系、小城镇与乡村的关系三个方面。

(1) 小城镇与城市化的道路之争。最初的城市化道路之争是以城市规模为焦点，并由此形成了"小城镇论"及与之相对的"大城市论"，随后又派生出"中等城市论"与"大中小论"等。随着城市化进程的不断加速，怎样推进城市化和发展什么样的城市成为新时期不得不面对的重大课题，中央政府再次选择了重点发展小城镇的城市化战略，在政府的文件中，"城市化"也被"城镇化"所替代。即便如此，关于城市化道路的不同声音仍然不绝于耳，大城市论者的观点更加鲜明，如洪银兴认为，过去以发展小城镇为主要内容的城镇化起过历史作用，但也留下了削弱城市功能的问题；现阶段的城市化要由突出人口流动转向功能提升；在城市化已达到较高水平的经济发达地区，

① 有关城市化进程中城市"外部联系"和"内部结构"的论述参见：李明超．工业化时期的英国小城镇研究［D］．华东师范大学中国现代城市研究中心博士学位论文，2009.

应该由以发展小城镇为特征的城镇化转变为以现代化为内容的城市化。① 严正认为，20 世纪 80 年代是小城镇的繁荣时期，这一时期的城镇化是乡镇企业推动型的城镇化，90 年代初之后大中城市建设高速发展，中国城市化的道路出现了根本性的转变，大城市的崛起和城市群的出现是时代发展的潮流。② 许多原先持"城乡一体化"和"农村城市化"观点的理论者都成了坚定的小城镇道路的支持者，他们一般都放弃了"就地转移"的观点，强调促进小城镇发展应适度地集中，以克服小城镇数量多、规模小的缺陷，认为应该以发展县城或县域中心城镇为主。③ 邹农俭认为小城镇是城市化的启动点，城市化的目标是建立合理的城镇体系，在发展小城镇方面，要将体制创新贯穿于小城镇的发展过程，着力建设县城和中心镇。④

（2）小城镇与大城市的关系。大城市周围建制镇的分布密度比市域内建制镇的平均分布密度要高，这表明大城市周围的小城镇有更好的发展空间。江曼琦认为，城郊小城镇的发展与大城市发展紧密相关，大城市发展过程一般包括集中化阶段、郊区化阶段和逆城市化阶段，与此相应的城郊小城镇的发展也分为三个时期，并随着大城市的演化从慢到快、从近到远，逐渐改变其产业结构和职能，在布局上存在着圆环式、单向带型、多向带型和星座组群等模式。⑤ 冷静在将大城市和中小城市对比之后认为，中国的小城镇虽然数量众多，但对城市水平提高的带动作用却一直很微弱，不足以成为城市化工作的重心，20 年城市化的实践表明，小城镇的道路并非是适合中国城市化进程的选择，在目前已进入加速阶段的情况下，决不能再将小城镇的发展作为推动城市化进程的主要动力。⑥ 潘允康简要地论述了小城镇研究的发展历程，并通过对小城镇论和大城市论两种城市化的模式的比较，认为大城市在城市

---

① 赵新平，周一星．改革以来中国城市化道路及城市化理论研究述评［J］．中国社会科学，2002（2）．

② 严正．小城镇还是大城市——论中国城市化战略的选择［J］．东南学术，2004（1）．

③ 辜胜阻．非农化及城镇化理论与实践［M］．武汉：武汉大学出版社，1993.

④ 邹农俭．小城镇与城市化战略［J］．城市研究，1999（3）．

⑤ 江曼琦．浅谈大城市郊区小城镇的特点［J］．城市问题，1990（3）．

⑥ 冷静．中国城市化道路的现实选择——兼论中小城市的城市化问题［J］．江西社会科学，2002（3）．

化进程中具有主导地位，并从城市社会学的角度探讨了大城市发展模式面临的种种问题。① 王战和、许玲认为，大城市周边地区的小城镇是农村城市化发展过程中的重要力量，这些小城镇在一定的经济区域中，受到大城市的辐射、扩散和周围农村腹地的双重影响，大城市与其周边地区小城镇通过扩散与聚集的作用相互影响、相互制约、紧密联系。② 2006 年，潘允康进一步比较大城市与小城镇的发展模式，认为大城市的模式有利于加速中国的城市化进程，大城市的结构有利于发挥城市聚集经济优势，有利于发挥城市集体消费优势，所以应该优先发展大城市，走大中小城市和小城镇协调发展之路。③

（3）小城镇与乡村的关系。小城镇处于城市经济与农村经济的接合部，是沟通和加强城乡联系的桥梁和纽带。改革开放以来，农村小城镇的迅速兴起丰富了中国城市化道路的内涵，对中国农村城市化发挥了重要作用。包永江认为，城镇体系由工业村集镇、乡所在地行政中心、集镇乡范围内经济中心、中心集镇、工商业城镇区域性经济中心、卫星城镇等组成，层次间具有叠加的功能；农业剩余劳动力转移存在着三种模式，即集中的城市化、直接转变的城市化和分散的城市化，小城镇是分散城市化的主体。④ 辜胜阻认为，在农村城镇化方面不宜使 2 万个小城镇“遍地开花”式的发展，而应该重点发展 2000 个左右的县城或县域首位镇，让其成为县级的城市中心。⑤ 国风认为，小城镇是农村剩余劳动力转移和实现农村工业化的根本出路，是实现农村城市化的有效途径，要加快小城镇的发展必须加快综合配套改革，争取实现劳动力在城乡之间的自由流动，制定适合小城镇的制度规范（包括资金筹集、土地利用、农业开发和规划建设等）。⑥ 张弥认为“城乡一体化”和“乡村工业化”存在着战略上的误区，遍地开花的小城镇容易导致土地资源浪费、

---

① 潘允康．中国城市发展模式研究的回顾与展望［J］．理论与现代化，2005（2）．

② 王战和，许玲．大城市周边地区与小城镇发展研究［J］．西北大学学报（自然科学版），2005（2）．

③ 潘允康．大城市与小城镇发展模式之比较［J］．天津师范大学（社会科学版），2006（4）．

④ 包永江．中国乡村城市化模式刍议［J］．天津社会科学，1988（2）．

⑤ 辜胜阻．非农化及城镇化研究［M］．武汉：武汉大学出版社，1991．

⑥ 国风．中国农村工业化和劳动力转移的选择［J］．管理世界，1998（6）．

经济布局分散和第三产业无法发展等后果，发展小城镇要抓大放小，着力壮大县城和中心镇。① 何卫刚认为，农村小城镇的建设是实现城乡经济互动的桥梁，是真正实现城乡经济一体化、消除城乡差别的重要纽带。农村小城镇的发展和繁荣要有独具特色的产业来支撑，在功能设置上应主要面向农民的实际需求。②

综上所述，如何优化小城镇的外部联系是世界各国城市化进程中亟须解决的历史性和普遍性难题，事关小城镇在城市体系中的地位和作用，不同的城市化道路选择对小城镇的地位和发展动力具有直接影响。小城镇作为联系城市和乡村的节点，承担着大城市向乡村地区扩散的作用，小城镇的地位和作用反映了城乡协调健康发展的程度。总体来看，小城镇在中国城市化进程中的地位具有明显的波动性，小城镇建设在经历短暂的辉煌之后长期处于沉寂状态，反映了小城镇在城市化加速期面临严峻的外部挑战，类似问题在英美等发达国家早期城市化进程中同样存在。随着中国大城市社会问题日趋凸显，关于城市体系优化和小城镇地位的争论仍将继续存在，小城镇在未来农村城市化和新农村建设中的地位也就日渐提升。

5.3.2 城市化进程中小城镇内部结构研究

小城镇的内部结构研究主要关注小城镇的发展问题。无论是以大城市还是以小城镇为城市化的主体，小城镇作为中国乡村地区发展的增长极和城镇体系的基础部分，都面临着紧迫的发展任务。在小城镇的发展过程中，内部结构是小城镇发展的核心动力，也是学界小城镇研究的重点所在。从城市化的角度来看，关于小城镇的内部结构的研究主要可以分为模式与类型、发展机制、空间分层、规划建设四个方面。

(1) 小城镇的发展类型研究。1982 年，费孝通在调查了苏南众多小城镇的基础上，提出小城镇“类别、层次、兴衰、分布、发展”的 10 字研究主

---

① 张弥．城市化道路与小城镇的问题与对策［J］．经济与管理研究，2005（10）．

② 何卫刚．新农村建设中的农村小城镇问题研究［J］．新疆师范大学学报（哲学社会科学版），2007（3）．

题，总结了县域集镇的5种类型，认为县域集镇按行政地位可分为3层5级，并详细考察了小城镇作为农村服务中心、文化中心和教育中心的作用。[①] 综观全国，苏南模式的小城镇是以邻近大中城市的区位优越、集体经济组织兴办乡镇企业并使其获得极大发展为典型特征；温州模式则是以家庭、联户企业等私营经济获得极大发展，从而积累了小城镇建设基金为典型特征；珠江三角洲模式则是借助于邻近香港的地缘优势发展外向型经济从而推动了小城镇的发展。此后其他学者又结合各自的调查提出了一些新的模式，如以邻村换地、集零为整的集地开发解决小城镇乡镇企业布局分散问题的“孙耿模式”；将乡镇企业和农村产业化相结合带动小城镇发展的“襄樊模式”等。[②] 在小城镇的类型方面，辜胜阻认为，小城镇的发展存在着行政指向型、交通指向型、原料指向型、工商业起飞型四种类型，其中行政指向型占主导地位。叶飞结合苏南的调查，总结出苏南小城镇较为多样，有古镇新貌型、旅游开发型、港口发展型、交通枢纽型、专业市场型、工业主导型、产品名都型、科技兴镇型和农副产品加工型等。[③] 田明、张小林把“经济发展水平”、“城镇体系结构”和“区域内部城镇间的相互作用强度”3个方面组合为9种类型，并进行三三组合，得到27种初始类型，排除掉12种，得出15种小城镇类型。[④] 亦有学者结合地域概念，探讨地域小城镇的特色与类型，如通过对西北地区独特的自然条件和社会环境及其孕育的传统建筑、城市布局的回顾总结，探讨了西北小城镇的特色；通过研究京九铁路沿线的集镇发展情况，认为可分为城郊型、工业开发型、商贸型、交通和旅游型、外向型等几种类型。[⑤]

（2）小城镇的发展机制研究，主要集中在探讨农村工业与小城镇的关系方面。王淑华等较早地从不同层次和角度分析了乡镇企业和小城镇的发展与政策，同时对区域小城镇发展条件、功能及发展前景等作了大量的实例分析。

---

① 费孝通，罗涵先．乡镇经济比较模式［M］．重庆：重庆出版社，1998.

② 曹广忠，周一星．论乡镇企业的集中布局——孙耿模式研究［J］．经济地理，1997（1）．

③ 叶飞．小城镇　大发展——苏南小城镇的调查与思考［J］．现代经济探讨，1995（10）．

④ 田明，张小林．中国乡村小城镇分类初探［J］．经济地理，1999（6）．

⑤ 徐少君，张旭昆．1990年代以来中国小城镇研究综述［J］．城市规划汇刊，2004（3）．

高文杰从区域经济中心、农村剩余劳动力的冲击、集贸市场的推动作用、村镇工业的促进作用、第三产业的促进作用、建制升格 6 个方面分析了小城市发展的条件。[①] 许多学者都认为乡镇工业化是中国城市化尤其是小城镇发展的重要支柱，是中国农业剩余劳动力转移的主要途径。李骊明认为乡镇企业的迅猛发展是中国小城镇开发建设的主要动力源，其发展方向和水平直接影响着小城镇的开发问题；乡镇企业既推动了小城镇的发展和乡村的城市化，同时也使环境污染日趋区域化，资源浪费和生态破坏日益加重；建筑布局沿公路一线铺排，建设和发展规划意识淡薄或各自为政。樊杰通过对中国 6 省 7 个建制镇的实地调查，从人口就业结构变化、人口迁移、小城镇建设和资金来源、小城镇工业布局等方面，对中国农村工业化在城镇化中的作用开展了实证研究。崔功豪、马润潮综合研究了在国家政策影响和政府、农民、外部（内资、外资）力量共同作用下，中国自下而上的城市化运行模式和机制如何运作，并评估了其在国家未来城市化进程中的地位和作用。[②] 许多学党的十五届三中全会之后，有关小城镇发展机制的探讨更多地集中在如何有效地使乡镇企业向小城镇和工业小区集中的问题上。傅守彬认为小城镇势必成为中国城市化的主流，有关法规应明确规定第一、第二产业的新项目应尽量选址在资源许可的小城镇，开发区也要依托这样的小城镇，即将新项目的开发尽量与小城镇的发展结合起来。[③]一些学者结合具体地域的小城镇开展了研究，如余罡结合上海郊区的实际，认为中国发达地区大城市郊区镇的发展动力来源于六个方面，即农副业经济的集聚、大城市工业的辐射及郊区农村自身粗放工业的发展、大城市的功能及设施扩散、大城市信息和社会文化辐射、国家城市发展政策的制约、对外开放政策的影响。彭震伟分析了上海大都市区小城镇职能演变的条件，比较了计划和市场体制下的两种不同职能模式，认为小城镇职能变化带来了对交通、信息与通信、市场和产业结构等方面的要求。[⑤]刘君德等结合

①③　冯健 . 1980 年代以来中国小城镇研究的新进展［J］. 城市规划汇刊，2001（3）.

②⑤　徐少君，张旭昆 . 1990 年代以来中国小城镇研究综述［J］. 城市规划汇刊，2004（3）.

④　余罡 . 中国大城市郊区城镇发展机制与空间结构——以上海市郊区上海县为例［J］. 经济地理，1993（1）.

上海市普陀区真如镇的个案，研究了大城市边缘区乡镇社区分化和整合的规律，提出了加强社区建设和管理、推进大城市边缘区有序发展的若干重要途径。[①]

（3）小城镇的空间分层研究。无论是从国家、大区、省区、市域和县域等区域空间来看，还是根据经济水平和地理条件划分发展类型，小城镇都有各种不同的空间层次。许多学者尤其是社会学者着眼于整个国家的小城镇做了大量的一般性论述，多集中在小城镇功能的形成过程、系统性特征及其优化，小城镇发展的政策导向、社会环境和制度安排。石忆邵认为，未来农村城镇化的政策导向应当是降低农民进镇的门槛条件而非降低设镇的标准，农村城镇化的主旋律是小城镇的升级，小城镇发展战略的实现需要一系列制度创新来保证，在小城镇开发进程中，要注意塑造和运用土地级差调节机制。[②] 祝华军、白人朴把中国小城镇发展过程中所出现的布局分散、土地利用粗放、集聚效应差和环境恶化等问题统称为"小城镇病"，认为发挥大城市集聚—扩散效应、积极发展中小城市，有重点地选择性发展小城镇才是解决问题的关键。王海霞则认为，一哄而起的乡村城市化伴生了严重的后果，无论在规模还是功能上，当前小城镇自身进一步发展都普遍存在难题，要慎提乡村城市化的道路。[③] 从空间的角度来看，小城镇所在的区域不外乎有两种类型，即经济发达地区和经济欠发达地区。葛本中结合无锡市的情况，认为存在企业小型化向农村扩散的趋势、城市工业扩散及乡村工业进一步发展的可能性、农村非农产业已进入现代产业行列并且进一步发展势在必行等客观事实，再加上不论从就业、收入还是生活质量上看，小城镇仍将是农村非农劳动力集中的场所，因而中国经济发达地区小城镇的发展势头还将保持。而对于经济后进地区的小城镇，沈国斌提出当前要注重解决好五大问题。陈蔚镇则指出经济后进地区小城镇发展的特征在于内向型经济、产业结构低度和城镇化水平质与量的低下，其发展的困惑在于发展动力的匮乏，基础设施的制约和逆向

① 余罡．中国大城市郊区城镇发展机制与空间结构——以上海市郊区上海县为例［J］．经济地理，1993（1）．

② 石忆邵．小城镇发展若干问题［J］．城市规划汇刊，2000（1）．

③ 徐少君，张旭昆．1990 年代以来中国小城镇研究综述［J］．城市规划汇刊，2004（3）．

的城镇化进程，并提出四点对策，即发展潜力的挖掘、基础设施的选择性建设、城镇体系的合理构建和减灾规划的重要保障。[①] 较多的学者开展了省区小城镇发展研究，一般是回顾了省区小城镇发展历程，分析了其发展的现状特征，指出存在问题并提出调控对策，这类研究主要集中在上海、江苏、四川、广东、云南、安徽和山东等省份。

（4）小城镇的规划建设。张军研究了小城镇规划中的“不定性”，认为多种因素导致的“不定性”现象使传统规划模式受到严峻挑战，首先，在规划中应当综合考虑规划的经济、社会和生态效益，充分预计到作为一种社会过程在执行当中可能遇到的利益制约；其次，将小城镇规划放在整个城镇体系规划中通盘考虑，淡化规划期，使之成为具有较强的动态性的“规模规划”；最后，全面改善规划赖以存在的制度环境。[②] 1992 年，王绪明提出一种“小城镇综合规划”的概念，旨在变革规划观念，充实规划方法，深化编制程序和拓展规划内容，将定性和定量方法相结合，提高规划的科学性。[③] 白明华较早地归纳了大中城市与小城市在规划的理论和方法上的九点差异，认为要尽快改变现行的城市规划与村镇规划的分工体制，在广泛的实践基础上，丰富和完善小城市的规划理论和方法。1999 年，《规划师》杂志以“小城镇的规划建设”为主题，在其规划师沙龙中会聚了 20 余位学者，广泛讨论了小城镇规划建设的重要作用与意义、规划编制的方法与手段、规划实施及建设等方面的内容。黄富国把小城镇规划与大中城市和乡村的规划进行了比较，认为当前小城镇规划的两大突出问题是小城镇规划的双重标准的混乱与不科学性以及小城镇规划理论的盲从，提出“小城镇与其周围密不可分的辐射影响基本单元整体规划”的思想。何兴华从界定小城镇规划的基本概念入手，讨论了中国小城镇规划产生的背景和面临的问题，总结了中国小城镇规划的实践历程和理论基础，归纳了小城镇规划的主要内容、运作程序和技术标准，

---

① 冯健 . 1980 年代以来中国小城镇研究的新进展［J］. 城市规划汇刊，2001（3）.

② 张军 . 小城镇规划中的“不定性”及其对策研究［J］. 城市规划汇刊，1991（3）.

③ 张小林，金其铭 . 乡村城市化理论研究［M］//中国城镇发展研究 . 北京：中国建筑工业出版社，1992.

并展望了中国小城镇规划的发展前景。① 冯健对小城镇发展与规划中的几个基本问题做了进一步的诠释，认为小城镇发展不应等同于规模的盲目扩大，小城镇规划的首要着眼点应是营建宜人的居住环境，小城镇规划的核心问题是要突出个性而非盲目追求共性，小城镇规划的最高目标应定位在如何推进城乡一体化战略上。邓卫认为，小城镇与城市最大的区别在于其小巧宜人的规模尺度和山水风光、田园气息，小城镇的规划和建设切忌照搬大城市的经验，而应该根据其地域特色与文化传统，将自然的田园绿意巧妙地融入居住环境，构筑人与自然和谐相处的“田园城镇”。②

综上所述，如何优化小城镇内部结构是当前推动中国城市化进程的重要立足点，也是持续提升小城镇吸引力、改善城乡居民生活环境、扩大小城镇人口在城市体系中比重的重要方面。归根结底，小城镇在城乡格局中的地位取决于小城镇自身的发展态势和水平，持续不断的结构改善和功能扩展是小城镇可持续发展的重要载体。借鉴中国城市化的经验，在小城镇发展过程中，必须要对其发展类型、发展机制、发展空间、规划建设进行关注。由于中国区域发展水平差异较大，不同类型的小城镇在发展机制方面受多种因素影响，代表了不同的发展模式，为此在分层发展、空间优化和规划建设方面必须进行区分，实现城市化进程中小城镇的多元化与包容性发展。

5.3.3 城市化进程中小城镇发展的反思

在西方经典城市化理论中，“城市的空气使人自由”，城市是居民自治的区域，崇尚在城市体系中城市自发调节和自由竞争，因而缺乏在城市化进程中推动小城镇发展的制度构建理论。这显然难以满足中国经济社会转型期小城镇发展的需要。纵观西方国家的城市发展史，城市化一般是由工业化推动的，而工业化则是在建立了市场经济制度框架后自发地发展起来的。受此影响，在西方城市化进程中享受自治的大小城市经历了充分的自由竞争阶段，城市体系也经历了由小城镇到大城市自由发展的漫长时期。从城市化的角度

① 田明，袁海清. 小城镇研究的回顾与展望［J］. 现代城市研究，2001（5）.

② 徐少君，张旭昆. 1990 年代以来中国小城镇研究综述［J］. 城市规划汇刊，2004（3）.

来看，中国城市化进程中的小城镇发展主要有以下三点值得注意：

（1）要重视小城镇研究成果的回顾与总结。国内的小城镇研究与中国城市化进程密切相关，同样经历了诸多坎坷与曲折。回顾近年来中国小城镇的研究情况，已有成果多是由小城镇的外部联系到小城镇的内部结构逐渐深入，对于小城镇的性质、功能以及与城乡区域之间的关系进行了卓有成效的讨论，逐步明确了小城镇在城市化道路中的地位和作用。从发展动力上来看，小城镇的发展离不开以工业化为主导的经济发展。随着中国工业化和城市化进程的不断推进，原先的道路之争渐趋平息，而对于小城镇的研究重点逐渐转向小城镇的内部结构，主要集中在小城镇的发展模式、动力机制、空间分层和规划建设等方面。与此同时，涉足小城镇研究的学科群明显扩大，来自多学科的小城镇研究队伍不断壮大，取得了大量的研究成果。大多数研究者意识到并揭示了小城镇发展过程中的一些问题，但对于问题的解决对策往往还停留在一般性的表面论述上；有些成果虽然在理论上颇有学术见地，但在切实的解决策略和方案的可操作性方面尚待加强。当前小城镇已经进入了日新月异的发展进程，各种体制性、机制性问题凸显，今后的研究不仅要及时发现问题并探寻问题的解决之道，还要对小城镇发展的最新动态进行追踪，谋划在城市化的宏观视野中如何进一步服务于小城镇的规划建设和模式创新。

（2）要重视小城镇在城市体系中的地位和作用。实践证明，科学合理的城市体系是城市化和谐发展的体制保障，只有把小城镇和乡村地区纳入城市发展的创新体系，才能使小城镇获得应有的地位和足够的资源。中国自改革开放开始就尊重农民的首创精神，不仅在农村充分调动农民的积极性，而且也放开了农村生产要素在城市和乡村之间的流动，允许农民进城务工、经商和投资创业，从而推动了新型城市化和工业化进程。[①] 随着改革的深化和国民经济的进一步发展，中央又提出了城乡一体化的发展目标，强调让工业反哺农业、城市反哺农村，并以各种方式不断推动户籍制度、城市管理和社会保障等方面的改革，力争从体制上推动城乡一体化发展。这样的制度环境显然

① 魏杰．改革开放与思想解放——论改革开放的基本经验［J］．学习与实践，2008（5）．

对改革开放之后的小城镇发展产生了巨大的影响：以市场化的资源分配方式来组织社会生活的“社会市场化”，进一步加剧了城市体系中公共资源和产品的配置不均，在城市要素的自由流动性日益加剧的背景下，小城镇处于严重的地位削弱期和资源贫乏期。小城镇发展资源的困境进一步加重了中国社会的贫富分化和矛盾积累，这些矛盾和冲突反过来对政治稳定和经济可持续发展构成越来越明显的挑战。

（3）要重视小城镇在乡村地区的核心和带动作用。中国最大的国情是人口众多、资源短缺，特别是人地矛盾日益尖锐。小城镇在城市化进程中承担着由乡村向城市转化的过渡作用，一方面它是广大农村地区的政治、经济和文化中心，是联系农村与城市的节点，在农村城市化过程中扮演着引领者的角色，是农村地区发展的核心区域；另一方面它又是中国城市体系中的最底端，与大中小城市相比，存在着行政级别低、基础设施差、经济实力弱和吸引力差的缺陷，在当前的发展格局中处于两难的境地。[①] 中国目前正处于城市化的加速阶段，虽然小城镇在城市体系中的吸引力已经相当弱化，但对于广大的农村地区，分布广泛的小城镇依然是推动农村地区城市化的主要力量。另外，中国东部的发达地区和中西部地区的小城镇在规模、水平和潜力方面多有不同，因此为了更好地适应城市化的进程，必须在实践中进行相应的区分。比如，将部分经济强镇或中心镇升格为县城，以县城作为中国城市化发展战略的主要选择和空间载体，逐步扭转目前建制镇城市化质量过差的局面；因地制宜地实施针对建制镇的“抓大放小”、联合合并、行政升格或权力下放等改革措施，将部分建制镇由中心镇培育成县城；提高建制镇的设置和建设标准，以建制镇为目标培育中心村，在广大农村地区构建完善的村镇体系。小城镇是联系城乡的纽带，承担着艰巨的社会管理任务，但其管理职能和权限却远比城市地区小。同时，许多小城镇只属于行政中心，对生产过程的管理和地区经济无能为力，尤其是有的特色小镇连行政中心都不是，这个聚集中心既没有任何行政权力，也没有参与大市场和支配大市场的能力，目前的

① 李明超．城市化和谐发展的再探讨［J］．理论导刊，2008（1）．

管理权限和管理能力根本承担不起城乡一体化的重任。

城市和乡村就地域关系来说表现为，城市从乡村演变而来，作为乡村发展的创新前沿，嵌入到乡村网络中，仅仅是地方行政单元的几个节点，并与乡村社会统合于同一个地理单元之内。但是，由于长期的城乡分制，城镇和乡村有着天壤之别，以至于经济、文化和政治上有诸多对立。而在行政管理上，它们之间又存在着行政级别交叉的现象，如城市行政单元内有乡、省、地区，县的行政单元内有不同级别的市和镇。后者是一种自然的行政隶属。但前者意味着用城市行政管理农村（一般是地级市管理县）。在这样的行政管理体制下，城市权力处于主导地位，地级市靠行政手段配置资源的方式，强化了中心城市的极化效应，在城市和乡村之间形成了非对称性的资源配置权力，加剧了城市对乡村利益的争夺与权力冲突。在以城市为中心的逐级向下的延伸体系中，不但乡村处于被剥夺的劣势地位，就连小城镇也处于发展劣势地位。对此，有很多学者主张将废除“市管县”作为解决城乡分割的一项体制设置，认为之前通过发挥中心城市辐射带动县域农村发展的环境已经发生了变化，建议重回“省管县”，扩权强县，改变县依附或者受制于市的局面，增强县乡在经济社会事务中的自主能力和积极性。但这仅是针对目前地级城市管理县级经济而出现的问题，在市场经济条件下，完全有必要打破并重新建立城乡统一的行政管理体制。

5.4 小城镇的专业化与特色化发展

城市郊区化是城市化发展过程中的一个阶段性过程，是一种分散型的城市化，指城市在经历了中心区绝对集中、相对集中和相对分散后的一个绝对分散的阶段，它表现为人口、工业、商业等先后从城市中心向郊区迁移，中心区人口出现绝对数量的下降，亦即人口和产业经济活动从中心城区向郊区外围扩散的离心分散运动。[①] 因而，有学者将城市郊区化的本质归纳为“集聚效应”和

---

① 石忆邵，俞怡文．郊区化究竟是加重还是缓解了城市病——基于上海的实证分析［J］．经济地理，2016（8）．

“扩散效应”的动态作用。[①] 具体而言，是由“集聚效应”向“扩散效应”的转化过程中产生的推力因素、拉力因素和中介因素共同驱动城市的郊区化。

从推力因素来看，主要是城市经济发展和城市人口流动。[②] 从城市经济发展来看，随着城市经济发展到一定水平，其内部空间承载力达到阈值，门槛效应显现，产业发展边际效益下降，出现了“集聚不经济”的问题。在中国土地管理制度改革的背景下，土地使用从无偿划拨转向土地有偿使用，中心城区较高的地价使得产出率较低的企业退出中心区，推动企业开始寻求生产成本更低的区位，郊区由此吸引了占地较大且收益较低的工业和与之相关的从业人口。同时，许多大城市在鼓励“退二进三”，在大力发展以楼宇经济为代表的现代服务业的形势下，城市经济发展已进入服务经济阶段，中心城区由于产业结构调整，将部分工业特别是劳动密集型的工业向郊区转移，产业的外迁以及开发区建设，使得城郊形成新的产业带。[③] 此外，部分大城市人均 GDP 与居民收入不断增加，大都市中产阶级迅速崛起，在郊区基础设施和人居环境不断完善的前提下，随着交通和通信产业的发展，缩短了中心区和郊区的距离，增强了两者之间的联系，一些中产阶级为了追求良好的生活环境向郊区迁移。

从拉力因素来看，高新技术发展带来新的产业空间，城市以发展科技、促进产业结构优化升级为目的，在城市边缘地带建设高新技术产业开发区。高新技术产业开发区的建立为新一轮的产业集群提供平台。为满足城市中产阶级和富裕阶层居住环境需求，城市郊区新概念住宅兴起，与之相配套的还有城市基础设施的不断完善，如大学城、产业园区和贸易园区的兴起，进一步推动了城市郊区化发展。

中介因素除土地改革制度、交通与通信之外，还包括旧城改造、户籍制度等。旧城改造使得原城市中心区旧居住区拆迁，在郊区修建大量住房，政

---

① 杨文，魏海涛．城市郊区化研究［J］．城市问题，2004（3）．

② 吕拉昌．新经济时代中国大都市的郊区化机制探讨——兼与美国郊区化的比较［J］．地域研究与开发，2006（4）．

③ 夏延芳，李学林．中国郊区城市化研究述评及展望［J］．云南财经大学学报（社会科学版），2012（4）．

府采取各种优惠政策吸引人口迁郊。随着户籍制度改革，城乡一体化进程加快，原农村人口进入城市的通道更加顺畅，但由于当前城市中心区仍存在对于农村人口的“排斥力”，新迁人口多集聚于城市边缘区，使得郊区人口增加，也带动了郊区经济的发展。

由以上驱动机制分析可知，城市郊区化主要包括工业郊区化、人口郊区化、基础设施郊区化和商业郊区化四个方面（见图 5-4）。工业郊区化是中心城区的工业部门在城市经济发展以及市场和制度革新作用下，由中心区向郊区转移。人口郊区化指在城市更新、居民收入水平提高以及制度革新等因素作用下，城市中心区居民主动或被动地迁郊。基础设施郊区化指为满足新迁产业和居民需要，新建生产性设施、社会性设施以及交通设施，在加强与中心区联系的同时也提升本城镇的生产生活品质。商业郊区化一般而言晚于其他郊区化，随着工业发展、基础设施完善、人口不断增加和地域空间不断扩大，郊区经济的持续发展和人们需求增大吸引各类商业体入驻。

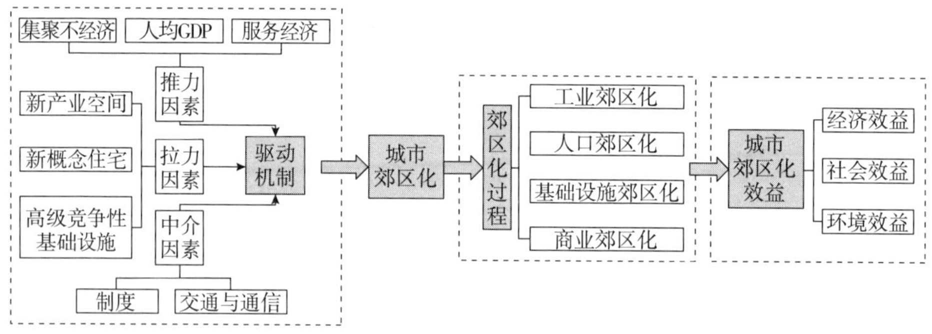

图 5-4 城市郊区化机制、过程与效益

5.4.1 工业型小城镇

（1）完善块状经济格局，促进产业上下游联动。20 世纪 70 年代末，农村工业化带来的乡镇中小企业发展和产业集聚是浙江工业型小城镇发展的产业基础①，它推动了专业市场和市场群落的形成，使得区域内部产生了相对集

① 陈建军．浙江小城市发展的路径抉择［J］．小康，2013（6）．

中的块状经济格局，规模效应明显，进而自下而上地推动一批产业特色、工业主导的小城镇不断崛起和壮大。20 世纪 90 年代中后期，随着全国市场的统一，国内低端产品市场饱和和中高端产品供给不足迫使乡镇企业转型升级①，由此开始了政府干预下的小城镇综合改革。

一方面，出现对小城镇内产业结构的调整和转型升级。按照比较优势选择镇域内的优势产业，通过技术革新，激励企业采用智能化生产，推动该类产业从制造业的低端向高端转变。龙头企业管理方式现代化，创新动力足，研发设计等上游服务机构逐渐成为支撑产业发展的重要因素。② 以龙头企业为中枢，通过龙头企业带动镇域内相关产业企业集聚，打造地域品牌，发挥品牌效应。例如崇福镇皮草企业共享“崇福皮草”的集体品牌，通过引进科技人才和管理人才，进一步在小镇内发展从研发设计到制造再到销售的全产业链，以此提升品牌价值。

另一方面，部分小镇以乡镇工业为主要动力，通过优势产业集群，带动第三产业，尤其是新兴产业和高新技术产业的发展。如诸暨市大唐镇以袜业闻名，该镇以袜业制造为核心，完善袜业生产链配套设施，建立物流系统，兴建大唐电商园，同时发展会展业、举办袜业博览会。这使大唐袜业逐渐品牌化发展，袜业的信息、科技研究得到推广应用，袜业得到更为广阔的发展空间。③

（2）集聚镇域人口，优化城镇生产生活环境。制约工业型小城镇发展的重要因素之一在于劳动力，缺乏适合、足够的劳动力是区域块状经济转型升级的最大问题。④ 块状经济的发展主要依靠外来劳动力的带动，如何实现外来人口本地化至关重要。2009 年杭州出台“八个有”政策，即确保杭州市外来人口“有收入”、“有房住”、“有书读”、“有医疗”、“有社保”、“有救助”、“有安

① 张丙宣．新型城镇化的浙江模式：反思与进路［J］．浙江工商大学学报，2015（5）．

② 徐靓，尹维娜．小城镇从“镇”到“市”发展路径——对浙江首批 27 个小城市培育试点镇研究小结［J］．城市规划学刊，2012（S1）．

③ 阮卓婧．中心镇特色产业发展模式与提升——以浙江省诸暨市大唐镇为例［J］．江苏商论，2012（5）．

④ 陈前虎，寿建伟，潘聪林．浙江省小城镇发展历程、态势及转型策略研究［J］．规划师，2012（12）．

全”、“有组织”，确定了为外来人口提供基本公共服务的目标。① 在户籍方面，2016 年 3 月，浙江省第十二届人民代表大会常务委员会第二十八次会议通过《浙江省流动人口居住登记条例》，更多体现公民权利的平等。在就业方面，放宽了用工单位雇用外来人口的规定并增加外来务工人员的就业培训，在镇或街道设立外来人口劳动力市场和管理办公室。然而，在城乡二元化结构下，小城镇作为介于城乡之间的过渡地带，既是浓缩版的城市也是放大版的乡村，集镇病和城市病问题均会在小城镇中产生。小城镇环境的恶化阻碍了城镇产业的转型、新兴产业和高新技术产业的引进以及人才的留用。在此背景下，为补齐小城镇发展短板，加快推进“两美”浙江建设，浙江省于 2016 年 9 月在全省范围内开展小城镇环境综合整治行动。以此倒逼小城镇转型升级，通过大力整治“低、小、散”传统产业，坚决淘汰高污染落后产业，为转型升级腾出空间。

（3）拓宽多元投资渠道，配套金融服务支持。小城镇良好的基础设施和服务设施为镇域内工业企业转型提供了支撑，也对本区域内的生产、流动和生活具有一定的辐射能力和带动作用。而单一依靠政府投入的基础设施建设项目缺乏，无法满足小城镇转型发展的需要，因此部分小城镇积极出台政策，发挥浙江“民资造城”的传统优势，组建股份制投资建设公司，运用 BOT、公办民营等方式，广泛吸引各种社会资本参与城市基础设施和公共服务项目的建设运营②，2016 年浙江省第三批政府和社会资本合作项目达 86 个，总投资金额达 1942 亿元③。

随着小城镇建设的推进，以地生财的空间越来越小，金融资金逐渐成为小城镇建设重要的资金来源，金融支持小城镇建设的着力点关键在于产业集聚、配套改革和城镇建设。④ 当前，小企业融资模式为小微的民营工业企业发

① 王春福．公民身份与城市外来人口公共服务的供给——基于杭州市外来人口调查的分析［J］．浙江社会科学，2010（11）．

② 中共四川省委省直机关党校“城乡一体化视角下中国城镇化体制机制创新研究”课题组．新型城镇化进程中小城镇建设的比较研究［J］．成都行政学院学报，2014（6）．

③ 浙江省财政厅．浙江省财政厅关于公布浙江省第三批政府和社会资本合作（PPP）推荐项目的通知［EB/OL］．http：//www.zjczt.gov.cn/art/2016/10/18/art_ 1164164_ 2360358.html．

④ 金台临．小城市培育中的金融支持——结合浙江台州市中心镇培育为小城市的探讨［J］．农村金融研究，2011（6）．

展提供了资金支持，商标专用权质押和股权质押等多种融资抵押贷款模式，也使信用环境逐步完善。

5.4.2 商贸型小城镇

（1）衔接本土产业，挖掘资源禀赋。商贸型小城镇的形成和发展与其区域内部的产业和资源禀赋密切相关。本土产业所生产的产品是区域商贸发展的基础，因而浙江省商贸型小城镇的发展牢牢根植于其本土优势产业。例如：良渚贸易小镇地处杭州主城区北部，是杭州北部的交通枢纽，区域内铁路、公路以及水路贯穿全境，因而拥有扎实的传统外贸产业基础。所出口产品均为纺织丝绸、服装、轻工产品等当地具有明显优势的产品。此类产品非常适合发展面向终端消费者或是小额批发商的跨境电子商务，因而小镇以此为切入口，着力发展跨境电子商务。小镇规划建设杭州（良渚）跨境电子商务产业园，已吸引全省跨境电商龙头企业之一的浙江全麦网上电子商务有限公司和跨境电商的报关解决方案主要承担单位浙江电子口岸有限公司入驻。

温州灵溪镇商贸服务业发达，涉及副食品、汽车贸易、家具等多个领域，辐射全国各地。小镇以此为基础建立浙福边贸水产城、浙南闽东北汽车贸易城、浙闽物流中心等各类专业市场20多个。

杭州转塘镇作为西湖龙井茶主要原产地，依靠得天独厚的农业资源，以龙井茶为基础，形成以茶为脉络的经营贸易。

（2）创新业态发展，促进产业融合。各类商贸小镇在发展中逐渐认识到，单一地发展商业贸易具有不可持续性，同时对于激发地方经济活力的作用有限。因而，在结合自身产业特色和区位优势的前提下，不断探索完善出“商贸+”战略。所谓“商贸+”战略，即将商贸与小镇优势产业或优势资源相结合，推动产业交叉、渗透和融合，促进现代商贸创新，营造小镇独有的特色化发展模式。

杭州转塘街道拥有云栖小镇、龙坞茶镇、艺创小镇3个省级特色小镇，旅游、文创以及互联网等产业均很发达。这类产业的发展为区域商贸水平的提升带来了契机，创新地形成“商贸+旅游”、“商务+会展”和“商贸+文创”等多种混合业态。依托地处浙江国家旅游度假区核心区块的优势，建成宋城主题旅游项目和众多度假酒店，夯实旅游、会展产业发展的基础，旅游、商业会展、商务会议与区域商贸融合发展，形成巨大合力。此外，小镇拥有中国美术学院和浙江音乐学院这类优秀的艺术创意资源和人才来源，艺创小镇内集聚各类文化创意产业，各类创意成果与区域商贸融合，再借助商贸渠道实现产品输出，壮大小镇文创和商贸产业的同时，也使得小镇发展特色更加鲜明。

浙江省内其他商贸小城镇也积极引进新业态，激发产业发展潜力。路北商贸小镇布局现代物流、电子商务和会展等新业态，通过发展特色商贸项目，建设区域电子商务园以及民营经济论坛，凸显小镇商贸业态优势。杭州良渚商贸小镇在发展电子商务、商业服务等现代化商贸的同时，引进新业态，加强现代物流产业、金融服务业、信息软件产业和现代商贸产业的联系，优化产业结构，推动经济增长方式的转变。

（3）完善基础设施，构建智慧商贸。信息技术的发展带来商贸业的革新。2016 年 7 月，浙江省商务厅和财政厅在联合发布的《浙江省商务厅　浙江省财政厅关于开展省级市场体系建设试点工作的通知》（浙商务联发〔2016〕69 号）中提出，开展现代商贸特色镇建设试点，而商贸特色镇试点所具备的重要条件之一就是要推进基础性、公共性流通设施改造升级，推进商贸流动信息化、标准化建设，推动线上线下融合，建设乡镇智慧商业。当前，随着物联网、大数据和云计算等信息技术的发展和应用，以产业智慧化为核心的智慧经济将是未来经济发展的重点。浙江具有互联网信息产业方面的优势，在此背景下浙江商贸小镇也积极完善基础设施，推动由传统商贸向现代智慧商贸的转型。在传统商贸的基础上，现代商贸通过运用物联网、云计算、大数据和电子商务等新兴的信息技术手段对传统商贸进行数字化和智能化，由此形成了智慧商贸。智慧商贸借助监测到的流量数据，使企业更快更好地做出商业决策，为企业带来竞争优势并实现稳定发展。

良渚街道对传统工业企业进行改造提升，结合组建发展备用地，形成面积达 6000 亩的电子商务拓展区，以满足跨境电子商务办公和仓储需要。电子商务拓展区拟打造为“良渚智谷”，以智慧产业化、产业智慧化为核心，融合综合电子商务产业集聚区、高端智慧制造产业集聚区、创新型金融产业集聚区及大学生创业育成基地四大要素平台，旨在打造一个智慧产业、智慧城市高度融合的特色小镇。在该小镇内，通过建设大规模的标准化仓储，利用IFID电子标签技术等信息化手段优化仓储流程，降低仓储成本。转塘街道依托区域内云栖小镇的技术优势，通过发展线上线下（OTO）、客户到企业（CTB）模式，形成辐射全国的智慧商贸模式。

5.4.3 旅游型小城镇

（1）优化旅游产业布局，打响“诗画浙江”品牌。《浙江省人民政府关于加快培育旅游业成为万亿产业的实施意见》提出了“一核两翼五圈多点连线”的旅游产业布局。[①]“一核”在于强化杭州旅游核心带动作用。杭州作为长三角旅游中心城市，旅游腹地广阔，拥有西湖、西溪、运河、千岛湖等核心景区，对于周边地区旅游业发展具有带动作用。“东扩西进”两翼发展。“东扩”海洋旅游，充分利用了浙江沿海优势；“西进”生态旅游，将西部山区生态优势转化为旅游产业优势。此外，通过“五圈”、“多点”和“连线”形成多主题、分时段、强辐射的浙江旅游版图。

同质化是旅游小城镇开发中面临的一个严峻问题，主题雷同会制约其可持续发展，因此准确定位、突出特色、塑造品牌是旅游小城镇发展中首要考虑的问题。[②] 以区域文脉为主线，进行特色定位和主题确定，构架旅游小镇发展的灵魂。浙江积极打造“诗画浙江”省级综合宣传品牌，实施政府主导、企业联手、媒体跟进“三位一体”的合力营销策略，在省级主流媒体及重大经贸、文化、体育等活动中统一使用该品牌，开展“晚报游浙江”、“诗画浙江，美上加美”等系列推广活动，并在携程、同城、百度等网站首页开辟“诗画浙江”专区。另外，积极打造旅游展会和节庆品牌，成功举办中国国际旅游商品博览会、浙江旅游交易会，扩大“诗画浙江”旅游在国内和国际上的影响力。

---

① 浙江省人民政府．浙江省人民政府关于加快培育旅游业成为万亿产业的实施意见［EB/OL］．http：//www.zj.gov.cn/art/2014/11/25/art_ 32431_ 187542.html.

② 夏正超．旅游小城镇的内涵、特征及发展的战略导向研究［J］．安徽农业科学，2015（9）．

（2）注重文化传承，挖掘地域特色。随着旅游需求与日俱增，人文景观、民俗风情都成为游客在寻求这种情景体验和精神享受时追求的目标。① 随着知识经济的到来和信息技术的不断发展，物质文明和精神文明的联系更加密切，文化和经济出现了加快融合的趋势。② 文化地位的提高和人们对文化旅游热情的不断高涨使得浙江旅游型小镇在发展规划过程中更加注重区域特色文化的传承，注重用文化传承来提升城镇品质内涵，例如乌镇的“江南水乡文化”、塘栖古镇的“京杭古运河文化”、织里的“夜市文化”等。而地方特色文化的特色元素蕴含在当地丰富多彩的人文自然资源中，这类特色资源具体可概括为：自然历史特色、现代建筑景观特色和社会文化特色。③

以乌镇为例，乌镇虽与周边的西塘和周庄古镇同为江南水乡，但乌镇在开发过程中明确自身定位，挖掘地方特色元素，凸显了地方文化的差异。在水乡建筑文化上，根据《乌镇古镇保护规划》，采用“重现”理念，即拆除影响古镇风貌的新建房屋，将现代化管道埋入地下，对需要修葺的老屋修旧如旧，恢复原貌而不多加改造，以此体现建筑的原真性。另外，小镇还原了原住民生活形态，原住民仍旧拥有房屋居住权和经营权，并保存手工制作蚕丝被、印染等传统工艺。

（3）培育旅游新业态，实现差异化发展。浙江省旅游小镇通过结合实际、因地制宜，积极探索旅游发展新路径、新模式，发展适合区域基底的新业态。舟山旅游小镇以舟山群岛建设国家海洋经济示范区为导向，将小镇打造为特色休闲旅游岛和特色渔村，大力发展海洋旅游业，推出邮轮、游艇、休闲度假岛、海洋禅修和深海探险等高端旅游产品。浙西南地区的苍南、文成、泰顺、景宁、庆元等县市的山区小镇发展出生态、休闲、养生、度假等旅游新业态。磐安县新渥镇自古以来是浙江省中药材之乡，新渥镇通过培育中医药健康产业和养生养老产业，并融合旅游业，着力打造融秀丽山水、人文景观、

---

① 阳国亮，邓莹．旅游在非物质文化遗产传承中的作用［J］．旅游论坛，2012，5（3）．

② 佟玉权．城市旅游特色内涵及塑造原则［J］．城市问题，2006（5）．

③ 刘卫儒．打造地方特色文化旅游休闲产业的思考——以湖南省娄底市为例［J］．经济研究导刊，2010（26）．

生态休闲、旅游度假、康体养生于一体的江南药镇。

各小镇开展项目创新、产品创新、文化创新、服务创新、营销创新等多种形式。浙江旅游部门在全国率先开展绿色饭店创建活动，制定的《绿色旅游饭店》标准等在全国产生了很大的影响；浙江率先开展特色文化主题饭店建设，用特色文化谋求饭店的差异化发展。[①] 此外，各旅游小镇还开展"微创新"[②] 活动，所谓"微创新"，即通过关注客户、改进服务、单点突破，实现快速行动，使旅游业脱颖而出。遂昌县特色旅游小镇共同开展"洁净遂昌"、"微笑遂昌"、"旅游三无县"等活动，并首创"乡村旅游经营权拍卖"，在浙江省第一个发布游客满意度，率先实施旅游投诉预赔机制，实施行业佣金法定化。通过此类一系列小方面的微创新，使该县旅游小城镇的名声在省内迅速崛起。

5.5 楼宇经济与城市街区小镇化

随着城市化高速推进和城市经济结构转型升级，中国楼宇经济总量持续攀升、规模急剧扩张，楼宇经济面临的各类问题也应运而生，商务楼宇领域成为城市社区治理拓展的重点和难点。社区作为城市居民生活的共同体和社会管理最小的组织单元，是推进城市治理工作落实到基层的主要载体之一，承担着社会服务、城市管理、文化建设等重要职能。[③] 社区是地方政府公共物品供应的重要层级。政府在城市社区管理中的核心地位决定了其在探索楼宇经济创新发展方面的主导地位。在经济规模巨大且高度社会化的现代经济体系中，外部经济效应已经成为制约经济发展的重要问题，这就要求地方政府出台必要的政策应对外部经济效应问题。本书基于政府经济学和公共资源优化配置的视角，立足于杭州市政府导向的楼宇经济社区化发展实践经验，从楼宇社区模式源流、演变类型和路径优化策略等多个方面加以回顾总结，力

---

① 徐云松．浙江旅游创新发展的若干命题［N］．中国旅游报，2013-04-24.

② 夏正超．新型城镇化背景下浙江旅游小城镇发展路径及对策［J］．浙江工贸职业技术学院学报，2015（1）．

③ 王国平．城市论——以杭州为例［M］．北京：人民出版社，2009.

图展示楼宇社区发展全貌，以期提升城市楼宇经济整体发展潜能，优化区域经济治理格局，丰富城市社会治理内涵。

5.5.1 从楼宇经济到楼宇经济社区化发展模式

（1）楼宇经济界定。楼宇经济是城市经济发展到后工业化阶段后在大城市出现的一种新型经济形态，它以商务楼宇、商业楼宇、城市综合体、科研楼宇和标准厂房为主要载体，通过规划建设、运营开发、出租出售楼宇而引进金融机构、咨询机构、广告策划公司、影视制作公司、互联网公司、律师事务所、会计事务所、中介公司、高科技公司、娱乐服务公司、房地产开发企业、旅游服务企业、交通通信企业等各类第三产业企业，从而实现引进和培育税源以及带动区域经济发展的目标，体现了城市核心区基础设施建设集约型、复合型、高密度、高产出的区位竞争优势和特色。① 自20世纪中叶开始，西方国家在推动老城区城市更新的基础上逐渐形成了立体城市发展形态和具有都市特色的楼宇经济。20世纪90年代以来，中国的楼宇经济首先在上海、北京、广州、深圳等一线城市兴起，随后向东部经济发达城市和中西部中心城市扩散。楼宇经济是反映一座城市综合经济实力、现代产业体系水平、服务业集聚程度的重要标志，因此有所谓的“工业经济看厂房、服务经济看楼宇、楼宇经济看城区”的观点。研究表明，单论经济效益，城区一幢高级商务楼宇的产值相当于郊区7.8平方千米范围内的企业产值总和，在实现城市土地集约节约利用方面具有极大的推广价值。② 以楼宇经济为代表的第三产业占比是衡量一个地区经济发展水平的重要指标，第三产业占比越高，说明城市经济发展水平越高。2016年，北京、上海、深圳、广州、杭州的第三产业占比均超过六成，接近发达国家水平。楼宇经济已成为中国经济发达地区城市经济转型、产业升级的新引擎，不断提升着城市经济增长的空间承载能力和总体“容积率”。

（2）楼宇经济社区界定。楼宇经济社区化是楼宇经济发展到一定阶段之

---

① 夏效鸿．楼宇经济发展研究［M］．北京：经济日报出版社，2010.

② 韩叙．楼宇经济遍地开花的喜与忧［EB/OL］．［2017-03-01］. http://views.ce.cn/main/yc/201111/21/t20111121_22853519.shtml.

后逐步与社会管理融合的结果。社区经济或社会经济作为高度城市化背景下兴起的一种资源优化配置的经济发展方式，可将社区内互不相连的各种经济要素塑造成为利益相关体和利益共同体，依托信息化网络平台构建新的经济生产方式和生活方式，从而带动城市社区及周边区域的经济发展。[1] 所谓楼宇经济社区，简称楼宇社区，是以区域内商业商务楼宇为载体，通过整合职能部门、街道社区、楼宇物业和社会服务力量，把传统居民社区建设的理念和经验引入楼宇经济发展领域，为辖区楼宇内企业提供全方位服务，是楼宇周边企事业单位和利益相关者共同组成的经济社会共同体。在城市转型过程中，经济转型与社会转型具有相辅相成的关系，楼宇社区是城市政府通过社会管理服务经济发展的载体。随着城市化水平不断提升，城市社会管理面临越来越多的新课题，一方面由于城市群体和个体利益趋于多元化，对各类楼宇功能和服务的需求也更多元化，另一方面社会服务管理亟须引入系统综合的改革模式，推动城市管理向城市治理转变。

社会治理的目的在于优化社会结构，提升社会运行效率，并以整合社会群体的力量重建社会信任为首要任务。在市场经济体系中，由于外部经济效应的影响，楼宇经济经营者同样可能面临“产品的边际生产成本<产品的边际社会成本、边际私人收益<边际社会收益”的问题，由此导致经营者不愿投资或减少投资的决策风险，从而影响资源的最优配置。[2] 为推进社会治理，城市公共政策出台需要凝聚公众的智慧和共识，整合相关利益群体的意见，优先考虑激活现有的邻里关系和周边的企事业单位。[3] 对此，楼宇经济社区化发展模式将经济发展、民生保障、文化建设、社会服务等职能融入楼宇，具有整合各方资源服务楼宇经济、协调推动城市社区治理的先天优势，通过嵌入一系列的服务式管理举措，变“企业满世界找服务”为“政府面对面送服务”，实现政府服务企业“零距离、零等待”。依托楼宇社区，政府可近距离采集分析相关企业的信息数据，为出台支持楼宇经济的公共政策提供数据支撑。

---

① 潘毅等．社会经济在香港——超越主流经济的多元性实践［J］．开放时代，2012（6）．

② 曾国安．政府经济学［M］．武汉：湖北人民出版社，2002.

③ 吴建伟，毛蔚瀛等．大规划：城市与产业［M］．上海：同济大学出版社，2009.

5.5.2 政府导向的楼宇经济发展模式实践

（1）政府导向的楼宇经济发展概况。政府导向的楼宇经济发展模式源于城市产权的分割、不完善和公共产品供应不足，需要政府指导和参与。由于城市经济涉及太多的外部性和公共产品，市场失灵是常见的现象，需要政府介入以组织市场、降低开发的交易成本、保障长期利益和平衡各方利益。[①] 政府应致力于在经济与社会、供给与需求、长期与短期等资源禀赋和环境约束之间寻求动态平衡，以制度变革、阶段约束、市场效应、管理机制等手段最大限度减少市场失灵和扭曲。

作为全国最早提出并践行楼宇社区发展模式的城市，杭州市坚持市区联动、以区为主的体制系统谋划发展楼宇经济，因此杭州楼宇经济具有典型的政府导向特征。市级层面主要牵头做好全市楼宇经济发展规划、政策、协调和考核等工作，区级层面负责实施规划和政策，协调落实有关项目。[②] 2008年杭州市楼宇（总部）经济领导小组成立，提出了主城区“两轴两核，六心十三区”的楼宇经济总体布局[③]，确立了建成80幢左右的重点商务楼宇、30幢左右的特色商务楼宇和十大文化创意产业园的发展目标。围绕打造“中国民营企业总部中心”和“全国文化创意中心”的目标，杭州楼宇经济取得了长足进步。2014年杭州主城区投用规模以上楼宇407幢，比2013年增加22幢；2014年完成国地税总额253.47亿元，比2013年增加21.68亿元，其中地方财政收入148.32亿元，比2013年增加8.93亿元；2014年税收3000万元（含）以上楼宇198幢，比2013年增加33幢；2014年税收亿元（含）以上楼宇78幢，比2013年增加22幢；2014年杭州市下城区单位商务使用面积

① 吴金群．楼宇经济发展过程中的政府管理模式转型——以杭州市下城区为例［J］．中共浙江省委党校学报，2011（3）．

② 夏效鸿．中国楼宇经济发展报告（2015）——“2.0时代”的楼宇经济“互联网+”路径［M］．北京：人民日报出版社，2015.

③ 王国平．发展楼宇经济 转变发展方式［EB/OL］．［2017-03-03］．http：//hznews.hangzhou.com.cn/xinzheng/wgp/content/2009-12/14/content_2951677.htm.

创造地方财政收入最高达到 3470 元/平方米①（见表 5-1）。

表 5-1 2014 年杭州市主要城区楼宇经济发展情况

城区	2014 年底投入使用的规模以上楼宇（幢）	国税、地税总收入（亿元）	其中：地方财政收入贡献（亿元）	税收 3000 万元（含）以上楼宇（幢）	税收亿元（含）以上楼宇（幢）	单位商务面积地方财政收入贡献（元/平方米）	平均入住率（%）
上城区	57	51.4	29.35	34	11	1467	95
下城区	119	65.6	40.74	63	37	3470	93.07
西湖区	98	63.59	37.45	38	15	1558.9	90
拱墅区	30	13.1	9.2	15	3	1200	90
江干区	71	32.6	19.4	34	6	1600	85
高新（滨江）区	9	20.1	8.3	6	4	1195	80.50
萧山区	12	4.08	2.48	5	1	1168	82
余杭区	5	1.5	0.6	1	1	1000	75
经开区	6	1.5	0.8	2	0	803	80
合计	407	253.47	148.32	198	78		

（2）政府导向的楼宇经济发展实践。调查显示，越来越多的企业在办公选址时会更多考虑员工的各方面需求，楼宇所提供的服务细致程度往往成为影响企业最终选择的重要因素。传统社区治理模式由于存在理念性、体制性和机制性的弊端，实践效果往往不尽如人意。楼宇社区作为城市社区治理的空间延伸，是以商业商务空间为主体的“垂直型社区”，具有极高的集聚性、异质性和创新性，可以按照现代社区的目标进行科学的规划建设。在楼宇社区内，由于相关企业的从业人员受教育水平和眼界相对较高，比较关注社会公共事务和个人利益需求，具有参与社区治理实践的先天优势。因此，楼宇社区可以充当城市街

① 杭州楼宇经济发展情况数据统计［EB/OL］.［2017-03-15］. 杭州写字楼网，http://www.o571.com/news/html/f1/24269.html.

道社区层面开展社会服务管理创新的良好实践平台。[①] 为此，依托近年来政府导向的社会服务管理创新实践，杭州市各城区积极实践支持楼宇经济发展的楼宇社区建设模式，建立了社会的组织化与组织的社会化双向反馈的体制机制。[②] 楼宇社区在市级领导小组、区楼宇办、街道办的指导下，构建了楼宇党组织、楼宇服务中心和楼宇促进会共同参与管理社区经济社会事务的管理体制（如图 5-5 所示），体现了楼宇经济社区化的发展趋势。在楼宇社区管理体系中，楼宇社区综合党委发挥党组织模范引领作用，联系上级党组织和基层党员，凝聚区内党员和群众力量；楼宇社区服务中心主动出击适应市场化新要求，以企业化管理的标准提供多元服务；楼宇社区促进会为区内各单位搭建民主协商和协同治理的平台，协调多方意见，统一后形成共识，最终实现多方共赢。虽然杭州市统一谋划发展楼宇经济，但因为各个城区区情有差异，所以在具体实施方面仍然存在各具特色的发展模式。

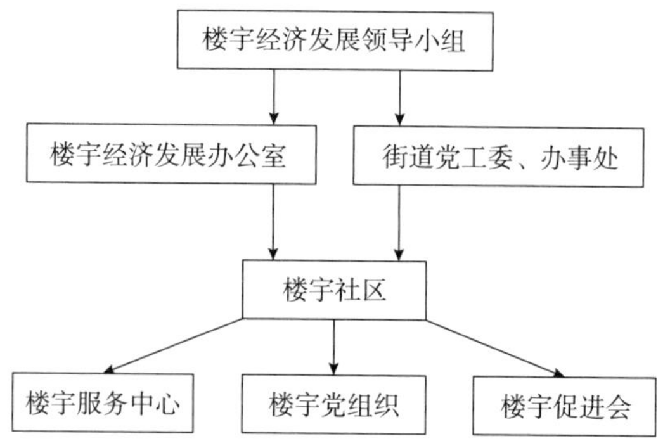

图 5-5　楼宇社区组织结构

中央商务区。下城区地处杭州市最大商圈——武林商圈和原市府大楼所在区域，是传统意义上的市中心和中央商务区。2002 年下城区在杭州市乃至

① 吴建伟，毛蔚瀛等. 大规划：城市与产业［M］. 上海：同济大学出版社，2009.

② 李明超. 城市治理导向的社会服务管理创新刍议——以杭州为例［J］. 当代经济管理，2015（11）.

浙江省率先提出楼宇经济发展理念，2004 年产生了浙江省第一幢亿元楼宇——标力大厦。2009 年下城区在国内率先提出“楼宇社区”的概念，挂牌成立了浙江省首家楼宇综合服务中心，倡导“服务零距离，楼宇社区化”，探索形成了政府导向的“12345 楼宇经济”服务模式：以打造繁华时尚、精致包容的楼宇社区为目标；创建楼宇综合服务中心平台和楼宇信息系统平台；通过服务集聚和要素集聚实现效益集聚；整合政府引导力、企业主体力、市场配置力和社会协作力；推动经济服务、民生保障、城市管理、综合治理和党群建设楼宇社区（如图 5-6 所示）。① 在楼宇服务中心的基础上，配置了街道指导员、街道招商员、社区联络员、物业管理员、安全员（片警）以及国税、地税、工商三部门办事员“一楼六员八人”的管理服务团队。② 以坤和中心为代表的楼宇社区面向区内企业开展“经济建设、城市管理、民生保障、综合治理、党群建设”等项目服务，降低了楼宇企业运营成本。依托楼宇社区

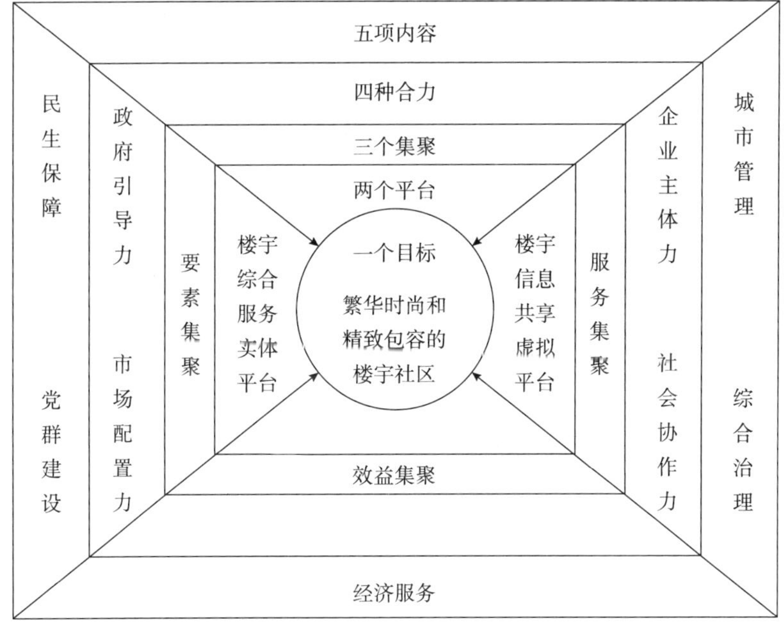

图 5-6　楼宇社区服务模式

① 郑斌．下城：“三位一体”让楼宇社区闪亮登场［N］．杭州日报，2014-04-15.

② 中共杭州市委政研室．杭州建立“三位一体”楼宇社区治理模式［J］．政策瞭望，2014（6）.

的成功实践，下城区实现了从培育发展楼宇经济到建设楼宇社区的跨越，在全国率先开展楼宇社区标准化服务体系建设并率先推出楼宇经济发展指数。①

2016年下城区楼宇经济活力持续增强，全口径税收超千万元的楼宇达90幢，超亿元的楼宇达50幢。这是城市商业商务核心城区建设楼宇社区的成功实践，交通便捷、人员密集、商圈成熟的地段优势和商业商务设施完善是关键。

政务文教区。位于城西的西湖区是浙江省级机关驻地和杭州市传统的文化教育强区，众多高校、科研院所集聚为发展楼宇经济提供了得天独厚的区位优势、资源优势和环境优势，从而推动了楼宇经济不断迈向高端化。西湖区楼宇经济重点发展总部经济、研发经济、文化创意产业、高新技术产业、都市工业和现代服务业，最终目标是形成以税收为核心，以楼宇、厂房、孵化器、创意产业园、地块和综合体为依托，以总部经济、创意经济、现代服务业为主体的楼宇经济形态。围绕加快打造杭州楼宇总部经济中心的发展目标，西湖区依托楼宇社区建设，在楼宇、镇街与区级部门三个层面整合好楼宇园区资源，实现了楼宇“一站式”服务，协助入驻企业办理工商、税务、融资、人才培训等基本业务，全力促进产业结构优化升级和楼宇服务管理水平提升。2016年，西湖区76幢重点监控楼宇实现区内企业贡献税收97.34亿元，实现税收3000万元以上楼宇55幢，1000万元楼宇60余幢。②西湖区浙大科技园楼成为全市和全省首幢税收20亿元商务楼。这是城市次新型城区建设楼宇社区的成功实践，居住环境、人气商圈、人才优势和设施较为齐全是关键。

政务商务区。位于城东的江干区的钱江新城是杭州市实施城市东扩战略新规划建设的中央商务区，规划商务楼宇约500万平方米。2010年江干区成立了杭州市首个专门为发展楼宇经济服务的行业协会——江干区商务楼宇物业管理行业协会整合全区从事楼宇开发、楼宇物业、楼宇招商及楼宇管理服务的行业力量。2014年江干区在全区实行楼宇经济“大招商”政策，提出通

①② 杭州楼宇经济发展情况数据统计［EB/OL］.［2017-03-15］. 杭州写字楼网，http://www.o571.com/news/html/f1/24269.html.

过招商引资让全区楼宇资源流转起来，所有存量楼宇资源面向区内街道和科技园区开放，努力形成全区楼宇资源共享、整合力量做大招商的格局，不断提升楼宇的企业入驻率、属地化和贡献度。[①] 2015 年江干区有税收千万元楼宇 56 幢、亿元楼宇 10 幢，成功入选“全国楼宇经济发展十大潜力城区”。2016 年，杭州市级机关迁入钱江新城市民中心办公，为江干区商务楼宇招商注入了新的活力。这是城市新城区建设楼宇社区的成功实践，市级政务中心迁入和商务招商取得实效是其成功的关键。

老城核心区。位于城中的上城区是杭州南宋皇城所在区，也是杭州城中最核心的老城区，在楼宇社区建设方面，通过有效整合街道社区、职能部门、楼宇物业三方力量，实现经济服务、民生保障、城市管理、综合治理和党群建设“五项内容”进楼宇。依托湖滨商圈推动时尚商圈、智慧商圈建设，实施新一轮楼宇提升改造计划，改造现有楼宇设施。通过楼宇有机更新、楼宇管理提升和楼宇腾笼换鸟，完善楼宇经济发展硬件，重点培育一批颇具特色的楼宇。结合智慧城区和特色小镇建设，通过智能化改造，提升楼宇社区的服务管理品质。坚持大项目带动，重点引进国内外大型公司、知名企业的区域总部或其分部、研发外包机构、销售中心等，着力发展总部经济。2016 年全区 90 幢重点楼宇中，有 17 幢税收超过亿元。这是城市传统老城区建设楼宇社区的成功实践，核心地段和人才优势是其成功的关键。

传统工业区。位于城北的拱墅区是杭州主城区内的传统工业区，全区工业产值曾一度占到杭州主城区工业总产值的 60%。21 世纪以来，为配合杭州城市环境提升工程，拱墅区累计搬迁工业企业 516 家，受影响工业产值达 180 亿元，受影响税收达 19 亿元。[②] 利用工业企业搬迁腾出来的宝贵空间，拱墅区积极打造新产业平台，大力发展互联网广告、动漫设计、电子商务、文化创意及金融服务、现代商贸等以智慧信息产业和广告产业为引领的楼宇经济，

① 杭州楼宇经济发展情况数据统计 [EB/OL]. [2017-03-15]. 杭州写字楼网，http://www.o571.com/news/html/f1/24269.html.

② 徐峻. 拱墅：从街区经济走向楼宇经济 [N]. 浙江日报，2014-04-09.

在空间格局上依托运河生态景观文化功能，形成了以运河为轴线、城市功能为依托、现代服务业为主体，呈立体分布的现代服务业集聚区。[①] 2016 年拱墅区创新建立“楼长制”，做好楼宇招商、项目跟踪等后续工作，全年实现楼宇总税收 43.1 亿元，同比增长 39.9%，占全区财政总收入的 32.9%，其中总税收超千万元楼宇 56 幢。拱墅区计划 2018 年盘活现有楼宇资源，实现楼宇年去化率 30%，新引进企业 3000 家，新引进企业税收贡献 3 亿元。[②] 这是城市传统工业区建设楼宇社区的成功实践，产业结构转型和新业态培育是其成功的关键。

楼宇经济作为现代服务经济发展的重要基础，是新城开发和城市更新所要高度关注的产业形态。通过退劣进优、提高门槛、腾笼换鸟，推动楼宇单位面积产值最大化，同时突出楼宇高标准建设、高效能运营、高水平管理、高品质服务，引领产业结构形态和企业集群高产出、高税收、高效益的高端化发展，实现楼宇经济从追求快中求好的速度型到好中求快的质量型转变。针对很多楼宇存在的功能定位不清、责任主体不明、服务管理力量不足和产业特色水平较低的问题，杭州市采取统筹各城区楼宇经济布局规划的方式，坚持“市区联动、三力合一、以大带小、高低配套、以存量带增量”的“五项原则”，构建“两轴两核，六心十三区”的总体布局，让中央商务区与新城区、文教区、工业区等其他多级别、多类型的功能区高低搭配，错位发展，提升整体效应，推动楼宇经济实现跨越发展。基于楼宇经济社区所承担的经济社会共同体职能，通过规划引领、搭建平台、政策导向、特色强化等差异化举措，不同区块的楼宇尽量避免业态同质化、一般化、碎片化，实行一体规划、分体招商、多体发展，突出各区的特色。同一区块的楼宇尽量形成业态相同或相近的产业集群，着力引进一批带动性强的龙头企业，带动相关上下游企业的集聚，形成综合型、专业化、集群式的楼宇经济集聚区。

---

① 王军，陈晔．拱墅区召开发展楼宇经济推进大会［EB/OL］．［2017-03-25］. http：//ori. hangzhou. com. cn/zznews /content/2012-09/06/content_ 4371220. htm.

② 杭州楼宇经济发展情况数据统计［N/OL］．［2017-03-15］．杭州写字楼网，http：//www. o571. com/news/html/f1/24269. html.

5.5.3 楼宇经济发展模式提升策略

随着新城开发和老城有机更新以及产城融合的推进，城市中紧缺的已不是写字楼等普通商务楼宇，而是那些能把品质化、个性化、全球化做到极致的特色楼宇，因此楼宇经济迎来了从1.0向2.0转型升级的发展契机。在1.0阶段，商业楼宇项目业主追求租金利益与政府需要高成长性企业、属地企业的税收收入之间存在矛盾，业主在运营过程中重租轻税的逐利本能使之过于看重短期的租金，进而影响到入驻楼宇企业的税收属地率和贡献率、产业导向以及经济业态。进入2.0阶段，从基础办公需求，到贴心物业服务，再到可持续运营，各方对楼宇的角色定位和需求诉求都发生了改变。地方政府、楼宇业主经历了由楼宇建设商向楼宇运营商的转型，从多、快、好、省建楼卖楼、片面追求租金最大化、更加追求短期收益回报，转向追求业态培育、综合收益和长期持有，更加重视楼宇经济发展与城市社会建设的协同；商业商务地产的物业管理从以前的“看门、扫地、收件、防小偷”的粗放式基础型管理，向注重智能、效率、安全、环保、个性的精细化管家式服务转变，物业管理更加关注细节优化、个性需求和用户体验。楼宇经济发展形态从过去单幢楼宇可以“单打独斗”实现“分散式”零星发展，逐渐转向大商圈、商业商务区、特色街区、产业园区、城市综合体、特色小镇等多要素“集中式”连片发展，依托“楼宇+专业市场”、“楼宇+特色街区”、“楼宇+产业园区”、“楼宇+城市综合体”、“楼宇+特色小镇”等多类型融合发展模式，形成了产业集聚区、中央商务区、特色商圈、城市综合体、各类特色小镇等不同形式的楼宇经济集群。楼宇经济转型升级为楼宇社区发展模式创新奠定了基础。①

（1）政府导向策略。楼宇社区是政府推动楼宇经济进一步发展的重要举措，是社会管理服务经济发展的创新载体。地方政府管理创新主要体现在通过政府管理方式方法或技术创新提高行政效率、通过新服务平台和新公共产

---

① 夏效鸿．楼宇经济发展步入“2.0时代”［N］．杭州日报，2016-06-13.

品供给满足公共服务需求、通过新老管理要素嫁接创造更有效的政府管理运行机制。① 楼宇经济作为发展区域经济的重要抓手，对加快推进城市经济转型升级和社会结构转型升级、提升土地等空间资源利用率有积极意义。然而，在完全市场化的情况下，楼宇经济的发展不可避免地产生发展无序、产业集聚度低、区域恶性竞争等一系列问题，相关的配套设施的发展也相对滞后，因此亟须建立一种楼宇经济空间发展体系，以期将楼宇经济的发展纳入科学化、系统化、协调化的发展轨道。② 归根结底，楼宇在本质上属于城市生产性空间，而空间问题始终是政府主导的城市规划所要解决的基本问题。在目标定位方面，需要规划打造重点楼宇、一般楼宇和特色楼宇三级楼宇发展梯队，为现代服务业发展承接更多的空间资源和集聚优势。在规划引导方面，需要规划并统一布局楼宇经济功能区块，加强对楼宇项目在选址定点、楼宇设计、产业布局、物业管理等方面的规划引导。在社会治理方面，需要规划楼宇经济等生产性服务业空间布局问题，从社会服务管理层面解决好空间生产效能问题，需要考虑采取新的举措，积极推动楼宇社区建设模式创新。在产业结构方面，需要规划构建楼宇经济的产业结构生态链，吸引上下游产业项目的入驻，壮大产业集群规模，提升楼宇经济知名度。

（2）布局优化策略。增强区域辐射带动，发展楼宇总部经济。应加大力度引入跨国公司和国内其他地区大企业集团的区域性总部，争取吸引知名企业设立营销总部、研发总部、财务总部等职能总部，积极培育跨国公司总部楼宇、民营企业总部楼宇、高科技企业总部楼宇等高端商务楼宇，努力打造总部经济中心。充分利用国内外两个市场、两种资源，培育一批大型、特大型企业总部，鼓励这些企业实现总部与生产分离，向区外、境外转移生产基地，参与国际国内竞争与合作。加快商务区、新城和城市综合体的整合，建设现代服务业基地和科技创新集聚区，大力培植优势主导产业和产业集群，重点发展商务商贸产业、文化创意产业、电子信息产业和科技研发产业。加

---

① 何显明．地方政府创新实践的生成机制与运行机理——基于浙江现象的考察［J］．中国行政管理，2009（8）．

② 洪田芬，杨毅栋．楼宇经济空间发展体系研究——以杭州市为例［J］．城市规划，2010（1）．

快中小企业服务体系建设，促进中小企业与企业总部在人才、技术、服务等方面的配套协作，构建总部经济产业链。①

（3）环境提升策略。完善各类基础设施，优化楼宇经济环境。应主动适应城市规划的文化转向和楼宇社区化的发展趋势，推动社区型的楼宇经济形成规模效应和示范效应，提升社区参与经济发展的服务保障功能。随着中国大城市中轨道交通逐步普及，轨道交通网络作为重要的空间联系纽带将成为城市楼宇社区建设模式创新的触媒，产生"轨道+社区"的提升示范效应："轨道+土地"将提升车站周边地区土地利用综合效益，"轨道+环境"将提升城市环境品质，"轨道+交通"将提升城市中微观出行效率，"轨道+政策"将提升车站周边地区有机更新和新城开发的动力。② 随着中国智慧城市建设的推进，楼宇社区建设可以三维地理信息技术为依托，整合招商、工商、街道、税务等多部门的相关基础信息及管理需求，提高楼宇经济宏观税源经济分析能力，设计开发楼宇信息系统。在大 TOD 开发模式日益普及的背景下，推进楼宇社区建设应加强道路两侧立面综合整治，完善商业商务区步行系统，营造舒适的商业商务环境，实现联动管理。以建立高效物业管理为目标，培育、引进具有一流资质的国际知名楼宇物业管理顾问公司和物业管理公司，开展专业化、个性化的物业服务，提升商务楼宇管理品质。重视商务楼群的业态布局，合理调整周边业态，构建商务商业中心，配套发展酒店式公寓、商务酒店等商务设施，营造良好的商务氛围，丰富楼宇经济内涵，促进商务楼宇与商圈的互动发展。③

（4）招商引资策略。创新项目招商举措，保障楼宇经济招商。结合政府规划确定的楼宇经济产业定位和业态布局，面向境内外大公司、大企业，区域性总部和销售中心、研发中心定向招商，不断提升招商绩效，提高楼宇的入驻率、注册率和贡献率。鼓励楼宇业主与政府部门联合开展招商，采取"一楼一团队"、重点项目实施推进组等形式，同时突出知名企业的引导示范

---

① 夏效鸿．楼宇经济发展步入"2.0时代"［N］．杭州日报，2016-06-13.

② 施卫良．地铁国贸站"轨道+"模式改造案例研究［J］．城市规划，2016（4）．

③ 夏效鸿．楼宇经济发展步入"2.0时代"［N］．杭州日报，2016-06-13.

作用，实现以商招商、以外招外。加强楼宇的整体包装策划，筛选一批楼宇重点项目，建立滚动式重点楼宇项目库。以商业模式创新为动力，推进楼宇与商业商务区、城市综合体、高校创业区的功能整合，促进楼宇经济与商业商务的融合互动，打造特色楼宇经济集群和商圈。坚持从强化政府服务管理改革入手，以打造“四张清单一张网”为契机，努力为企业的发展营造最佳的商务氛围和环境优势，提供政策咨询，简化办事程序，提高办理效率。建立楼宇综合服务中心，探索楼宇社区文化服务全覆盖，推动经济服务、民生保障、城市管理、综合治理、党群建设“五进楼宇”，实现政府近距离乃至零距离服务企业。①

（5）智慧服务策略。集成数字服务系统，建设智慧楼宇社区。随着移动互联网时代的全面普及和物联网应用的逐步推广，商务楼宇正在向个性化、人性化、智慧化方向迈进，楼宇空间不同程度地融合了个性化办公、贴心化服务、国际化配套。智慧社区是一个完整的生产、生活、生态系统，能够将社区中原本各自离散的功能集成起来，实现设施和资源互联互通、共建共享，为用户的生产生活带来便利。智慧楼宇社区是智慧社区建设的重要方面，依托社会服务管理系统和指挥平台，按照政府职能改革权力清单、责任清单的要求，打造满足社区需求的服务型智慧政务平台。② 依托楼宇经济信息平台，全面整合各镇街、工商、税收、招商等信息资源，建立全市楼宇经济信息服务平台，对楼宇资源现状分布、功能定位、经营主体、物管公司，入驻企业的产业结构、经营业态、税收归属、每平方米税收，以及企业进出变动情况等信息实行动态监管，定期分析楼宇经济的发展态势，实现招商落户、企业外迁、楼宇资源使用、空置情况等基础信息实时共享。根据中央关于新建住宅推广街区制的规划，未来城市居民居住区与楼宇社区之间的关系将更加紧密。因此，有必要谋划在智慧城市时代依托城市社会服务管理大平台开展街区治理，运用智慧化服务管理的技术手段，以街区为

① 施卫良．地铁国贸站“轨道+”模式改造案例研究［J］．城市规划，2016（4）．

② 李明超．文化规划的发展成效、模式分析与经验启示——以英国为例［J］．城市发展研究，2015（11）．

单位将分散在公安、城管、街道等多个部门的视频监控等数字系统进行整合，推动楼宇社区内的活动场所、停车设施与周边居民区共享；及时采集民生诉求、矛盾纠纷、突发事件等舆情信息和社情民意，将社区内的各类诉求快速交办到相关职能部门和社会组织，做到全面采集、动态管理、及时处置。

（6）特色产业策略。明确持续发展策略，推动楼宇经济特色化发展，关键是要明确楼宇经济发展的主要业态，推动楼宇社区特色化发展。在国家“大众创业、万众创新”号召下，城市中涌现了许多众创空间、新型孵化器以及由废弃厂房、仓库改造而成的创意办公空间、文化创意产业园，为特色产业培育发展创造了契机。通过楼宇招商、腾笼换鸟、内引外联、去化提升、盘活存量、补齐短板等举措，提升楼宇的智能化、信息化、精细化管理服务水平，不断提高楼宇经济的税收产出和财政贡献。围绕写字楼、商业楼、孵化器、特色小镇、城市综合体等主体功能项目，超前规划商务楼宇功能定位，引导楼宇业主招大引强做精，走特色化、专业化、规模化的发展道路。积极吸引国内外现代服务业大门类、大项目、大企业，以商务商贸、文化创意、电子信息、科技研发、现代金融、新媒体等产业作为主要发展业态，重点培育一批金融服务型、中介服务型、科技研发型、现代传媒型特色楼宇。着力扶持特色楼宇的开放式公共平台建设，促进楼宇内优势产业集聚，形成“一楼一行业、一层一特色”的分工格局，培育一批集群化的特色楼宇，实现高端楼宇经济业态集聚。

面对经济呈现下行压力的大环境，以供给侧结构性改革为契机，鼓励创建特色产业楼宇，选择优势产业、优势行业、优势企业，通过打造精品、做强品牌，培育一批金融楼、外贸楼、商务楼、科研楼、中介服务楼、现代物流楼等，实现高端业态集聚。因此，转型升级、提质增效是“互联网+”时代楼宇经济发展的必然趋势。① 由于起步时间短和主导经济发展的惯性作用，中国楼宇经济发展的政府管理导向非常明显，与西方国家相比，政府在制定相

① 李明超．城市治理导向的楼宇经济社区发展模式探讨［J］．同济大学学报（社会科学版），2017（3）．

关规划时更加重视总结并依循既有的发展路径，重视产业体系规划引导下的楼宇经济规范性发展。地方政府正在通过“四张清单一张网”和“最多跑一次”的示范性改革，整合职能部门、街道社区、楼宇物业三方力量，引导社会力量为企业配套提供第三方服务，把经济服务、民生保障、党群建设等社区服务功能送进楼宇，构建社会力量支持经济发展的楼宇经济社区模式，以简政放权的改革举措提升商务环境、降低企业运营成本。[①] 在培育和发展楼宇经济方面，政府的关键作用是要通过制定并执行发展战略、发展规划、专项规划、强制性标准、准入制度、税收政策、土地政策和市场交易规则等，在宏观上体现政府引导资源配置的战略意图，引领市场和行业发展方向。[②] 打造高水平的知识型服务业是提升中心城市内部禀赋的关键，通过提供良好的支撑作用，加速创新的生成和成长。政府应转变思路，通过加强知识型服务业等配套产业的建设，提供高水平的区域内部禀赋，并辅以政策上的优惠措施吸引总部的入住。[③] 作为顺应楼宇经济蓬勃发展的社会服务管理创新产物，楼宇社区具有生产空间、生活空间、生态空间功能复合的特征，其数量和规模随着楼宇经济的发展而逐年增加。推进楼宇社区建设，应顺应楼宇经济社区化的发展趋势，以培育和提升政府、企业的社区意识为第一要务，积极构建社区化的服务团队、服务平台、服务机制和服务文化。在国家治理体系和治理能力现代化的背景下，在发挥政府主导作用的同时，有必要科学界定政府主导作用的范围，推动政府导向的楼宇经济社区化发展模式整体转型为城市治理导向的楼宇经济社区发展模式，引导社区居民、企事业单位、行业协会、非政府组织广泛参与。

---

① 范柏乃．加快政府职能转变的实现路径：四张清单一张网［M］．杭州：浙江大学出版社，2016.

② 黄发儒．推进土地供给侧结构性改革的思考［J］．中国土地，2016（12）．

③ 陈迪等．基于产业知识基础的总部经济区域创新体系构建［J］．科技管理研究，2016（11）．

5.6 土地收益与小城镇特色化发展

土地问题既是中国革命时期的最大问题，也是中国建设时期的最大问题。中国社会科学院发布的《法治蓝皮书》指出，土地征收与强制拆迁是引发群众性事件的主要原因之一。破解土地征收、强制拆迁的难题，关键在于确保公有制体制下的土地收益和待遇保障的公平、公开、公正，一方面为解决新型城镇化成本支付问题提供必要的支持，另一方面保障市民、农民的土地权益。成本支付，即“钱从哪里来”的问题，是新型城镇化面临的人口、土地、资金、手续四大难题的重中之重、难中之难。要解决“钱从哪里来”的难题，核心环节在于做好土地的文章，最大限度挖掘土地效用。土地是各级政府手中最大的国有资产，而土地的高效集约节约利用和生产、生活、生态三大效益的统一，有赖于土地征收制度、土地储备制度、土地出让制度和土地出让金使用管理制度“四改联动”的统筹推进。[①] 在城镇化推进过程中，中国城市土地管理制度改革不断深化，包括土地征收制度、土地储备制度、土地出让制度等一系列制度建设在内的探索实践都取得了进展。

城市土地出让制度，即城市土地使用权的有偿使用制度，是改革开放后中国为适应由计划经济向市场经济转型而探索建立的土地管理制度。土地使用逐步由无偿无期限转为有偿有期限的改革，是当代中国大改革、大开放和大发展过程中的土地管理制度创新之举。[②] 从封闭的土地划拨和无偿使用到开放的土地出让和价高者得，中国土地出让制度的改革开放与有效运行极大地促进了城市经济的发展，激发了地方政府推进乡村城镇化、规划建设新城新区的动力，但也逐渐引发了诸如“侵占耕地”、“土地财政”、“地王频现”、“房价暴涨”、“房地产依赖”等威胁到地方经济社会健康可持续发展的负面效应。[③] 社会各界关于城市土地出让制度改革的呼声不绝于耳。相关研究侧重

① 王国平．城市论［M］．北京：人民出版社，2009.

② 靳相木，丁静．土地出让制度改革的三个视角及其综合［J］．农业经济问题，2010（10）．

③ 孙克竞．地方土地财政转型、产业结构优化与土地出让制度变革［J］．经济管理，2014（2）．

于土地出让方式方法、对不同用地类型的用途管制以及土地出让金的使用分配三个方面。

5.6.1 城市土地出让的方式方法

中国城市土地的出让方式主要有协议、招标、拍卖、挂牌四种类型，出让制度经历了以协议出让为主到以招拍挂为主的转变，其实质是以市场机制代替计划体制。[①] 从 2004 年 8 月 31 日起，根据国土资源部、中央纪委监察部联合下发的文件规定，所有经营性土地一律要公开竞价出让，“831 大限”之后，招拍挂成为经营性用地最主要的出让方式，同时由于过度市场化的影响，各地的土地招拍挂逐步偏离了其制度设计的初衷，出现了地方政府出让土地追求短期经济利益的苗头。[②] 针对招拍挂出让方式的争议，有学者认为土地的协议出让对政府短期回报较低，但可创造长期稳定的税收收益，并带动该区域内其他相关产业的发展，而招拍挂出让土地可为政府带来较高的短期收益，但长期回报率较低。[③] 挂牌方式既可作为政府调控土地市场的手段，又在房地产市场信息公开显示作用下推高了房价和地价，能够为地方财政带来较高的土地收益，所以受到地方政府的青睐。面对新时期出现的新问题，土地招拍挂出让已进入了改进、完善与提升阶段，需要逐步由单一的市场配置、价格引导向实现多重目标的资源配置转型，在理论研究与实践探索中谋划新的出让方式。[④] 有学者提出，融合现行出让方式优点的多要素拍卖方式，可与其他出让方式组成无懈可击的球状出让体系，并在一定程度上能够有效抑制高房价。[⑤] 有学者提出建立在物权基础上的土地使用长约租赁制——“五年租

---

① 秦波，孙亮．容积率和出让方式对地价的影响——基于特征价格模型［J］．中国土地科学，2010（3）．

② 王宏新，勇越．中国城市土地招拍挂制度的异化与重构［J］．中州学刊，2012（2）．

③ 刘乃铭，金澎．土地出让方式对中国地方政府财政收入的影响研究［J］．中国土地科学，2014（1）．

④ 李孟然，孙国瑞，李倩．让招拍挂走得更远——国土资源部廖永林司长谈商品房用地招拍挂制度的改进与完善［J］．中国土地，2011（2）．

⑤ 张占录，张远索．中国城市土地出让方式球状体系建设［J］．国土资源科技管理，2011（3）．

制”，并论证了其可行性。[①] 有学者通过对中国土地市场中新兴的“限地价、竞配建”挂牌方式进行研究，并与“定配建、竞地价”招标方式相对比发现，挂牌方式能够落实保障房建设，招标方式能够降低地价。[②] 针对部分城市采取“限房价、竞地价”招拍挂方式，有学者认为这种模式只适用于保障性住房开发用地的供应，如普通商品住房用地供应也采取这种方式，会引起商业寻租等行为，乃至引起市场混乱等现象。[③]

通过对城市土地出让制度的研究回顾，土地招拍挂制度因与地方政府存在密切的利益关系而饱受争议，面临着极大的改革压力。部分学者在对现行招拍挂制度的研究基础上提出了各种新的土地出让方式，但各种新型出让方式的实际效用与存在利弊尚有待于实践检验，在相关政策衔接性和改革系统性方面还有待于强化研究。针对当前高地价与高房价并存的房地产市场泡沫化问题，城市土地出让方式方法改革或许可以采取保价放量的做法，以足够量的土地供应为火热的土地出让市场降温。鉴于公开透明的市场化机制在配置资源方面具有高度的灵敏性，因此改革在坚持招拍挂的土地出让方式前提下，通过土地出让方法优化调整和改革提升，诸如设定地价上限、提高开发门槛、设定预售时间，降低地价助推高房价的市场预期。

5.6.2　城市土地出让的用途管制

在城市土地出让过程中，针对土地类型的不同，政府会采用差别化的出让方式。最优的土地出让策略是低价出让工业用地、高价出让商住用地，来降低企业成本并增加地方财政收入和公共支出，共同达到吸引企业、促进生产并推动城镇化的目的，这种策略差异也是地方政府在土地财政方面追求的结果。[④] 学界普遍认为，地方政府在工业用地出让中采用低价策略，其原因是

---

① 林忆南，侯湖平，马昌忠．土地有偿使用制度新思路——“五年租制”［J］．现代城市研究，2012（3）．

② 赵娅．“限地价，竞配建”土地出让方式的理论分析与实证研究［J］．中国土地科学，2012（11）．

③ 朱道林．招拍挂不能走回头路［J］．城市开发，2010（8）．

④ 雷潇雨，龚六堂．基于土地出让的工业化与城镇化［J］．管理世界，2014（9）．

工业项目能为其带来长期的综合收益。[①] 但也有研究指出，地方政府在土地引资的竞争中不仅存在着竞相增加土地出让面积和降低地价的底线竞争行为，还存在着竞相降低引资质量的底线竞争行为，因而协议出让工业用地所引来的项目质量较差。[②] 在新型城镇化过程中，随着城市“退二进三”产业结构调整与城市新城开发建设后出现的空间结构调整，城市土地的性质、用途在不断发生变化，由此产生了种种管理问题。一方面城市存量土地性质变更制度缺失导致存量土地违法变更、国有资产流失和城市用地混乱，另一方面土地利用制度僵化导致城市存量土地难以变更盘活，因此要立足于制度规范和制度创新构建城市存量土地利用变更制度，完善中国土地使用管理制度体系。[③] 有学者提出通过构建特征价格模型确定土地出让价款，使划拨土地使用权进入流通市场。有学者提出建立土地用途变更调控机制，以土地利用现状为基础，将土地出让金收取与规划用地性质变更脱钩，在土地用途变更前进行土壤环境预评价以防变更而造成土壤污染。[④] 围绕产业升级、产城融合、城市更新等工业化和城镇化发展目标，科学划定城市开发边界，遏制城市建设向周边“摊大饼”式蔓延的趋势，在合理控制增量的前提下，创新存量用地利用和管理制度，促进旧城区、旧厂矿、旧村镇（简称“三旧”）等低效用地再开发，在建成区范围内增加建设用地供给。探索城镇低效用地二次开发新路径，成为地方政府积极探索推动土地利用集约化的措施。

针对土地出让用途管制方面存在政府差别化出让、土地性质变更而引发的各类问题，相关研究对政府差别化出让造成的后果进行了批判，但未提出有效的解决方案，而对于土地用途变更所产生的负面影响，相关研究较为分散。针对“三旧”区块更新，应积极开展土地确权与二次开发的改革试点工

① 刘扬．城市增量工业用地低价出让的政府行为与价格研究［J］．经济论坛，2010（1）．

② 杨其静，卓品，杨继东．工业用地出让与引资质量底线竞争——基于2007~2011年中国地级市面板数据的经验研究［J］．管理世界，2014（11）．

③ 何芳．宋羽．城市存量土地利用变更制度缺失分析——基于新制度经济学的视角［J］．城市问题，2011（3）．

④ 杨建锋，陈延辉，樊鹏等．改变容积率补缴土地出让价款测算方法研究——以河南省汝州市为例［J］．地域研究与开发，2013（5）．

作，做到每个规划单元与开发地块均有对应的开发模式和政策支持。在单元控制和用地指标的规划统筹下，以土地连片开发的综合收益核算为基础，以地块所承载的公共利益为原则，划定合理的土地开发单元，比选确定适合的土地开发模式，在土地二次开发的同时形成合理有序的土地待遇分配机制。当前关于城市更新与土地性质、用途变更以及城市土地综合收益核算的研究数量偏少，研究的层次与深度不足。

5.6.3 城市土地出让金的使用分配

土地出让金对地方政府推动城市建设和发展经济有着显著的作用，关于土地出让金的使用分配问题一直是学术界研究的热点。[①] 作为土地增值收益，土地出让金产生于出让环节，表现为土地出让价款扣除征地补偿和土地前期开发费用，扣除税费之后，这部分费用主要由地方政府获得。当前中国土地出让金使用分配存在支出结构不明晰、安排缺乏合理性等一系列问题。[②] 土地出让金的支出结构分布比例与现行政策支出特别是重点支出的范围和要求存在较大差距，对此有学者指出，虽然中国对土地出让金的使用分配有明确规范制度，其顺序依次为失地农民补偿与保障、“三农”建设、农田水利建设和廉租住房开发等专项支出、城市建设等其他支出，但实际上绝大部分的土地出让收益被用于城市建设。[③] 有学者提出土地出让金使用分配应明确支出使用方向与切块比例，尤其要制定公益性支出项目名录及其比例，合理提高“三农”在土地出让收入分配中的比重，提高用于民生和农村支出的份额，强化土地出让金的待遇分配功能，确保土地出让收支管理彰显公共性质。[④] 城市土地出让金的分配分为集体（农民）与政府间的分配、政府内部的分配两类。[⑤]

针对城市土地出让金使用分配缺乏规范性、合理性、公益性和“三农”在土地出让金分配中所占比例偏低问题，明确提出切实可行的分配方法和分配方

① 张昕．土地出让金与城市经济增长关系实证研究［J］．城市问题，2011（11）．
② 陈多长，洪丹萍．中国土地出让金支出结构及其问题［J］．技术经济，2012（7）．
③ 唐卓．构建土地出让收入全民共享机制的研究［J］．经济研究参考，2013（59）．
④ 谭术魁，陈宇，张孜仪．土地出让收入的公共性质及其实现［J］．管理世界，2012（7）．
⑤ 林瑞瑞，朱道林，刘晶．土地增值产生环节及收益分配关系研究［J］．中国土地科学，2013（2）．

案的研究成果较少。由于不同来源的土地增值收益难以分割，现有研究成果大多将土地出让金作为土地增值收益的一部分来讨论土地增值收益在集体（农民）与政府间的分配，这部分研究也与征地补偿制度密切相关。传统的土地出让金分配侧重于集体（农民）、政府等不同利益相关主体间及主体内的收益分配，在逐步破解城乡二元经济结构和构建市民、农民、移民（流动人口）三元社会结构的背景下，亟须构建适应“同城同待遇”的土地出让金分配制度。在中央和地方各级政府事权进一步明晰的背景下，中央政府与地方政府、省政府与市县政府等政府内部在土地出让金支出中如何进行分配，土地出让金使用范围是否可以扩大至教育、医疗卫生等更多的民生领域，让更多国民享受土地出让金带来的公共服务待遇，真正实现土地出让金取之于民、用之于民，这些问题还有待于深入研究。

5.6.4 基于四改联动的城市土地管理改革研究展望

世界各国的实践表明，城市化进程是一项复杂的系统工程，饱受人口膨胀、交通拥堵、环境污染、住房困难等城市病侵害之苦。在城市化进程中，研究解决基于人口、土地的二元经济结构矛盾同样是一项系统工程，不可能一蹴而就。与人口管理制度的城乡二元结构相比，土地管理制度的城乡二元结构分割问题影响更加深远，由此导致了城镇化进程中频频出现规划管理无序、布局结构混乱、基础设施缺失、卫生环境堪忧的“城中村”问题。基于城市土地征收、储备、出让、管理改革“四改联动”的发展战略，未来应加强以下五方面的问题研究。

一是重视城市土地管理改革面临的“四改联动”问题。推动土地资源高效能配置和节约集约利用是新型城镇化的要求，与新时期国家土地管理制度改革目标高度契合。2013 年国务院决定建立不动产统一登记制度，不动产包括土地、土地之上的建筑物和大型设备、不能与土地分离的出产物和树木等，中央层面由国土资源部负责指导监督全国土地、房屋、草原、林地、海域等不动产统一登记职责。[①] 2014 年国家出台的《新型城镇化发展规划》曾对健全房地产市场调控长效机制进行部署，界定了四个组成工具：住房政策、土地供应政策、财税政策、信用政策。由国土资源部门牵头建立以土地为基础的不动产统一登记制度，实现全国的土地、住房等不动产登记信息联网，推进相关管理部门的信息共享，可以为中国房地产短期政策制定、长期制度建设、配套改革推进提供坚实基础。房地产领域的创新举措为推动城市土地管理改革创造了契机。城市土地管理改革涉及规划、建设、管理等多个部门之间的职能衔接和利益协调，应围绕土地用途管制、土地征收、土地有偿使用三大核心制度，处理好城镇化成本支付与城镇化待遇分配两大核心问题，充分尊重地方的首创精神，将实践证明行之有效的成功经验及时上升为国家政策、制度和法律。在保发展、保资源、保权益过程中，应以城市土地“四改联动”为突破口和驱动力，始终把土地资源节约集约作为首要目标，做到城市土地增量提升和存量优化的两轮驱动。

二是统筹推进城市土地管理改革“四改联动”试点。从改革目标来看，城市土地管理改革涉及城镇体系规划调整、城镇空间布局形态优化、支撑城镇化的现代农业发展、城镇化路径转型升级、城镇综合承载能力提升、土地出让金对城镇建设的支撑作用、失地农民享受城镇待遇、城乡一体化发展与新型农村社区建设 8 个方面。可以说土地利用已经成为新型城镇化的核心问题。针对中国土地征收制度主要存在公共利益界定不明与征收补偿标准高低不一等问题，建议在国家和地方法规体系中明确界定中国征地公共利益目的边界，加强征地留用地政策和拆迁安置房转商品房政策研究。针对中国城市土地储备制度存在运行缺乏统一规范、资金短缺、制度不健全、管理不科学等问题，建议在确保政府对土地一级市场主导地位的基础上，依法规范土地储备主体的行为，在推进土地储备机构市场化运行的同时，确保土地储备的公益性目的。针对城市土地储备融资的新模式尚未形成完善的体系问题，需要论证土地信托、土地基金等融资渠道的科学合理性，并进行必要的商业模

① 谭峻．不动产登记制度评论［J］．中国土地科学，2014（11）．

式创新探索。针对城市土地出让制度存在的问题，建议在坚持招拍挂的前提下调整优化出让方法，围绕土地性质变更建立城市土地利用调控机制。针对城市土地出让金的使用分配问题，建议构建适应“同城同待遇”的土地出让金分配制度，将土地出让金使用范围扩大至教育、医疗卫生等更多的民生领域，让更多的国民享受土地出让金待遇。

三是围绕城市化“成本支付”开展土地待遇分配问题研究。由于农村集体土地所有制与城市土地国有制并存，形成了中国特殊的城乡二元土地管理体制，导致了中国城市化进程中的土地问题独特且复杂，尤其是农地征收问题十分突出。目前中国正在实施的城乡建设用地增减挂钩改革更是将城市土地与农村土地密切相连，依据土地利用总体规划和土地整治规划，推进农村土地复垦和调整利用，将不断缩减的农村建设用地指标增加到城市建设用地。[①] 因此，解决农村土地问题不能只考虑农民、农业和农村，还应将其与城市土地征收、储备、出让和出让金使用“四改联动”的管理改革统筹考虑。在将农村集体土地所有权、承包权、经营权三权分置的情况下，逐步推动中国耕地流转改革、集体建设用地流转改革和土地增值收益分配结构改革。另外，在中国教育、卫生、就业、社保、住房等基本公共服务依然存在城乡二元、地域差距的背景下，不能只在传统“三农”范畴内讨论增加农民收入问题，或是只重视城市发展、忽视农村发展而导致城乡差距扩大，而应在城镇化进程中以待遇的保障和实现为突破口统筹解决二元经济结构问题。然而，学术界在研究二元经济理论时对土地非农化和二元经济结构转型的影响、二元经济转型的阶段性及前瞻性等问题却研究不够。[②] 围绕城镇化成本支付和“同城同待遇”的发展目标，一方面要提高城市土地利用的综合效益，培育发展新兴产业和推进新型城镇化，加强转移人口的社会保障力度，使各类发展要素尤其是新增的高素质劳动力配置在收益更高的部门，全面提高社会就业

① 乔润令，顾惠芳，王大伟．城乡建设用地增减挂钩与土地整治：政策与实践［M］．北京：中国发展出版社，2013.

② 李明超．古典二元经济结构思想演变与比较——基于待遇的研究视角［J］．技术经济与管理研究，2017（7）．

率和收入水平；另一方面要工业反哺农业和保护弱势农业“两手抓”，特别是要确保农业基本用地 18 亿亩的红线保障，尽快划定永久农保地[①]，确保农业、农民、农村在国家发展格局中获得应有的地位和待遇。

四是依托“城中村”改造构建城市土地待遇分配体系。面对由于城乡二元经济结构分割造成的“城中村”等半城市化区域，探索半城市化地区土地管理衔接与二次开发新路径成为研究的重点。由于缺乏系统科学的研究方法，现有很多研究成果总体上呈现“头痛医头，脚痛医脚”的局面，从各学科领域出发提出的城市土地管理改革方案虽然可能引发轰动效应，但基于问题导向研究提出解决方案、推动政府科学决策仍存在诸多不足，因此有必要以“四改联动”为契机，探索建立基于系统科学的城市土地科学或城市规划与土地科学。鉴于土地利用的重要性，在多规融合的背景下，规划系统对土地利用全过程进行控制具有突出的应用价值和可操作性，因此城市土地管理制度改革的重心将从管理土地建设向管理土地利用转变[②]。在土地开发策略上采用“整村统筹”模式，在多规融合的指导下研究制定整村拆迁、整村改造、整村整治、整村提升的菜单式解决方案。通过“城中村”土地空间与功能规划调整，使相应的地块承担“城区基层党建、社会服务管理、街道经济建设、社区转型发展”等多个方面职能。统筹谋划城市土地征收—储备—出让与城市经济结构调整、旧区有机更新、社区转型升级，综合运用城市治理和空间重构方法，“一揽子”解决城镇化进程中城市土地管理的历史遗留问题，合力推进产城融合、职住平衡背景下的城市人口、产业、环境空间结构再造。

五是将小城镇建设作为统筹城乡发展、促进城乡一体化的战略途径。小城镇作为农村与城市的纽带和城乡一体化的节点，其作用更加凸显。小城镇的发展带动周边农村地区的“就地城镇化”，强化城乡之间的联结。同时农村“就地城镇化”与大中小城市发展并行不悖，是一个相互补充、相互促进的动态过程。[③]

---

① 李明超．城市流动人口管理变革：透视积分制［J］．重庆社会科学，2016（11）．

② 单皓．从管理土地建设到管理土地利用改变——探讨深圳土地管理制度改革中的规划概念［J］．城市发展研究，2017（2）．

③ 潘海生，曹小锋．就地城镇化：一条新型城镇化道路——浙江小城镇建设的调查［J］．政策瞭望，2010（9）．

一方面，在工业上乡镇企业的发展使得农村工业相对集中，产生部分农业劳动人口的转移，吸引农民从第一产业劳动转向第二产业劳动。工业发展在繁荣农村经济的同时，由于土地使用权逐渐集中于农业大户手中，使得土地规模经营成为可能，通过农村内部耕地的优化配置，反哺农业发展，形成“工农互补”的格局，农村产业化步伐加快，城乡差距逐渐缩小，公平增加。一旦农民走出原来的农事生产局限，加入到工业化潮流中，城市化和市场化将不断发展完善。[①] 乡村及小城镇成为大中城市直接的原料供应源，也成为大中城市的卫星城和新兴市场。而大中城市在工业发展过程中为乡村及小城镇提供先进技术、设备与管理经验，同时在“扩散效应”与“回程效应”的协同作用下，使乡村地区承接部分产业以实现区域产业化发展。另一方面，小城镇立足城乡接合部的现实情况，将农民生计纳入现代商贸发展体系，由此吸引农民从第一、第二产业劳动转向第三产业劳动。依靠乡村劳动力，结合区域特色产业，发展现代特色商贸小镇，助推农村经济转型发展。此外，部分旅游型小城镇依托农业自然环境、田园景观、农业设施、农业生产、农耕文化等资源要素，推进旅游业与农业融合发展，形成休闲观光农业等形式，使得乡村第一产业优化升级。乡村旅游不仅通过旅游消费为乡村地区带来经济收入，同时也通过城乡居民的密切交往，将城市文明带入乡村。乡村旅游属于劳动密集型的服务行业，其发展使部分农村劳动力通过再培训，成为乡村旅游从业人员。此外，乡村旅游中“食、住、行、游、购、娱”均与农副产品密切关联，可提高农副产品销量，增加农民经济收入，也可带动贫困地区脱贫致富。

---

① 徐宜青，吴殿廷．“苏南模式”和“温台模式”的演变及其对新型城镇化建设的现实意义［J］．江苏师范大学学报（哲学社会科学版），2015（4）．

6 构建系统治理城市病的大城小镇发展模式

在大城小镇发展模式的框架中，引入特色小镇的目的在于解决城镇化中大量的土地利用问题。特色小镇只是增强底层发展能力，解决高层的大城市病问题，而不是扩大城市地盘；是一种大分散、小聚集的土地利用方式，仍然强调土地的高效实用而不是低密度的城市蔓延；更强调紧凑型、复合型和多功能融合型的土地集约，而不是借机进行城镇用地扩张。之前的很多城镇化新概念，都使地方政府和房地产企业趁机占用了大量土地进行房地产开发。特色小镇似乎又使一些房地产企业打着“文旅小镇”的旗号，热衷房地产开发。为防止特色小镇建设的泛地文化，不但需要在事前对土地增量和土地利用进行规划约束，更需要在事中和事后对土地利用现状进行评估；还要加强对建设项目后期运营中产、城、人、文、景、旅等融合方面的审核和监测；并要将过去支持房地产开发专项重点转为支持企业投资和实体经济发展，尤其是支持中小型企业和创新型企业的成长。

小城镇土地结构复杂，既有国有土地，也有集体土地，有宅基地流转、土地征用等许多情况。如何在不伤害农民权益的前提下，解决特色小镇建设的土地问题，通过集约发展和合理配置土地资源，提高土地使用效率对于特色小镇而言是一项重要而艰巨的任务。在集体土地“三权分置”的利好政策下，通过合理的收益分享，通过转租、土地入股等方式探索利用集体土地进行产业开发的新途径。实践证明，具有完善的基础设施和服务，以及密集的生产和商业活动的成熟土地，对于企业和投资者更具有吸引力。尤其是对于特色小镇这种土地规模小、不利于大项目开发的小尺度空间而言，任何一个小项目的运作都希望将土地前期开发成本降到最低，同时还要有成熟的社区服务。这样的地段一般都在旧城区，这就需要政府在吸引项目投资之前，对旧城区的旧厂房等废弃建筑物和基础设施进行改造，并进一步按照特色小镇的美观性进行环境建设；另外，通过增加土地利用的多样性为小城镇的多样融合创造发展空间。

6.1 “多规合一”与城市空间形态优化

“多规合一”是通过规划体制与机制创新，有效解决规划矛盾，促进多规协调一致，提升政府空间治理能力，实现全域统筹发展的方法和平台。从国内各城市的探索实践来看，“多规合一”的发展历程大致经历了三个阶段，无论是从广州、厦门提出的“三规合一”实践到全国范围内的多规合一试点，还是从市县“多规合一”探索到省级“多规合一”统筹，“多规合一”的内涵、外延和实践效果都在不断提升。

“多规合一”产生的深层次原因在于传统的城市规划体系存在纵向传导不畅、横向衔接不利的弊端。长期以来，基于不同法律规定和政策需要，我国逐步制定并形成了众多不同类型、不同层级的规划。据不完全统计，我国各种类型规划至少有 83 种，其中经法律授权的有 20 余种。这些规划分属于不同的行政部门，由于规划主体、技术标准和编制办法、实施手段和监督机制不同，导致各规划中存在内容不协调、表述方式不一致甚至相互矛盾等问题。“多规”的“分立”甚至“冲突”，导致开发管理混乱、土地资源浪费、建设成本增加、生态用地被蚕食，环境保护失控，削弱了规划的严肃性和权威性，阻碍了城市的科学发展。我国空间规划体系亟待结构性转型和系统性重构。

针对以上问题，习近平总书记在 2013 年 12 月 12~13 日举行的中央城镇化工作会议上，提出“在县市通过探索经济社会发展、城乡、土地利用规划的‘三规合一’或‘多规合一’，形成一个县市一本规划、一张蓝图，持之以恒加以落实”的工作要求。随后，在《国家新型城镇化规划（2014~2020年）》、《生态文明体制改革总体方案》、国家“十三五”规划基本思路中均提出开展市县“多规合一”的工作要求。

2014年8月，国家发展和改革委员会、国土资源部、环境保护部、住房和城乡建设部四部委联合发出《关于开展市县“多规合一”试点工作的通知》，推进28个市县开展“多规合一”试点工作。2015年6月，中央全面深化改革领导小组第十三次会议，同意海南省就统筹经济社会发展规划、城乡规划、土地利用规划等开展省域“多规合一”改革试点。与此同时，各省也纷纷结合自身情况确定全省范围的市县“多规合一”试点。2015年12月20~21日，中央城市工作会议在北京举行，会议指出要提高城市发展持续性，以主体功能区规划为基础统筹各类空间性规划，推进“多规合一”，会议强调，要提升规划水平，增强城市规划的科学性和权威性，促进“多规合一”，这为新常态下如何提高城市空间管控水平提出了方向性指引。根据中央的统筹谋划和协调部署，“多规合一”工作在全国范围内已逐步形成共识并初步开展试点，在总结经验的基础上将会全面推广并加以落实。

6.1.1 “多规合一”发展历程

改革开放近40年来，中国在推动经济发展方面取得了辉煌的成就，这种非常态的发展存在历史的必然性和局限性。发展进入转型期，经济社会发展进入新常态，伴随新型城镇化的发展要求，提高城市空间治理和管控水平成为新常态的必然要求。为满足新常态的发展要求，解决规划的不协调问题，“多规合一”，重构空间规划的秩序将成为必然。“多规合一”概念的提出始于2003年，总体来说，我国“多规合一”相关工作大致经历了早期探索期（2003~2012年）、试点推动期（2012~2014年）、政策支持期（2014年至今）三个阶段。

截至2017年8月，已有北京、上海、广州、武汉、深圳、重庆、厦门、云浮、河源等城市开展了“两规合一”、“三规合一”或“多规合一”等相关规划融合工作。根据中国知网检索结果的统计，2000年以来，以“两规合一”、“三规合一”、“规划融合”为题名、主题或关键字的学术文献稳步增加，尤其2008年以来，“多规合一”已经成为规划体制创新的热点研究领域。从已开展规划融合工作的城市所取得的实践经验看，目前已基本形成了三种主要的规划融合模式：概念衔接型、技术融合型和体制创新型。

6.1.2 “多规合一”主要技术特点

（1）建立多部门合作的工作协调机制。“多规合一”工作涉及跨部门协调和多部门协作，在推进过程中需要建立由城市主要领导牵头、城市分管领导负责、多部门负责人合作的规划协调工作机制，顶层架构设计好、配置好，对顺利推进规划融合工作具有重要意义。工作协调机构的架构一般包括设立专门议事协调机构、临时议事协调机构和部门联合办公等多种方式。

（2）建立相对统一的协调工作组织架构。构建由主要领导牵头的工作领导小组、工作办公室、工作专责小组协调组织机构，形成相对统一的规划权力协调结构，对及时解决工作中的问题和推进“多规合一”工作具有十分重要的意义。以广州市为例，在“三规合一”工作中，广州市建立了市区两级、由工作领导小组、工作领导小组办公室和工作专责小组组成的工作协调机制。其中工作专责小组集合发改、国土、规划、环保人员集中办公，对促进协调沟通起到了很好的促进作用。

6.1.3 “多规合一”工作推进建议

（1）明确部门任务分工。在“多规合一”协调机制中，应明确部门责任清单和事权划分，共同促进工作任务的逐项落实和顺利开展。在不少城市“多规合一”的实践中，在研究部门职能特点的基础上，明确了“发改定目标、国土定指标、规划定坐标、环保定底线”的部门分工合作关系，这种分工合作关系在“多规”协调过程中发挥了重要的作用。

（2）明晰“多规合一”的部门分工。第一，建立协调工作路径。协调方法和机制，应当是行政和技术手段的统一。在“多规合一”工作路径中，围绕底线思维，通过规划技术和行政的方法，设计协调路线，明确市、区责任和部门分工，建立良好的协调制度，保障市与区，发改、国土、规划、环保等职能部门的充分沟通与协调，确保不越位、不缺位，相互补位，保障“多规合一”成果质量和规划效果（见图6-1）。

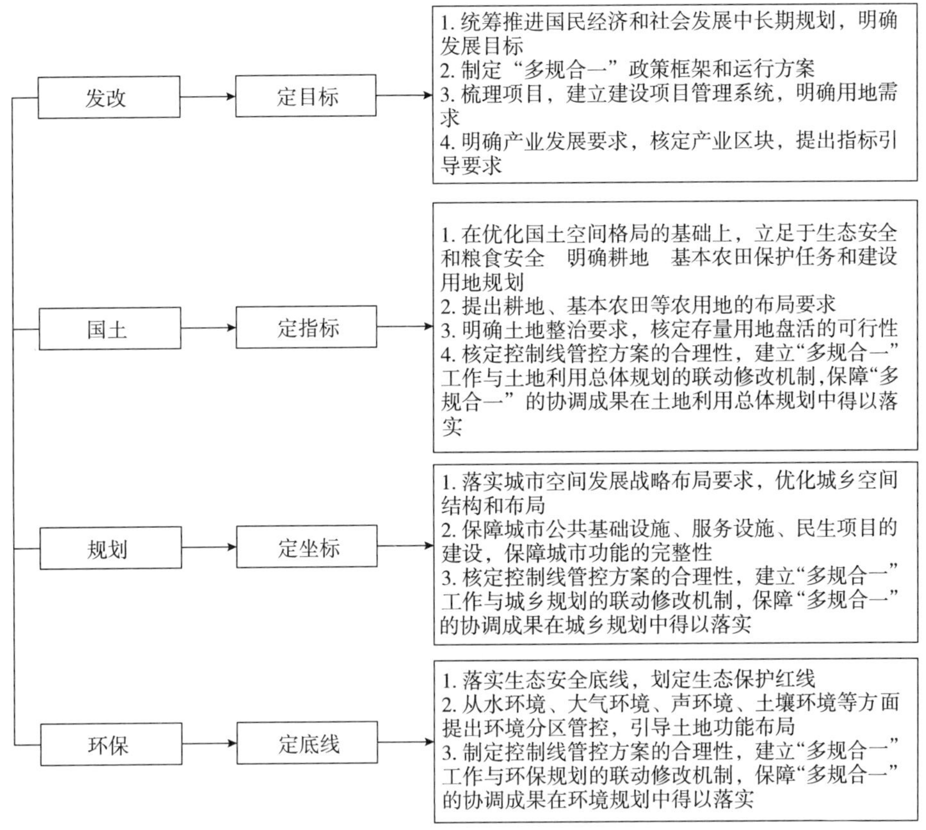

图 6-1 “多规合一”的组织架构

第二，制定衔接“多规”的技术标准。受纵向分割的规划体系影响，目前“多规”具有各自的编制技术标准，这些标准互不衔接，相互矛盾，因此开展“多规合一”工作应从标准制定入手，建立“多规”协调的技术协调平台，制定“多规合一”的用地分类标准、坐标体系转换标准、用地定额标准等，保障“多规合一”的有效开展。

第三，统一空间管制分区。空间规划管制分区不同，内涵各异，“多规合一”应开展技术创新研究。一是统一管制分区，建立“多规合一”空间分区衔接表。统一用地分类标准，针对用地分类标准不统一问题，“多规合一”应开展规划用地标准的研究，统一同类型用地的标准，并将此作为规划技术基础。二是统一用地定额标准。在科学分类基础上，设定统一的用地指标和标准，达成“多规合一”的技术协调平台。建立坐标转换平台。建立统一空间坐标体系平台，实现在一图双坐标的对应转换的基础上逐步向大地 2000 坐标系统转换，实现多规空间基础参数的统一。

（3）建立考核的指标体系。建立“多规”共遵的指标体系是实现“多规合一”的关键环节。“多规合一”应在梳理和整合各部门规划管控体系的基础上，结合我国政府行政运作的事权体制特点，面向部门事权构建指标体系结构，使指标体系能够系统反映发改、国土、规划、环保等各个规划管理部门的核心管控要求。同时有效区分政府行为和市场行为，设定刚性、弹性内容，其中，需要政府通过合理配置公共资源和有效运用行政力量确保实现的为约束性指标，属于规划的刚性控制指标；预期性指标则属于政府期望的发展目标，主要依靠市场主体的自主行为来实现，属于具有弹性的指引指标。

（4）构建以底线控制为核心的内容体系。“多规合一”关键是解决“多规”管控边界交叉及错位，从底线思维出发，立足城市科学可持续发展，确定“多规合一”核心工作内容，重点从划分保护和发展空间、合理安排城市功能、优化城市空间布局、促进土地节约集约利用角度设计“多规合一”工作核心内容。“多规合一”的控制底线可以划分为生态底线、增长管理底线、政策底线、环境底线、服务底线、资源管控底线等。

所谓生态底线，是指生态保护边界。指保障城市基本生态安全的“铁线”和“生命线”，其确定的原则是在相当长一段时间必须完整保证生态功能的用地。从生态安全的角度识别“多规”共同保护的区域，通过部门协作，从各自的职能出发加强保护。也就是明确共同的保护界限，形成保护合力，保障保护效果。

所谓增长管理底线，是指建设用地增长边界。为引导建设用地增长，保障城市功能完整，有效避让基本农田和重要生态区域，增加规划弹性，根据城市发展战略和方向，在建设用地规模控制线基础上，按一定比例划定的建设用地弹性管控区域的围合线。

所谓政策底线，是指建设用地规模边界、基本农田保护边界。《土地管理法》、《城乡规划法》明确规定了土地利用总体规划与城乡规划在建设用地规模和布局上的要求，它是上级规划管控下级规划的政策底线。此外，根据国家粮食安全要求及严格的耕地保护政策，基本农田保护也是“多规合一”的政策底线。

所谓环境底线，是指具有排他性功能的用地边界。“多规合一”中的环境底线边界特指对环境有可能造成影响的土地使用功能，包括工业仓储用地和厌恶性市政设施用地等。例如广州市在“三规合一”过程中，为引导城市工业仓储产业的规范发展，引导相关产业集中入园，划定由“工业园区—连片城镇工业用地”组成的产业区块边界，形成产业用地集中布局的区域的围合线。

所谓服务底线，是指基础设施与基本公共服务设施边界。为保障城乡居民生存和发展最基本的条件和社会公平、公正，由政府所提供的包括基础设施、公共教育、公共卫生、公共文化等社会事业，以及公共交通等公共产品、公共服务设施相关用地的边界。

所谓资源管控底线，是指地上、地下矿产资源等管控的边界。为统筹地上地下开发，有序引导和合理控制矿产资源开发而划定的控制线。

（5）探索建立统一的空间规划体系。要保障“多规合一”工作成果的有效实施，需要进行合理可行的制度设计。在现有体制下，可通过与法定规划联动的制度设计，保障“多规合一”、“一张图”成果的落地实施，指导城市管理；建立部门规划编制协调机制，使“多规合一”成果在各部门规划编制项目立项、技术审查、成果报批、规划评估、规划修改等全过程中，实现规划协调的常态化；以及按照责、权、利相统一原则，建立与“多规合一”相衔接的城乡统筹的规划监督管理机制，强化基层规划监督指导职能，对规划实施情况进行业务指导和监督检查。

最终“多规合一”将引发规划体系、规划秩序上的变革。“多规合一”将推动全域规划的发展，基于“多规合一”的全域规划是充分考虑城市空间、时间、结构、要素、趋势的全新的规划理念、全新的规划管理、全新的规划视角、全新的规划形式，是对城市空间治理不断探索的创新性成果，将重构可持续发展空间规划的新秩序。“多规合一”是新型城镇化背景下针对规划管理和城市治理的现实问题提出的创新性工作。通过对混杂的规划体系的全面梳理，实现规划体系的重构和统一是“多规合一”发展的趋势。在当前国家正在开展“多规合一”试点的背景下，“多规合一”的技术方法将在今后的实践中不断探索和完善，必将掀起我国新一轮科学规划的高潮，大幅提升城市规划水平，增强城市规划的科学性和权威性，高度重视在“多规合一”领域中的重要技术引领作用，为实现城市科学治理和可持续发展贡献力量，从源头上把城市建设成为人与人、人与自然和谐共处的美丽家园。

6.2　产城融合与城市产业园区转型升级

产城融合是指工业化、信息化、城镇化发展到一定阶段之后，以城市生产、生活、生态环境全面优化和城区职住平衡高水平实现为目标，产业与城市在空间、结构、功能上深度融合的发展模式。在经济发展方式和城市发展方式全面进入转型升级的背景下，产城融合是中国针对长期存在的产城分离问题提出的重要改革举措和治理方略。中国高新技术产业开发区简称“国家高新区”或“国家级高新区”，是经国务院批准成立的国家级科技工业园区。自 1988 年“火炬计划”实施以来，国家级高新区的数量不断增加，逐渐形成了多种类型、多种体制、多种模式并存的发展格局。随着国家各类新城新区不断涌现，近年来国家级高新区产城融合问题引起了各个层面的广泛关注。围绕如何推动国家级高新区以产城融合为导向进行规划建设，各级政府进行了卓有成效的实践探索。杭州是国内最早实施国家级高新区与城市行政区合署办公、全方位推动国家级高新区产城融合的城市，杭州高新区（滨江）可以视为国家级高新区产城融合的先行者和典型样本。为此，本书在回顾总结国家级高新区总体发展态势的基础上，通过对杭州高新区（滨江）产城融合发展模式与特征进行分析，探讨国家级高新区产城融合的内在机理与动力机制，以期对中国其他国家级高新区产城融合提供参考借鉴。

6.2.1 产城融合的政策导向

从发展历程来看，产城融合是指通过以城市为基础、以产业为保障承载产业空间和发展产业经济，“以产促城、以城兴产、产城融合”驱动城市更新和完善配套服务，实现人口、产业与城市之间动态、活力、持续向上的发展模式。

从发展定位来看，产城融合是中国在经济发展方式和城市发展方式全面进入转型升级的背景下，针对长期存在的产城分离问题提出的重要改革举措和治理方略。党的十八届三中全会通过的《中共中央关于全面深化改革若干问题的决定》明确指出：“坚持走中国特色新型城镇化道路，推进以人为核心的城镇化，推动大中小城市和小城镇协调发展、产业和城镇融合发展，促进城镇化和新农村建设协调推进。”2014 年 3 月颁布的《国家新型城镇化规划（2014~2020 年）》提出：新型城镇化的核心是人的城镇化。在推进新型城镇化建设中，应始终坚持以人为本，遵循中央顶层设计，把有序推进农业转移人口市民化作为核心要素和关键环节，在制度安排、政策导向、资金保障、工作部署上，把产城融合发展、促进农民就业、完善社会保障、提高基本公共服务水平摆在更加突出的位置，走出一条新型城镇化与农民市民化协调发展的道路。2015 年 12 月召开的中央城市工作会议强调：“统筹空间、规模、产业三大结构，提高城市工作全局性……统筹生产、生活、生态三大布局，提高城市发展的宜居性。城市发展要把握好生产空间、生活空间、生态空间的内在联系，实现生产空间集约高效、生活空间宜居适度、生态空间山清水秀。”2015 年国家发改委发布《关于开展产城融合示范区建设有关工作的通知》，拟在全国范围内选择 60 个左右条件成熟的地区开展产城融合示范区建设工作。产城融合示范区是指依托现有产业园区，在促进产业集聚、加快产业发展的同时，顺应发展规律，因势利导，按照产城融合发展的理念，加快产业园区从单一的生产型园区经济向综合型城市经济转型，为新型城镇化探索路径，发挥先行先试和示范带动作用，经过努力，该区域能够发展成为产业发展基础较好、城市服务功能完善、边界相对明晰的城市综合功能区。综合中央和国家有关部门关于产城融合的部署，本书认为，产城融合的本质是推动城市发展从功能主义导向到人本主义导向的回归，由注重功能分区和产业结构向注重创新创业和生产、生活、生态融合发展的转型，是以城市发展方式转变带动经济发展方式转变的改革尝试。

（1）国内外宏观背景。改革开放以来，中国经济增长主要依赖于人口、土地、资金、技术等传统要素的低成本持续投入带动，属于较为显著的粗放式、扩张型、低效益的增长方式，技术进步贡献率低和资源配置不合理导致了经济增长的全要素生产率贡献度持续走低①。放眼世界经济竞争格局，新技术革命以来，以技术创新为特征的高新技术产业迅速发展，技术进步逐渐成为推动经济高质量增长的主要因素。从国外20世纪中后期高新技术产业的发展来看，集中度比较高的产业综合体、技术园区和科学城是高技术产业发展的主要载体，园区内的企业受到产业集群、知识溢出、分工细化和规模经济等有利条件的影响，在新技术和新产品研发方面表现得更好。20世纪80年代世界经济进入以计算机、信息、生物、新材料为主导的新经济时代，以美国为代表的西方国家通过设立高新区（产业区）成功推动了经济发展，随后各国纷纷效仿。

为追赶世界经济发展新潮流，全面提升中国经济增长效率和国家自主创新水平，中国高新技术产业开发区应运而生。中国高新技术产业开发区是经国务院批准成立的国家级科技工业园区，是国家在一些知识与技术密集的大中城市和沿海地区建立的发展高新技术的产业开发区。国家级高新区是中国跨国联系国外高新技术产业的纽带，以智力密集和环境开放条件为依托，主要依靠国内的人才、科技和经济实力，充分吸收和借鉴国外先进科技资源、资金和管理手段，通过实施高新技术产业的优惠政策和各项改革措施，先行先试，逐步探索，积累经验，推广应用，实现软硬环境的提升优化，最大限度地把科技成果转化为现实生产力而建立起来的集中区域。

1988年国务院批复中国第一家国家级高新区——中关村科技园，1991年

---

① 郭庆旺，贾俊雪．中国全要素生产率的估算：1979~2004［J］．经济研究，2005（6）．

批复 26 家，1992 年批复 26 家，1997 年批复 1 家，2007 年批复 1 家，2009 年批复 2 家，2010 年批复 26 家，2011 年批复 5 家，2012 年批复 17 家，2014 年批复 9 家，2015 年批复 16 家，2016 年批复 1 家，等等，至此国家级高新区增加至 146 家。经过近 30 年的发展，中国国家级高新区不仅数量剧增，而且园区生产总值和营业收入也快速增长，已经有超过 55 家高新区跨过千亿元门槛，17 家实力较强的国家级高新区正在建设国家自主创新示范区。国家级高新区生产总值从 2001 年的 2855.4 亿元增加到 2014 年的 69607.0 亿元，占全国生产总值的比重从 2001 年的 2.6%增加到 2014 年的 10.9%（见图 6-2）。2016 年 146 家国家级高新区营业收入达 28.3 万亿元，同比增长 11.5%；工业总产值 20.5 万亿元，同比增长 10.3%。在国家发改委、科技部与地方党委政府共同努力下，国家自创区、高新区建设被提升到前所未有的高度，通过强化机制创新和政策先行先试，大力培育和发展新兴产业，加强高新技术产业集群建设，国家级高新区对区域经济以及产业牵引能力日益增强，已成为创新发展、转型升级的重要引擎。

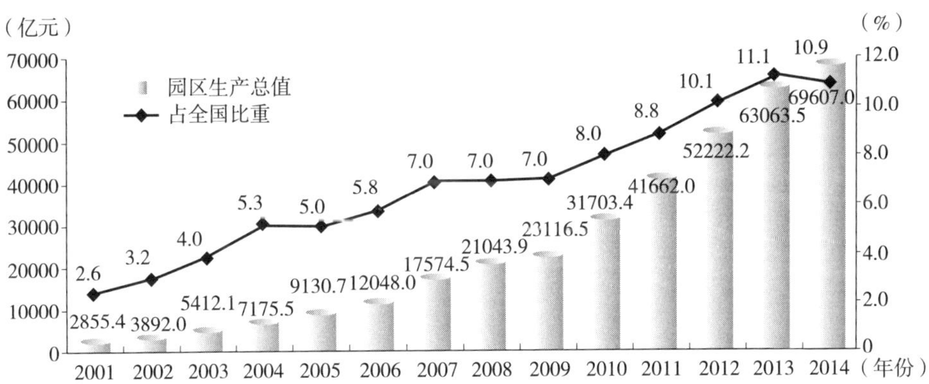

图 6-2　2001~2014 年高新区园区生产总值增长情况

资料来源：《2014 年国家火炬计划年度报告》（高新区部分）。

（2）相关研究成果述评。针对产城融合及其对城市尤其是开发区产业结构转型升级的影响，近几年国内学者开展了相关研究，并取得了部分阶段性成果。贺传皎、王旭、邹兵（2012）较早地针对传统产业布局规划在城市转型发展阶段的不适应性，提出了从产城互促向产城融合转型的发展理念，并以深圳为例从实践层面进行了细化落实①。沈正平（2013）分析了中国产业结构与城镇化质量之间的互动机制，尤其指出两者“双粗放”、“双缺失”、“双错位”、“双低效”等问题，提出产城融合是解决两者矛盾的有效途径。② 刘荣增、王淑华（2013）以城市新区的产城融合为研究对象，梳理新区发展面临的问题，并有针对性地提出了城市新区产业高级化战略、社会服务强化策略等成长途径③。孔翔和杨帆（2013）将产城融合与社会资本创造和产业区优化发展结合，探索以产城融合促进开发区转型升级的内在机理，以江苏昆山为例提出构建多元文化融合社会网络、促进人口结构优化等产业园区转型升级的保障举措④。徐代明（2013）从高新区管理者的视角提出以产城融合为目标的高新区转型升级路径，重点是要完善相关规划、构建现代产业体系、加强园区基础设施建设。⑤ 王霞等（2014）认为城镇化滞后于工业化是中国高新区发展的普遍弊端，并选取 56 家国家级高新区为样本进行实证研究，通过因子分析建立了高新区产城融合度评价体系，研究结果表明大部分国家高新区存在城镇化滞后、城市功能缺位以及其他社会事业发展的问题。⑥ 王沛栋（2014）主要研究了城镇化进程中产城融合面临的现实困境，以河南省为例提出了相应的突破路径⑦。孙丽敏（2014）分析了中国产业园区普遍

① 贺传皎，王旭，邹兵．由产城互促到产城融合——深圳市产业布局规划的思路与方法［J］．城市规划学刊，2012（5）．

② 沈正平．优化产业结构与提升城镇化质量的互动机制及实现途径［J］．城市发展研究，2013（5）．

③ 刘荣增，王淑华．城市新区的产城融合［J］．城市问题，2013（6）．

④ 孔翔，杨帆．“产城融合”与开发区的转型升级——基于对江苏昆山的实地调研［J］．经济问题探索，2013（5）．

⑤ 徐代明．基于产城融合理念的高新区发展思路调整与路径优化［J］．改革与战略，2013（9）．

⑥ 王霞等．国家高新区产城融合度指标体系的构建及评价——基于因子分析及熵值法［J］．科学学与科学技术管理，2014（7）．

⑦ 王沛栋．城镇化进程中产城融合的困境与突破路径［J］．学习论坛，2014（6）．

面临的产城分离问题，并提出推进园区产城融合的可行性方案①。欧阳东、李和平、李林（2014）认为，从产业与城市的脱节到实现全面意义上的融合发展一般需要经历产城分离、各自为政、边缘融合、产城融合四个阶段，并围绕实现产城融合提出定位契合、功能复合等九大策略②。应巧艳、王波（2015）通过对台州东部新区的研究发现，可以依托现有镇区完善的基础设施和交通体系，调整产业机构，实现产城融合③。

综上所述，国内关于产城融合问题的研究论述主要集中在产城融合的基本内涵、作用评价以及发展中存在的问题等方面。虽然有部分研究成果涉及以国家级高新区为对象来探析产城融合的现状评估、指标评价、理念创新、发展路径等问题，但与如火如荼的国家级高新区产城融合实践相比，相关研究仍然相当薄弱。鉴于此，本书以国家级高新区产城融合发展模式为研究对象，结合对杭州高新区（滨江）产城融合的实践回顾分析，以期总结和梳理高新区产城融合发展的成功经验和存在的问题，并提出相应的对策建议，为全面推动国家级高新区产城融合提供参考借鉴。

（3）城市产业园区转型升级常规模式。第一，过程升级——集聚区域特色产业、新兴产业。产业集群的周期理论认为，一个典型的产业集群将经历从出生到死亡的全过程。这说明并不是所有的集群都能够保持长期的生命力，产业集群的创新发展能力并非与生俱来。④ 因而浙江省部分产业园通过引进富有活力的新型产业和具有良好发展基础的区域特色产业，以创新产业园产业形态可以有效确保产业集群创新能力的强化和发展，从而延长产业集群的生命周期，保持产业园产业集群的持续竞争力。义乌于 2014 年打造以电子商务

---

① 孙丽敏．产业园区产城融合探究［J］．经济论坛，2014（1）．

② 欧阳东，李和平，李林．产业园区产城融合发展路径与规划策略——以中泰（崇左）产业园为例［J］．规划师，2014（6）．

③ 应巧艳，王波．台州湾产业集聚区产城融合空间优化研究——以台州东部新区为例［J］．江苏科技信息，2015（11）．

④ 中国人民银行杭州中心支行课题组，郑南源．金融创新与产业集群转型升级研究——以浙江为例［J］．浙江金融，2011（5）．

为核心的高新技术产业开发区，标志着义乌产业的升级和转型①，从劳动密集、产品密集、商业密集的小商品产业带，逐步进化到以知识密集、技术密集发展高新技术、信息技术为核心的商业和产业开发区。这有助于改善义乌的产业环境，建设电子商务生态和产业链，提升义乌作为"世界级市场"的竞争力。衢州高新技术产业园在加快优势产业转型升级的同时，园区还积极培育新兴产业。产业园本身具有化学产业、生物化工产业的基础，在此基础上将生物医药作为衢州高新区重点培育和发展的产业。生物医药是最有前景的战略性新兴产业之一，产业占地面积小、污染少，非常符合衢州市经济转型升级、产业转型提升的研究方向。②

产业园引进新兴产业或发展特色产业的过程称为过程升级，其实质为通过重新组织产品系统或引入高技术产业，增加产业园投入产出水平。与之相伴的还有通过新产品研发、采用复杂产品线以提高产品价值和质量的产品升级。③

第二，功能升级——嵌入全球产业价值链。在国际分工大背景下，产业的发展一般都会超出地理区域的限制，因而要在更大范围甚至全球实现产业结构和价值的空间重组，成为全球价值链上的某个环节。产业园产业集群必须努力嵌入全球价值链，这包括深度和广度两个方面，使产业园内各产业在发展过程中争取占据全球价值链两端位置，摆脱地方产业集群单向产业结构导致的功能性锁定，提高获取附加值的能力。这需要产业园在发展过程中引导企业进行功能升级，即获取价值链上更复杂的功能，如从简单的生产功能提升到设计、市场品牌、商誉、营销网络、研发、管理和物流等功能④。浙江省产业园进行产业功能升级具有三种形式：

---

① 黄金亮．地方政府建设电子商务产业园对策及路径研究——以"全球小商品之都"浙江义乌为例［J］．中国商贸，2011（2）．

② 周宪彪，叶颖．衢州国家高新区打造现代科技产业新城——浙江中关村科技产业园（浙西科技城）［J］．绿色中国，2014（24）．

③ Kaplinsky R.，Morris M. A Handbook for Value Chain Research［J］. International Development Research Centre，2012.

④ HumpHrey J. and Schmitz H. Governance and Upgrading：Linking Industrial Cluster and Global Value Chain Research［C］. IDS Working Paper 120，Brighton：Institute of Development Studies，2000.

一是以新型营销方式为切入点，提升产业价值。目前的义乌市场，能够结合商品和产品供应链直接面向终端消费者的 B2C 和 C2C 以及以国内外客户批发为主的 B2B 都有天然的优势，甚至能对周边区域形成巨大的辐射性影响，义乌市场的小商品以批发为主，处于价值链的初级部分。而针对终端零售市场，则始终处于利益最大化、收入最大化的价值链最高端，依靠义乌大市场发展电子商务。最大化接近产品始发地来发展 B2C 和 C2C，最大程度缩短供应链是提升利润和竞争力最行之有效的方式，因此义乌发展电子商务有着在中国乃至世界范围内无可比拟的优势。同时，以实体义乌市场发展批发业为主，以虚拟的网上市场发展针对零售的 B2C 和 C2C 为辅，会形成相互依托、相互促进的良性循环，真正在全球化加速进程中占领制高点，促使义乌形成可持续的世界级的核心竞争力。

二是营造品牌优势，提升附加价值。高知名度品牌对消费者意味着质量、技术、服务等方面的综合素质，对企业意味着较高的市场份额和丰厚的商业利润。打造现代产业集群，必须做到企业自有品牌与集群品牌的同步发展，实现由 OEM4（贴标生产或自有设备制造商）向 ODM（原始设计制造商）、由 ODM 向 OBM（原始品牌制造商）的转变。

三是开发国际合作产业园，促进国际分工合作和高端产业的引进。2014 年以来，浙江省部署了国际产业合作园建设，形成了以两国共建的中意宁波生态园为引领、10 家经省政府认定的省级国际产业合作园为支撑、若干家在建的国际产业合作园为基础的“1+10+N”的发展格局。[①] 通过合作网络的提升，国际产业合作园的品牌也在不断高端化。如平湖日本产业园、镇海北欧工业园在国际上有很高的知名度。同时这一模式也促进了合作业态多样化，国际产业合作园的业态从单纯的第二产业，向第二、第三产业联动发展，如温州的医乐园项目、钱江的“意大利之窗”项目，均为第三产业主导、第二产业支持。

（4）国家级高新区发展的常规模式。高新技术发展及产业化水平直接关

① 中共浙江省委党校 2016 年春季进修一班课题组，马洪涛．建设国际产业合作园　促进浙江经济转型升级［J］．党政视野，2016（8）．

系到国家科技竞争力和产业核心竞争力，也影响着创新供给水平。在近30年的发展历程中，国家级高新区不仅为中国产业结构的调整发挥了重要的作用，更成为引领中国国民经济的重要增长点，对中国产业结构优化调整发挥了重要作用，成为中国创新驱动引领创新发展、科学发展和可持续发展的重要载体。基于经济基础、资源禀赋、文化意识、政策支撑等多方面差异，国家高新区建设和发展主要表现出五种发展模式：①

第一，科教资源转化型。通常基于区内丰富的高等教育科教智力资源，重视科技成果转化为产品和服务，依托大学尤其是重点大学实现高新技术产业发展，以北京中关村国家自主创新示范区、武汉东湖高新区为典型案例。这类园区依托本地高校、科研院所等丰富的科技资源，通过科技成果转化衍生出一批高技术领域的创新型中小企业，在高新技术产业发展和体制机制创新方面积累了成功经验，并为其他高新区创新发展提供了示范。科教资源转化型发展模式的前提条件是本地拥有优质的科教智力资源，如中关村国家自主创新示范区共有以清华大学、北京大学为代表的高校41所，以中国科学院、中国工程院所属院所为代表的国家（市）科研院所200多所。丰富的科教智力资源一方面为园区提供了大量的高层次人才，另一方面大院大所的科技成果转化往往会衍生出一批创业企业，从而形成了科教特色明显的创新创业的完整生态链。

第二，国际产业承接型。通过承接国际产业转移，吸引跨国公司入驻，形成企业空间集聚，加速产业集群形成，以上海张江高新区为代表。园区紧抓全球产业转移以及服务资源转移的机遇，依托本地坚实的经济基础和广阔的发展腹地为入园企业提供优惠政策，吸引高科技企业特别是著名跨国公司入驻，并营造良好的创新创业环境鼓励创业，以跨国公司和本地创业企业促进产业集群式发展。上海张江高新区积极承接集成电路、生物医药、软件等产业全球性转移，引进了一批来自欧美地区的跨国公司，通过大企业集团的辐射带动力引领园区发展。同时，上海张江高新区集聚了一批全国优质科教

① 陈文丰．国家高新区的五种发展模式［N］．中国高新技术产业导报，2014-11-03.

资源，搭建了服务创业者的若干创新平台，助推创新型中小企业成长。国际产业承接型发展模式借助跨国公司链接全球人才、资本、技术等高端资源，融入国际化的全球创新链，旨在打造全球一流的高新区。

第三，创业文化主导型。园区具有浓郁的创业文化氛围和良好环境，吸引并支持高校教师、科技人员、外来移民创办科技领先型企业，高科技创业企业支撑起园区高新技术产业，以深圳高新区为代表。作为移民城市，深圳的城市包容性和创业文化突出，近年来已经吸引 28 所顶级高校合作办学或开展项目合作。深圳高新区营造产业生态、人文生态、环境生态“三态合一”的综合环境，倡导“敢于冒险、勇于创新、宽容失败、追求成功、开放包容、崇尚竞争、富有激情、力戒浮躁”的创新文化，培育了一批以科技人员、外来移民为创业主体，拥有技术领先优势的中小型创业企业，华为、中兴等正是由创业型企业逐渐成长为以技术领先优势取得行业话语权的国际性企业。深圳科技产业年产值已达 7300 亿元，其中独立自主知识产权占 60%，每年全国独立专利申请 40%来自深圳。创业文化主导型发展模式突出园区的文化特色、创业环境，逐步打造企业“创业的沃土、成功的家园”。

第四，先进制造业承接型。通过承接中国台湾、中国香港地区及日本、韩国、新加坡等国家制造业转移，迅速做大园区经济体量，以苏州、无锡等地高新区为代表。经济发达地区的园区抓住全球制造业转移的机遇，以土地、税收等优惠政策和劳动力、区位交通等优势吸引国际大型制造企业建设生产基地，同时引导本地发达的民间资本投向大型制造企业配套的民营企业，构建以跨国公司为龙头的产业链。苏州高新区作为以外向型经济为特征的苏南模式代表，吸引了华硕科技、三星电子、松下半导体等一大批台资、日资、韩资制造类企业。随着创新全球化的深入，该模式下的园区逐渐从制造向研发、设计等产业链前端转移，通过引进大院大所强化科技成果转化，鼓励创业孵化，逐渐从传统经济向知识经济、新经济模式转变。2006 年，无锡高新区以“530 计划”集聚创新创意创业领军型人才，构建以企业为主体、产学研相结合、开放联合的创新体系，布局发展物联网等新兴产业，2009 年 8 月“感知中国”中心落户无锡高新区，国家物联网产业基地在无锡启动建设。

第五，招商引资植入型。依靠招商引资、退城进园等方式推行外来植入式发展，以中西部省会中心城市、二三线城市高新区为代表。偏远地区经济相对落后，开放意识不强，资源吸附力较弱，本地高新区主要承接国内沿海地区制造业转移以及部分国际产业转移，通过招商引资、退城进园等方式集聚一批以传统制造业为主的项目。该模式下的园区涉及的产业领域较为广泛，项目科技含量偏低，企业类型以国有企业、中小型制造类民营企业为主，园区创新资源匮乏、科技创业型企业较少。该模式过于依赖招商引资对产业的支撑，本地自主创新能力较弱，部分园区正逐渐转向招商引资和自主创新双轮驱动，注重通过科教资源提升产业层级，培养内生发展动力，真正实现国家高新区“四位一体”的功能定位。

6.2.2 杭州高新区（滨江）产城融合的基础与动力

以城市为基础，承载产业空间和发展产业经济；以产业为保障，驱动城市更新和完善服务配套。产城融合的发展模式催生了智慧杭州。阿里巴巴、海康威视、华三通信、恒生电子……在杭州高新区（滨江），楼宇间随处可见世界级信息经济企业的招牌。2015 年 8 月 25 日，国务院批复同意杭州高新（滨江）区和萧山临江高新区 2 个国家级高新技术产业开发区，统称为杭州国家级高新区，建设国家自主创新示范区，这也是国务院批复的第 10 个国家自主创新示范区。国务院同意杭州国家级高新区享受国家自主创新示范区相关政策，同时结合自身发展特点，积极在跨境电子商务、科技金融结合、知识产权运用和保护、人才集聚、信息化与工业化融合、互联网创新创业等方面先行先试。杭州高新区（滨江）作为国家自主创新示范区和智慧杭州的核心区，智慧经济带动该区从农村跨向城市，从城区升级为科技新城。而百姓获得感的提升、生活配套的完善，又助力产业源源不断地吸引人才到来，也积蓄着区域未来发展的动力。

（1）杭州高新区（滨江）产城融合的发展基础。杭州国家级高新区始建于 1990 年，是国务院批准的首批国家级高新区之一，启动区位于钱塘江北杭州老城文教区，面积为 11.44 平方千米，是杭州高新技术的创新源和中小型科技企业的大孵化器。滨江区设立于 1996 年 12 月，位于钱塘江南岸，最初由萧山划出的 3 个乡镇新建而成。2002 年 6 月，杭州国家级高新区与滨江区两区管理体制调整，实行“两块牌子、一套班子”，杭州高新区和滨江行政区合二为一，简称杭州高新区（滨江）或杭州高新（滨江）区，既按开发区模式运作，又行使地方党委、政府职能，开启了建设发展的新时期。两区合并后，全区 GDP 增长明显，近年来增速还呈现加快趋势。政区合一的体制造就了一个内部具有高度整合性的自主性经济管理机构，能够为高新区的发展提供强有力的政策和资源支持①。杭州高新区（滨江）下辖 3 个街道，常住人口 32 万人，建成区面积达到 50 平方千米。2016 年全区生产总值达到 901.4 亿元(见图 6-3)，增长 14%，近五年年均增长 12.1%；财政总收入 235.37 亿元、地方财政收入 125.37 亿元，均列全省第六，分别增长 17.7%、18.6%。就地区生产总值和财政收入增速来看，杭州高新区（滨江）经济发展速度远高于全国、省和市的平均水平，并且近几年一直平稳上升。基于良好的产业基础和发展态势，杭州高新区（滨江）将发展目标定位为：建成世界一流高科技园区，建成生产生活生态相得益彰、宜居宜业的科技新城典范，率先高水平建成全面小康社会，全力打造中国方案浙江样本的滨江精华版，其中渗透出明显的高科技引领产城融合的发展特征。

近五年来，杭州高新区（滨江）突出培育和发展信息产业，优化完善创新体系，成为全国重要的技术创新基地、高新技术产业基地、高新技术产品出口基地和海外高层次人才创新创业基地。全区产业结构不断优化，高新技术产业和战略性新兴产业快速发展，工业化和信息化“两化”深度融合。高新技术产业增加值占规模以上工业增加值的比重由 2011 年的 87.6%上升到 2016 年的 95.6%，战略性新兴产业增加值占规模以上工业增加值的比重由 2011 年的 49.9%上升到 2016 年的 73.0%，两项指标总量和占比均列全市第一(见图 6-4)。

① 程郁，吕佳龄．高新区与行政区合并：是体制复归，还是创新选择？[J]．科学学与科学技术管理，2013（6）．

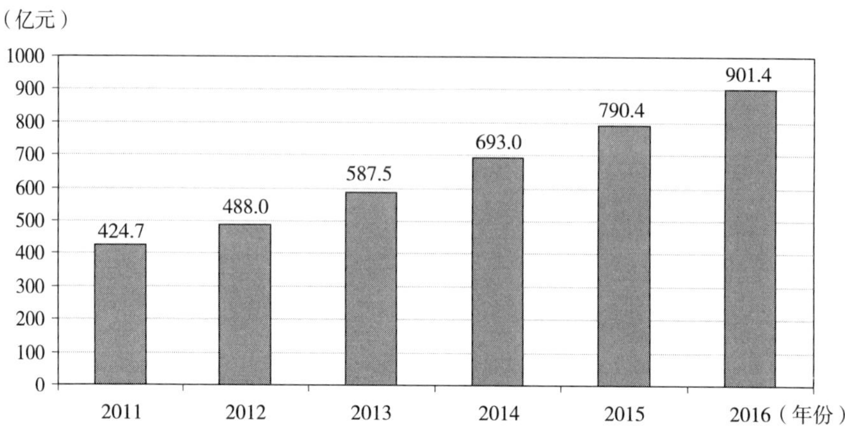

图 6-3　2011~2016 年杭州高新区（滨江）地区生产总值

资料来源：杭州高新区（滨江）内部资料《滨江——五年辉煌》，2016 年。

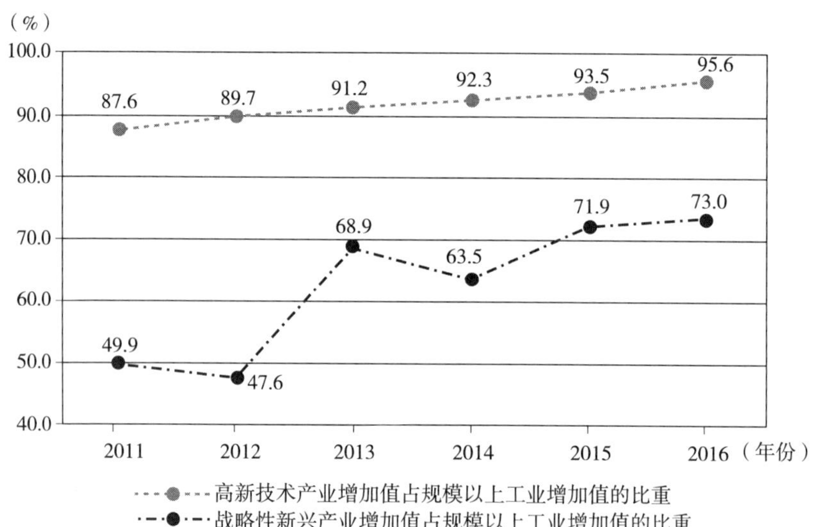

图 6-4　2011~2016 年杭州高新区（滨江）新产业增加值占比

资料来源：杭州高新区（滨江）内部资料《滨江——五年辉煌》，2016 年。

（2）杭州高新区（滨江）产城融合的发展动力。国家级高新区能够推动地区产业优化和产业转型从而促进区域经济发展，原因主要在于三个关键方面，即国家政策支撑、产业集聚效应和创新驱动发展①。考察杭州高新区（滨江）产城融合的发展动力，同样得益于三个方面。

第一，作为政府推动地区产业升级和经济转型的重要手段，高新区所享受的特殊政策待遇成为众多企业集聚园区、促进地区经济增长的重要原因。为鼓励和促进国家高新区的发展，1991 年国家科学技术委员会和国家税务局分别颁布《国家高新技术产业开发区若干政策暂行规定》和《国家高新技术产业开发区税收政策规定》，以法规的形式确立了高新区享有的政策待遇。其中，税收、信贷、土地和人才引进方面的政策优惠尤为明显。其一，税收优惠。这里列举几项基本的税收优惠规定：对于新办的园区企业，自投产日开始，两年内免征所得税。开发区企业自认定日开始，减按 15%的税率征收所得税，如果出口产品产值超过了本企业总产值的 70%，另外减按 10%的税率征收所得税。其二，资金信贷优惠。银行要给予高新区积极的资金支持，安排发行一定额度的长期债券，高新区根据自身条件可以申请办理风险投资公司，在地方政府批准的情况下高新区可以免购国家重点建设债券。其三，土地和人才引进政策优惠。滨江区政府为了吸引优质的企业和人才进入高新区，分别制定了建设用地优惠政策和高端人才引进计划。这一系列的政策优惠使得高新区在创办的初期阶段吸引了大量企业进驻，对地区经济有着明显的带动作用。

第二，高新区的设立为高新技术产业和关联产业的集聚提供了载体，同时推动了地区经济增长。首先，为吸引优质企业进驻，在高新区的建设初期政府会进行大量投资来完成基础配套设施建设，同时外资企业的进入也会带来大量的 FDI（外商直接投资）。近五年来，杭州高新区实际利用外资 36.8 亿美元，新批外商投资企业 218 家，其中，投资总额 1000 万美元以上的项目 91 个，引进美国运通、思科等世界 500 强投资项目 11 个。2016 年预计实现自

① 刘瑞明，赵仁杰．国家高新区推动了地区经济发展了吗？——基于双重差分方法的验证［J］．管理世界，2015（8）．

营出口额 54.6 亿美元，与 2011 年相比，增长 70.6%，年平均增长 11.3%[①]。其次，产业集聚是推动区域经济发展的重要模式，它可以通过降低关联厂商间的交易成本，共用基础设施和形成规模效应来提升集聚企业的市场竞争力。高新区为产业集聚提供了必要的平台，从要素集聚速度、产业集聚质量和集聚规模收益 3 个方面来衡量产业集聚状况，国家高新区的产业集聚已具雏形并且整体规模效益水平在逐年提高[②]。最后，完善的基础设施和优质企业进驻也为产业集聚提供了基础条件，通过分工细化、知识溢出和共用基础设施等途径推动产业集聚，而产业集聚效应能够支持园区企业持续创新能力的提升，推动地区经济增长[③]。

第三，高新技术产业集聚的同时也具有一定的技术创新效应，创新驱动经济增长。技术创新能够带动新技术产业的快速发展，使得传统的要素驱动型经济增长方式转变为创新驱动型的发展方式。在早期执行的过程中，国家高新区往往以招商引资和投资优惠的外延式发展为主要形式。但是，高新技术产业的发展并不能依靠单纯的投资拉动，技术创新不足和创新效率低下成为阻碍中国高新区发展的重要问题。针对上述问题，2001 年科技部提出了高新区要进行“二次创业”的思路，政府逐渐降低对高新区的政策优惠，促进高新区由外延式增长向内涵式发展转变。从经验来看，高新区的 TFP（全要素）增长率明显高于其所在省份水平，并且 TFP 的增长主要是由技术进步贡献的，高新区通过促进产业集群等方式，促进了区域内企业间的竞争，改变了区域市场规模和需求收入结构，提高了园区产业的持续创新能力。从创新驱动经济增长的机制和方式来看，高新区在技术创新基础上实现了高效经济增长[④]。

① 杭州市统计局．2016 年杭州市国民经济和社会发展统计公报［EB/OL］．http：//www.hangzhou.gov.cn/art/2017/10/27/art-805865-12141116.html.

② 李强，韩伯棠．中国高新区产业集聚测度体系研究［J］．中国管理科学，2007（4）．

③ 朱斌，王渝．中国高新区产业集群持续创新能力研究［J］．科学学研究，2004（5）．

④ 程郁，陈雪．创新驱动的经济增长——高新区全要素生产率增长的分解［J］．科技与经济，2013（11）．

6.2.3 杭州高新区（滨江）产城融合发展模式与特征

近20年来，产城融合为杭州这座城市的城市化进程顺利推进发挥了至关重要的作用，无论是国家级高新区、国家级开发区等各类产业功能区，还是代表杭州城市发展重心从西湖时代迈向钱塘江时代的钱江新城规划建设，都体现了产城融合的发展理念。产城之恋，恋出了财富杭州。“十二五”期间，在打造特色小镇思路下，杭州上城区将多年前还是城中村、废旧仓库、粗加工工业聚集地的玉皇山南地区，打造成为了占地面积3.2平方公里的玉皇山南基金小镇，入驻海内外金融机构402家，管理资产规模近1950亿元，税收突破4亿元。基金小镇的出现，成为了杭州乃至浙江经济的重要“血库”，也支撑起了杭州打造财富管理中心的梦想。而周边居民在小镇和附近社区感受到的是园林般建筑、景区般环境和城市快速发展的脉搏。[①]迈入“十三五”后，杭州确立了独特韵味、别样精彩世界名城的发展目标，以历史文化名城、创新活力之城、生态文明之都、东方品质之城和美丽中国样本为基础的城市国际化成为了推动杭州新一轮发展的重大战略，其产城融合实践也有望继续为这座城市撑起有关未来的梦想蓝图。[②] 在杭州，产城融合带来了产城共兴，而这种局面也推动着杭州经济社会发展步入了新的良性发展轨道。杭州在产城融合实践的路上走出了“杭州特色”，让这座华美宜居城市初具了“中国创业之都”、“电子商务之都”、“互联网之都”等雏形，不断推动着其城市转型升级步伐。杭州作为2016年G20峰会和2022年亚运会举办城市，接连迎来重要的国际性盛会，为城市实施创新引领发展提供了契机，可以说杭州正处于城市发展史上最为关键的阶段。在杭州创新引领城市发展的关键阶段，杭州高新区（滨江）肩负重任。

（1）以产业智慧化与智慧产业化推动产业结构高端化。创新已成为杭州经济增长的重要推动力，向知识与创新驱动型发展迈进的发展路径日益清晰，

① 王逸飞．世界名城目标下的转型样本：产城融合再造美丽杭州［EB/OL］．http://www.chinanews.com/df/2016/02-29/7777895.shtml

② 李明超．基于区域竞争力的杭州城市国际化水平提升策略［J］．现代管理科学，2017（8）．

以信息经济为龙头的新经济正有力地推动杭州重返新的高增长路径。[①] 以新一代信息技术为重要支撑、以智慧产业化和产业智慧化为主要内容、以扩大智慧应用和信息消费为主要导向、以信息化和工业化深度融合为主要表现形式的信息经济和智慧经济快速发展，尤其是集智慧产业和智慧应用为一体的新经济形态，已成为信息经济、智慧经济发展的主导方向和核心内容，给人类社会的生产方式和生活方式带来了深刻变革[②]。优先发展信息经济、智慧经济，已成为全球和国内各地抢占未来发展制高点的战略选择，也是杭州市加快经济转型升级的必然选择。杭州市委十一届七次全体（扩大）会议审议通过的《关于加快发展信息经济的若干意见》，为杭州高新区产业布局开辟出新的道路。

21 世纪初，杭州高新区（滨江）就被冠以“天堂硅谷”的名号，注重对美国硅谷地区创新模式的学习和借鉴，营造适宜高新企业和各类人才创新创业的良好环境。在智能化时代来临时，杭州高新区（滨江）提出了加快从“天堂硅谷”向“智慧 e 谷”迈进，打造产业、创新、新城三大功能的战略，以适应工业化、信息化、城市化快速融合发展和创新型经济发展的需要。从“天堂硅谷”到“智慧 e 谷”，杭州高新区（滨江）将目光瞄向了以云计算、移动互联网和大数据为代表的新一代信息技术，智慧家居、智慧交通、智慧安防、智慧教育、智慧医疗等智慧产业，正在改变着这个国家级高新区的产业形态，也在改变着滨江区广大居民的日常生活[③]。

第一，产业结构全面优化。坚持主导产业突出、高新特色鲜明的高新技术产业发展之路，全力壮大高新技术产业能级。杭州高新区（滨江）高新技术产业和战略性新兴产业快速发展，工业化和信息化“两化”深度融合。围绕自主创新、网络安全和中国智造，打造了网络信息技术产业的完整产业链，形成了千亿元级信息经济（智慧经济）产业，具备了可以代表国家参与全球

---

① 聂献忠．新经济引领杭州迈向国家级中心城市［J］．浙江经济，2016（18）．

② 陶青，赵军宝等．加快推进智慧产业化和产业智慧化，杭州经济技术开发区抢占新一轮经济发展制高点［N］．杭州日报，2014-07-24.

③ 余小平，宋桔丽．高新区（滨江）：布局智慧产业　开启智慧生活［N］．杭州日报，2013-08-29.

竞争的优势，涌现了阿里巴巴、华三通信、海康威视、浙江中控、聚光科技等一大批行业领军企业，形成了电子商务、智慧互联、智慧物联、智慧医疗、智慧安防、智慧环保等“互联网+”的产业集群，电子商务、数字视频监控、宽带接入设备、集成电路设计产业、软件产业、动漫制作的整体水平在国内领先。

第二，创新能力全面提升。坚持实施知识产权战略，支撑创新驱动发展，推进国家知识产权示范园区、国家专利导航产业发展实验区建设。2015年杭州高新区（滨江）又获批建设国家知识产权服务业集聚发展试验区，专利创造能力呈现量质并进、持续快速增长态势。全区形成了从科技创新到成果转化、产业培育、品牌塑造的创新产业链条，形成了企业从孵化到裂变再到产业化、从小微到瞪羚再到行业领军的创业扶持模式。

第三，人才集聚全面提速。坚持以人才带项目、以项目引人才的招商引智战略，探索人才经济良性循环之路。杭州高新区（滨江）推进实施新一轮海外高层次人才创新创业“5050计划”，进一步优化政策配套，完善动态评审机制，实行国际国内人才并举，持续放大人才招引效应。坚持以一流的环境吸引一流的人才、以一流的人才创办一流的企业、以一流的企业反哺一流的城市。民生支出占一般公共预算支出的90%，近年新增投用5所公办中小学校和21所幼儿园，建成投用浙江大学医学院附属第二医院滨江院区和省儿童医院，人才关心关注的生活配套得到有效解决。

第四，集约水平全面提高。坚持实施项目带动战略，提高产业用地的集约节约利用和综合效益水平。杭州高新区（滨江）通过加快城市化进程和优质公共资源配置，提升区域对高端产业人才和高新企业的承载力，走选商优商、集约高效的城市发展之路。树立节约、集约高效利用土地的理念，力求“有限空间实现无限发展”，坚持“3+2”产业供地准入门槛（每亩投入600万元、产出1000万元、税收100万元，地下空间开发两层、企业员工300人），将城市工业项目容积率放宽到3.0，造就了现代科技新城的城市形态。持续推进节约集约用地改革，被国土资源部授予全国国土资源节约集约模范县（区）。

第五，体制机制全面激活。坚持以问题导向营造有利于产业发展的服务保障，推动体制机制改革创新。杭州高新区（滨江）连续推出两轮“1+X”产业扶持政策体系，加大对不同类别产业、不同发展阶段企业和不同功能平台的差别化政策扶持。率先出台《关于进一步支持大众创新创业建设国家自主创新示范区的实施意见》，被称为“黄金十二条”。制定实施科技体制改革试点方案，推出12项重点改革举措，被列为省级科技体制改革试点。深入推进“四张清单一张网”改革；商事制度改革从1.0版本推进到3.0版本，探索试点的“五证合一”在全国推广。

（2）以公交、公园、文教、医疗、体育等公共服务为动力推动园区城区化。产业型新城往往出现阶段性的产城融合度不足和职住失衡现象，在建设初期通常更侧重产业发展和经济建设，对于居住功能和公共服务功能的建设完善则相对滞后，从而导致新城的居住容量和公共服务水平无法满足快速增长的就业人口需求，城市综合发展水平与产业发展水平难以匹配。[①] 杭州市较早意识到了这些问题，将办园区和建新城两项重点工作相结合，不但可以简化相关手续、提高行政效率，而且在初期通过对产业园区的政策倾斜还能整合园区的土地资源，加速园区土地增值。此外，利用园区前期获得的经济积累可以为园区城区化发展创造条件，如公交、公园、文教、医疗、体育等综合设施更加完善，企业享受税收优惠，制定并实施更加完善的人才计划，都会助推园区的城区化和高新区“二次创业”。

第一，公共交通引导园区城区化发展。面对郊区蔓延多导致的一系列问题，新城市主义提出了TOD模式，其核心是以区域性交通站点为中心，以适宜的步行距离为半径，设计从城镇中心到城镇边缘仅1/4英里或步行5分钟的距离，取代汽车在城市中的主导地位。在半径范围内建设中高密度、窄马路的住宅区，提高社区居住密度，混合住宅及配套的公共用地、就业、商业和服务业等多种功能设施，以此达到复合功能的目的，从区域宏观的视角整合公共交通和土地使用模式的关系。TOD模式是指以公共交通为导向的城市空间开发模式。以现代化综合交通枢纽中心为依托，以高密度混合开发为特

① 姜文婷，刘健，石晓冬．北京亦庄新城：从职住关系看产城融合发展［M］//中国新城新区发展报告．2016. 北京：企业管理出版社，2016.

色，以高端商务办公、商业休闲、旅游服务、居住生活功能为主体，体现高品质、国际化、城际化、通勤化并融合多彩生活内容的经济“新蓝海”与城市“新门户”。杭州地铁 1 号线是杭州市和浙江省的首条地铁线路，工程于 2007 年 3 月 28 日开工建设，2012 年 11 月 24 日正式运营，该线为全球第一条覆盖有 4G 网络的地铁线路。地铁 1 号线为杭州市开通的第一条铁路线，较早地为杭州高新区的发展奠定良好的公共交通基础。此外，杭州高新区还设有 404 路、352 路、B 支 3 线等近 20 条线路，设有公共自行车 24 小时服务点，并且在滨江区周边设立“换乘点”，市民可在该服务点进行换乘，实现公共自行车“零距离”接驳（见图 6-5）。通过对公共交通线路进行规划，杭州高新区交通服务设施不断完善，良好的公共交通为市民出行带来极大便利。

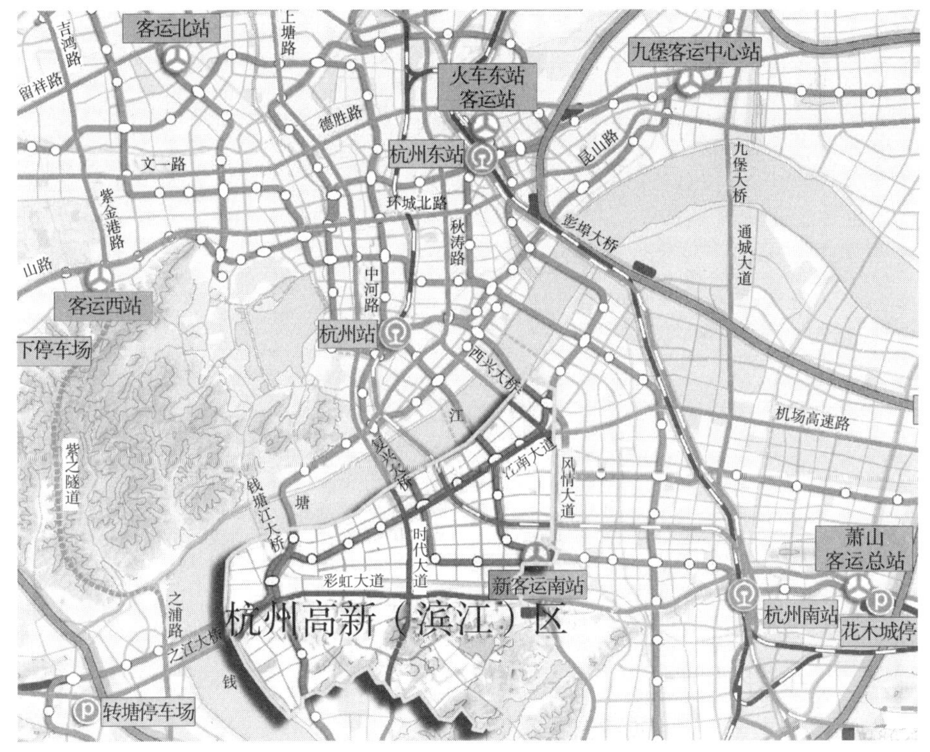

图 6-5　杭州高新（滨江）区在杭州综合交通体系中的区位图

第二，生态公园引导园区城区化发展。POD 模式是以城市公园等生态设施为导向的城市空间开发模式。白马湖生态创意城位于杭州高新区（滨江）南部区块，北至彩虹大道，西至浦沿路，东、南至萧山界，规划面积20.5平方千米，是以白马湖水域为核心的城市公园区。该区域依山傍水，自然景观优美、人文积淀深厚。作为杭州市首批十大文化创意产业园区之一，白马湖生态创意城号称是全国规模最大、产业基础最优越的文化创意产业集聚区之一。除了承办中国国际动漫节、海峡两岸文化创意产业高校研究联盟论坛等已永久落户的项目外，还承办了世界休闲产业博览会、杭州文化创意产业博览会等大型节展活动。白马湖生态创意城成为杭州高新区（滨江）最大的自然环境与人文创意合一的休闲场所，以生态环境保护利用为导向的文化创意产业发展成为杭州高新区（滨江）开发建设的亮点（见图6-6）。①

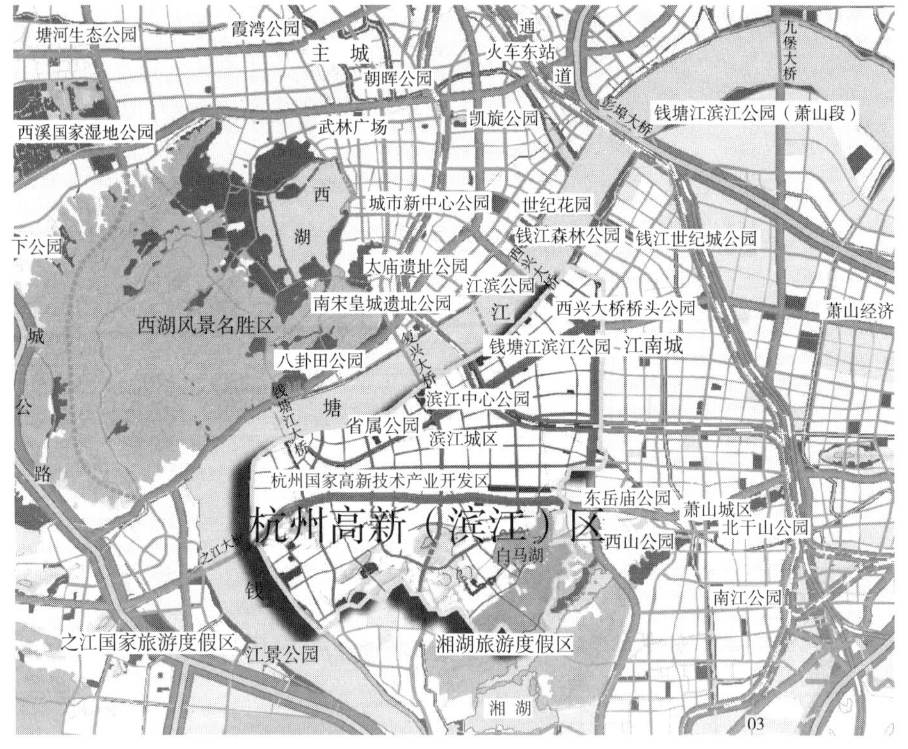

图6-6 杭州高新（滨江）区在杭州生态绿地体系中的区位图

① 李明超．创意城市推动文化创意产业发展的政府导向作用研究——以杭州市为例［J］．管理学刊，2013（6）．

第三，文教设施引导园区城区化发展。EOD 模式是以学校等教育设施为导向的城市空间开发模式。教育对一个区域的可持续发展至关重要，尤其在高新技术产业开发区中，知识的外溢效应会加倍凸显。目前杭州高新区（滨江）内开办有 19 所中小学、18 所幼儿园，其中多所为驻杭州高校的附属学校，拥有雄厚的师资力量。优质的教育资源为人口导入和人才落户注入了强大动力。主校区位于杭州高新区（滨江）的杭州市第二中学 1978 年被定为浙江省重点中学，1980 年被列为浙江省首批办好的 18 所重点中学之一，1995 年 9 月被认定为浙江省一级重点中学，2014 年被评为首批浙江省一级普通高中特色示范学校。杭州二中白马湖学校位于滨江区白马湖创意城，是由政府扶持、企业投资、第二中学管理的民办性质的学校，分为小学部和中学部，未来还将拓展国际部。以名校领办新校的形式积极注入优质教育资源，为杭州高新区（滨江）新城区开发建设提供了必要的社会服务设施保障。

第四，医疗健康引导园区城区化发展。HOD 模式是以优质医院的综合医疗设施等为导向的城市空间开发模式。浙江大学医学院附属第二医院（简称浙医二院）滨江院区是杭州市属非营利性股份制医疗机构，由杭州市政府、浙江大学、滨江区政府三方合作共建。医院实行董事会领导下的院长负责制，由浙医二院董事会领导进行日常经营管理。医院占地面积 146 亩，建筑面积 17.6 万平方米，设置床位 1200 张。浙医二院在关键学科领域新技术开发、临床诊疗水平以及转化型研究能力等方面都在国内具有影响力，为提升高新区（滨江）的配套服务水平奠定了基础。2015 年该院区实现年门、急诊 390 万人次，出院 12.19 万人次，手术 10.6 万台。在引进浙医二院滨江院区的基础上，杭州高新区（滨江）还积极引入浙江大学医学院附属儿童医院滨江院区等优质专科医疗资源，为打造健康城区注入了强大动力。

第五，体育设施引导园区城区化发展。SOD 模式是以体育场馆等体育运动设施为导向的城市空间开发模式。2007 年初，杭州市委、市政府明确提出在钱塘江南岸、西兴大桥以东建设杭州奥体博览城，借此推动杭州城市化发展的进程，实现从“西湖时代”迈向“钱塘江时代”的战略举措，这是杭州市 21 世纪实现“构筑大都市、建设新天堂”宏伟目标的重要组成部分，是杭州打造“生活品质之城”的重大工程，是从“西湖时代”迈入“钱塘江时代”的标志性建筑。建设杭州奥体博览城，对于提高杭州市民的体育生活品质、文化生活品质、经济生活品质、环境生活品质都具有重大意义。规划建设杭州奥体博览城，大大提升了滨江区和杭州市的会展场馆现代化水平，为承办G20峰会相关活动奠定了扎实的基础，也为争取和承办类似亚运会的高水平赛事活动创造了条件，是提升杭州城市国际化水平的重要抓手。①

6.2.4 杭州高新区（滨江）产城融合发展模式的启示

高新区作为城市中的一个功能区，具有较为丰富的科技创新资源、优惠政策资源，是城市或区域高新技术产业的聚集基地和产业集群的源头，在推动城市产业结构的调整和产业集群的升级、促进城市经济的发展、带动城市势能的提高和增强城市的辐射力中发挥着重要的推动作用。产城融合度较高的高新区在科技创新、经济规模等方面表现较好，加强科技创新区域系统化、促进科技创新、发展科技金融、引导产业集聚、提升经济规模与效率等举措已成为各高新区共识，但在城区功能即城镇化发展质量方面仍有一些问题亟待解决。② 杭州高新区（滨江）产城融合的实践经验表明，只有产业发展与城市发展相互协调、经济发展与生态文明建设相互兼顾，才能集聚更多的人才、技术、资金和信息等要素，在增强高新区可持续竞争力的同时，加速城市化的进程。

（1）评估发展阶段，编制多规融合和产城融合的战略规划。产城融合的关键因素在于产业布局与各功能区布局的科学性，而布局是否科学合理又往往取决于发展规划的完善与否。为此，高新区必须对以往的产业规划布局工作进行总结与反思，综合评估其所处的发展阶段，明确其发展定位。在此基础上，根据多规融合和产城融合的要求，整合、完善和优化各类规划，形成科学统一的规划体系，做到规划、布局、建设、管理相互统一，促进产业化与城市化协调发展。一方面，要注重做好产业规划与其他规划的有效衔接。

① 李明超．基于区域竞争力的杭州城市国际化水平提升策略［J］．现代管理科学，2017（8）．

② 王霞等．基于因子聚类分析的高新区产城融合测度研究［J］．科技进步与对策，2013（16）．

产业发展与城市发展的融合强调的是两者的相互促进和渗透融合，在产业规划制定之时就首先要考虑两者规划是否能够衔接统筹。但现实中也确实存在部分产业园区游离于城市规划区之外，与城市总体规划相分离；或者尽管产业园区布局位于城市布局规划范围之内，但在用地指标、设施配套和功能安排等方面难以与城市规划衔接等问题。鉴于此，高新区产业布局规划的制定必须跳出就产业论产业的局限，把产业布局规划纳入城市发展规划，增强产业规划与城市规划、土地规划和园区规划等多种规划的衔接性，并保证上述各项规划的实施。① 另一方面，要增强产业区与各功能区的科学性、合理性与协调性，将高新区作为城市副城、组团、新城纳入城市总体规划体系。产城融合追求的是产业、城市与生态的一体化发展，其所折射出的是经济与社会、产业与城市、企业与环境、现状与未来等多方面、多层次的关系，应当用法定的城市规划体系加以落地实施。

（2）强化产业集群导向，构建支撑产城融合的政企合作模式。城市发展水平的提高离不开产业结构的优化，特别是城市要错位发展、凸显特色就必须形成优势特色主导产业。构建现代产业体系和产业集群，以产业优化提升高新区发展的内生力和对城市的带动力。积极引导产业结构向两端延伸——前端的研发设计和后端的品牌培育，加快经济服务化步伐，推动先进制造业与现代服务业互动并进。② 高新区作为城市中的重要功能区、创新型新城或者现代科技新城，必须牢牢把握好产城融合的理念，坚持以产兴城、以城促产，产城互动、一体推进，以集群发展、产业聚集带动城镇发展。优势特色主导产业是高新区竞争力得以增强的一个重要支撑力，也是体现城市发展特征、代表城市形象的重要标志。在培育和发展优势特色主导产业的基础上注重整合和延伸产业链，发展和壮大产业集群。③杭州高新区（滨江）打造了一条网络信息技术完整的产业链，形成了以软件产业为核心、物联网产业为支撑的网络技术产业集群，打造了从关键控制芯片设计，到传感器和终端设备制造、物联网系统集成、网络通信设备、信息软件开发以及电子商务运用，再到网

①③ 徐代明．基于产城融合理念的高新区发展思路调整与路径优化［J］．改革与战略，2013（9）．

② 沈正平．新城新区产城融合的新途径［J］．中国名城，2015（10）．

络运营服务、大数据平台的网络信息技术全产业链体系。与此同时，杭州高新区（滨江）建设了一批国家级的科技创新平台，科技支撑和保障能力以及科技成果产业化水平全国领先。高新区（滨江）拥有国家通信产业园、国家软件产业基地、国家集成电路设计产业化基地、信息产业国家高技术产业基地、国家新型工业化（物联网）产业示范基地等 16 个与网络技术产业发展相关的国家级产业基地（或园区），建有包括微软软件开发工具创新服务平台、英特尔软件创新服务平台等十多个公共技术服务平台，拥有国家、省、市级企业研发中心、技术中心、工程中心 262 家。通过各大创新平台和公共服务平台的建立，产业集群得到更好的保障，也节约了产业进一步发展的成本，从而获得较强的集聚效应。

（3）加强基础设施建设，完善产城融合的综合配套体系。产城融合的落脚点在于实现生产、生活、生态三大功能的合理平衡，以功能齐全化促进高新区与城市发展的融合。从现实来看，大部分的高新区都经历过产城分离、职住失衡的发展阶段，这是制约产城融合的重要因素，也是阻碍高新区可持续发展和亟须解决的难题。实践证明，走以人为本的产城融合的道路是高新区未来发展的重要方向与选择。因为产业的发展需要研发、运营和融资等城市功能来支撑，招商引资要以配套的居住、生活、生态和公共服务等投资环境作为保障。高新区发展还面临着土地资源制约瓶颈、外来务工人员聚集与规模扩大、失地农民权益保障及市民化难度大等诸多问题，这些也都需要城市功能在更大范围内的平衡才能得到解决。在创新基础设施建设投融资机制方面，积极探索“PPP（如 BOT）+XOD（如 TOD）”复合型新模式，在理念思路上，以 XOD 模式为导向，以 PPP 模式为手段，将 PPP 模式作为城市基础设施投融资“供给侧”改革的重要组成部分，引导社会资本从城市交通的 TOD 领域拓展到教育、文化、医疗、体育、生态等城市基础设施的 XOD 领域。通过 XOD 模式，激发社会资本参与城市基础设施的热情；通过 PPP 模式，解决城市基础设施建设的投融资问题，两者双管齐下，相辅相成，从而真正破解中国特色新型城镇化建设“钱从哪里来”的难题。[①]

(4) 关注人力资源保障，做好产城融合的社会服务管理创新。区域经济的发展离不开人的发展，良好的生活配套设施和优越的人才吸引政策能够给一个区域带来丰厚的人力资本回报率。高新区的发展同样依赖于高新技术人才的创造，依靠人力资本集聚带来的经济效应。推进城市治理导向的社区社会服务管理创新，强化以人为本的社区治理水平。随着城乡一体化进程的推进，高新区的社区管理面对的不仅是原有的社区居民，还有企业员工、外来务工人员，在人口规模不断扩大和高新区快速发展的背景下，社区的服务管理内容也将呈现出多层性、多样化的趋势。[②] 2004 年以来，部分沿海发达城市“民工荒”愈演愈烈，“刘易斯拐点”是否真正到来已经成为各界讨论的焦点。由于城镇劳动部门存在明显的技能偏向型用工需求，由此导致农民工需求和供给存在较大缺口，从而出现农民工短缺和工资大幅度上涨的所谓“刘易斯拐点”现象。[③] 这就要求社区必须转变管理理念、完善管理职能、创新管理模式，促进社区服务社会化，实现社区服务、志愿服务与市场化服务等多种方式相结合，加强对社会公共服务中介机构的培养和引进，做到有偿服务、低偿服务和无偿服务相互促进、相互补充，拓展社区整体服务功能和增强其可持续发展能力。

(5) 重视自主创新提升，增强产城融合的内生动力。国家级高新区设立之初便是作为功能区而存在的，以大力发展自主创新的高新技术产业为目的，但在产城融合之前，几乎所有高新区都在为追求经济效益而依靠政策优势和土地优势等外生驱动力来维持发展。杭州高新区（滨江）在最初就计划培育一批具有国际竞争力的创新主体，以政府做城市、做环境带动市场做产业、做企业，以政府办好企业围墙外的事带动企业做好围墙内的事，构建以企业为主体的科技创新体系。产业集群和现代产业体系的形成必须有一批龙头企

① 李明超．中国城市土地储备——出让管理改革研究述论［J］．改革与战略，2017（10）．

② 李明超．城市治理导向的社会服务管理创新刍议［J］．当代经济管理，2013（11）．

③ 李明超．基于待遇的古典二元经济结构思想演变与比较［J］．技术经济与管理研究，2017（7）．

业来带动和作为支撑，强化自主创新能力，不断扩大产业规模和提升产业竞争力。① 在利用自主创新优势提高城区综合效益的同时，杭州高新区（滨江）还根据城市发展规律，坚持空间留白、大疏大密、优地优用，提高土地的集约节约利用水平，为产城融合预留足够的发展空间。

6.3 特色小镇与城市发展模式创新

大城市发展有其内在规律，在城市化进程中，集聚与疏解构成了城市发展的两大作用机制。城市经济效应表明，当城市全部经济的总产出增加时，城市综合生产成本下降，无论是工业化时代还是信息化时代，企业总是不能离开城市而生存，企业集群需要城市空间集聚效应提供支撑和保障。随着经济全球化的发展，大城市的核心作用越来越明显，它们既是经济社会发展的产物，也是经济社会发展的重要载体。为解决大城市日益严重的城市病问题，主张跳出大城市发展新城镇的理论与实践经历了三个阶段：卧城阶段、卫星城阶段、新城镇阶段。②

总体上看，西方发达国家小城镇发展以缩小城乡差距、实现城乡一体化为目标，较早重视小城镇基础设施规划建设，为小城镇承接大城市转移人口创造了条件。从城市化的发展历程来看，小城镇是农村人口向城市迁移的必经阶段，是传统社会向现代社会转型的必经环节；同时，在大城市中倡导特色小镇建设也是缓解大城市中日益严重的人口膨胀、交通拥堵、住房紧张、环境污染等城市病难题的重要方向。

6.3.1 特色小镇与新型城镇化道路

在新技术革命的推动下，中国沿海发达地区的产业结构转型升级由幕后走向前台，对城市空间格局和城镇体系提出了新的要求。在此背景下，一种

① 徐代明．基于产城融合理念的高新区发展思路调整与路径优化［J］．改革与战略，2013（9）．

② 吴元波．上海城市郊区化现状、问题与发展模式研究［M］．上海：立信会计出版社，2011．

肇始于浙江、以区域性空间再造和增长要素集聚为主要特征的新型城镇化模式——“特色小镇”横空出世，并迅速向全国推广开来，进一步丰富了党的十六大报告提出、十八大报告确定内涵的“新型城镇化”战略。[①] 改革开放以来，浙江省以举世闻名的“温州模式”为代表，逐步形成了不同产业、不同特色的块状经济发展模式，为乡镇经济、县域经济发展壮大创造了条件。随着国家经济社会结构的不断变革，曾经红极一时的块状经济模式逐步暴露出一些共有的发展颓势，即缺乏创新、产业低端、资源利用粗放，在进一步推动浙江经济发展的过程中力有不逮。正是在这样的背景下，特色小镇应运而生。打造特色小镇事实上是浙江省转型升级十招“组合拳”中的其中一招，主要目的在于培育发展信息、健康、环保、旅游、时尚、金融、高端装备七个支撑浙江未来发展的万亿元级产业。规划建设特色小镇，一方面可以切实引入新兴技术推动创新产业落地，另一方面又能兼顾茶叶、丝绸、黄酒、中药、青瓷、木雕、根雕、石雕、文房等浙江省内底蕴雄厚的文化创意产业。归根结底，打造特色小镇带来的产业升级，是有选择的转型升级，是在传承并发扬光大历史经典产业基础之上的产业创新和产业升级。

根据 2015 年浙江省政府《关于加快特色小镇规划建设的指导意见》的文件精神，特色小镇的运作方式是政府引导、以企业为主体、市场化运作。可见，尽管特色小镇这一全新经济形态是由政府提出并引导的，但归根结底其运营主体还是企业而非政府。换言之，如果只是政府一头热，企业没有积极性，那么创建特色小镇也只能是一纸空谈。因此，针对建设特色小镇这样一项全新的工作，如何处理好与企业的关系，在发挥引领角色的同时充分挖掘市场的力量，对缺乏经验的政府来说是一个严峻的挑战。关于政府和企业的关系，尽管听起来是个老生常谈的话题，但真正要在实践中厘清两者的边界，各司其职，各尽其责却并非易事。

特色小镇是一个由单一向复合、由孤立向联合、由分割向融合的发展过程。任何一个小镇在萌芽期都表现为单一产业、单一功能、孤立和分割状态，

---

① 周晓虹．产业转型与文化再造：特色小镇的创建路径［J］．南京社会科学，2017（4）．

但是越来越成熟的特色小镇最终将实现“产城”融合、“产人”融合、“城人”融合，因此，在成熟阶段，虽然各小镇的特点都不相同，但结果却是上述三者的融合，在成熟阶段基本都具有产业、旅游、服务、环境、文化等多种功能。所以，在成熟阶段的特色小镇并不局限于一镇一业，而是多业、多功能的高度融合。

因此，特色小镇是基层城镇的发展方式和目标，是地区的一种自然成长过程，绝不是人为打造出来的。它需要建立在现有产业和人口聚集的城镇发展基础之上，而不是另辟新城；需要政府扶持、政策引导，需要以更好、更健康的发展方向为基础，通过保护自然环境、改造基础设施，完善功能服务，提高居民生活水平，而不是通过建设楼盘引进外地购房者；需要对地区自然环境进行保护，对文化进行保护和挖掘，对历史进行继承和延续，是嵌入式开发，与房地产界的文旅小镇概念完全不同。后者仅是房地产开发商建设的一种类型的小区名称，与当地经济没有联系，不是严格意义上的城镇地区。

特色小镇首先是从核心区 3~5 平方千米的聚集功能开始，这个聚集区一定是当地城镇的聚集中心，而不是另外新建设的副中心。对这样的核心区进行特色小镇建设，重在保护其历史发展积淀，纠正过度开发遗留或带来的弊病，比如忽视生态建设带来的绿地过少，水污染、土地污染等，停止对已有文物和自然环境的破坏，建立地域整体观、历史延续观和文化继承观，尤其是不能仅停留在发现有价值的文化资源和环境资源上，还需要尊重自然和历史，保护资源和文化的完整性，维持该地区的正常演化规律，使其更健康成长，而不是推倒后重新建设。因此，特色小镇的特色维护任务远远大于改造任务，更不用说建设新区了，否则就会陷入另一场“造镇”运动中。

6.3.2 特色小镇发展类型

很多地方在涉及小镇的产业定位时，习惯于将特色小镇的主导产业与“一村一品”和“一镇一品”对应，主张一个小镇只能有一种产业，但特色小镇的最终发展目标是产城融合、人文与自然等融合理念，因此，一般来说，在初始阶段往往是“一村一品”和“一镇一品”，但到高级阶段后，传统产业和旅游结合、生态与消费融合、物质产品与文化创意融合，就会形成多业融合的综合特色小镇。因此，为了强调特色，不能总是将产业简单化为“一镇一品”，而应该分阶段选择主导产业，并且打破产业分类限制，鼓励产业横向延伸和多维度联合。

根据不同阶段的特点，我们可以将特色小镇的成长划分为四个阶段。第一阶段为萌芽期，以某一特色资源或特殊机遇形成的单一功能小镇；第二阶段为成长期，在核心功能基础上，沿着特色小镇的发展方向和最终目标，叠加了其他功能；第三阶段为成熟期，以特色小镇的发展理念为目标，融合了多重功能，特色小镇成为了功能完善的发展地区；第四阶段为衰退期，由于核心功能在地区经济中地位的衰减，不能满足这个地区所需要的空间功能，需要升级或重新改造。不同类型的特色小镇，初始功能各不相同，在演变过程中所要叠加的功能也各不相同。但是无论哪种类型，无论在哪个地区，都需要经过从简单分列到复杂融合方向发展的过程。因此，小镇的成长过程就是一个发现价值、创造价值和传递价值的过程。越向高级阶段发展，其融合价值越大。

（1）自然风景旅游型。自然风景旅游型的特色小镇，在初级阶段的核心资源是本地独特的自然风景。这种独特性一般是基于本地特殊的地形地貌、气候及植被等环境特点，是其他地区所不具备的。但是这种自然风景要变成旅游资源，还需要旅游的几个重要条件，比如交通、基础设施、住宿和餐饮以及旅游信息等。靠近大城市和发达地区的风景点，仅需要对该景点进行建设即可实现有效经营；偏远地区的风景点，往往由于欠缺上述旅游条件而发展迟缓，更难以在短期内形成特色小镇。

从旅游业发展的规律来看，一般有三个层次。第一个层次是观光层，以走马观花式为主。游客旅游的目的是观看景点，以用尽量少的消费达到观看尽量多的景点为目的，旅游的核心价值是“到此一游”而不是欣赏，从而导致节约消费，旅游企业收益低，获利渠道少，只能从门票等直接收费中获益。这类旅游的公共利益差，相关产业薄弱，公共服务滞后，不具备特色小镇的功能。第二个层次是休闲层，游客的目的是转换生活，放松心情，并仍然按照他们本来的生活水准进行消费。对于旅游地来说，除了旅游企业外，也会带动一些相关的服务业，地区经济收益取决于旅游规模。第三个层次是体验层，游客的目的是通过深度体验与平时完全不同的生活场景和活动获得满足感，包括体育、文化、艺术、生命、科学等各种领域。创意内容占据主导地位。游客完全可以接受体验式高消费，除了旅游地的基本生活内容外，还可以创造出更多丰富多彩的项目，获取更多的创意经济收益。小镇除了基础设施、公共服务和相关服务外，还产生了更多新兴产业，而且这些新兴产业有更高的经济效益，小镇也可以获得比一般城镇地区更快的经济增长。

（2）历史文化旅游型。历史文化旅游小镇的核心资源是镇内保留的一些有价值的古寺庙、古建筑、名人故居等遗迹。一般来说，这些遗迹越久远、越稀少、曾经的影响力越大，则旅游价值越大，小镇对游客的吸引力也越大。这类地区的核心资源并不需要投资，只要能够发现和挖掘出文化价值，就可以作为旅游资源。与自然风景相似，这类地区仍然需要旅游业发展的基本条件。但与自然风景不同的是，历史文化古迹曾经或一直有居民生活，有一定的交通等基础设施条件，以及地区经济发展基础，并且一般分布在交通便利的地方，所以目前以古镇开发为主。处在发达地区的古镇大都已经以古镇游的方式进行了不同程度的开发，个别尚未开发的古镇大都位于边远落后地区。

对于处于开发初始阶段的古镇来说，要过渡到成长期还需要对该小镇的历史文化有整体认识，除了完善交通等基础设施和公共服务外，在发展相关产业的基础上，还需要对与历史有关的自然环境、相关历史遗迹、相关的文化内容以及文化活动有系统全面的设计，实现文物在区域内的整体保护与修缮，使小镇有整体历史感，通过资源整体优势，增强地区竞争力。对处于成长期的历史文化旅游型特色小镇来说，一般是在已有古镇开发基础上，进行整体开发并增加了旅游活动，在增强旅游竞争力的同时，还需要以资源为基础、以文化为灵魂、以人为核心，对小镇文物所体现的地区环境和文化进行深入挖掘与提升，对小镇的整体建设和发展进行全面布局、规划和设计；将小镇的核心资源通过文化传承性体现出来，将小镇特色与居民真实生活融合在一起，以实现成熟阶段小镇的融合功能。在小镇居民生产和生活与核心资源之间建立联系，将古镇特征与地区发展相结合，并成为地方经济增长的创新创意空间。

（3）农产品产业型。在农业较发达地区，某个产业或产品带有明显的地域特征，通过技术或创新创意让该产业或产品得到加工或延伸，从而成为具有一定影响力的产业或产品，这种产业或产品所在的核心城镇地区由此成为农产品产业型特色小镇。这种小镇的成长条件是地区气候、土壤等条件适合农产品种植，当地农民有种植该产品的历史经验和技术，以及一定规模的种植面积。因此，这种小镇一般出现在农业基础好、种植历史悠久的地方。

随着该农产品主导产业竞争影响力的进一步提升，小城镇形成了具有特色的种植业产业基地，并具有了为核心的农业科技和教育，以及创新创意农业；与此同时，随着知名度上升，游客增加，旅游业也相机成为当地的主要产业之一；城镇公共设施和公共服务随之进一步完善，从而形成了具有地方发展综合特征的小城镇。这时，由于农业、相关服务业、旅游业以及教育科技等多业并举，产城融合，功能融合逐步形成，最终朝着特色小镇的目标迈进。

实际上，在农业地区，产业都表现为兼业形式，农产品都非单一品种，而是集种植业、畜牧业等多种产业为一体；种植业内部又有粮食、经济作物等多种产品，粮食亦不止一种。所以，很多地区的特色产品比较难以筛选，从而导致主导产业不明确；此外，农业地区经济发展缓慢，人口众多，在还未形成特色小城镇之前，就由于城镇人口增加而成为小城市甚至中等城市。所以，这类小镇往往以综合性的经济发展和设施改善为主，产业特色不够突出，小镇的发展水平一般较低。在第一批特色小镇中，农产品型的特色小镇大多数属于这种情况。

（4）制造业产业型。制造业产业特色小镇，是指以某种制造业为主导产业而形成具有特色小镇功能的制造业聚集区。一般来说，这种特色小镇具有三个特点，即产业集中、专业性强、富有地方发展特色。其形成方式一般有两种途径：一种是传统产业不断升级和扩大规模，形成一定的影响力；另一种是由产业聚集区演化而来，如浙江省的“块状”经济。

传统产业型特色小镇，在城镇化开始时就表现出了成长期甚至成熟期特征，主要以某种传统产品生产为主，并具有与该产品相关的历史和生产文化，以及历史名人或有影响力的事件。小镇所在地区经济较发达，不但历史底蕴深厚，而且经过长期积累，产业链完整，以传统产业为核心，辅助产业也相对发达。与该产业相关的历史遗迹、历史人物、民俗文化活动等多种活动，增强了小镇的融合功能。

浙江省“块状”经济形成的小镇主要目的是整合已有产业资源，实现产业创新和升级。这类小镇萌芽期的主要表现是：特定地区范围的众多生产同类产品的小企业集中分布，形成专业化极强的同类产品生产聚集区（由于企业之间的联系不够紧密，缺乏生产合作网络，因此可以称之为企业集群而不是产业集群）。特色小镇欲在这些“块状”经济基础上，利用已有的产业规模和地区在该产品生产方面的影响力，通过搭建产业创新平台，并提供创新基金和吸引人才，促使企业进行技术改造；在品牌设计、提升销售能力、研发等方面创造条件，使该地区形成真正的产业集群，并通过产业集群衍生出中介服务机构和相关辅助产业，从而建立具有横向联系的新产业。由于这些措施和形成的环境能够使企业健康成长，这些小镇也因而成为成长型特色小镇。这类小镇要发展到成长期，还需要延长产业链，提升设计、品牌、研发和相关配套产业，并完善城镇基础设施和公共服务。

“块状”经济在特色小镇萌芽期的基础上，延长了产业链并产生了相关配套产业和辅助行业，基本就进入了成长期。此类小镇要想过渡到成熟期，还需要重新整合资源，提升技术含量，推进创意设计和品牌营销，建立定制和检测机构，举行新品发布会，向智能制造转型，强化研发和服务，实现工业加工、商贸、旅游和创意产业融合。

（5）创意产业型。创意产业型小镇利用了地区发展的某个机会，主要是由投资者针对某些客户群而打造的，一般是在经济基础好、有固定消费群体的地区，由一些经营性的创意文化项目带动而成。这类小镇在一开始就有产业、消费群体、服务和一定的基础设施，所以直接进入了成长期。但是，这类小镇所在的全镇域范围内的产业却与一般城镇相差无几。例如，横店镇周围地区有磁性材料、机电产品、医药化工、轻纺针织、建筑建材、文化旅游六大主导产业，虽以乡镇企业为主，但布局仍然分散，且作为腹地与核心区关系并不紧密。横店镇要想从成长型过渡到成熟型，还需要在教育培训方面有所提升；以文化理念为基础建立新型社区；以城镇与自然和谐为宗旨，实现与环境的融合；进一步挖掘文化内涵，将文化融入当地生产和生活；尤其是需要将影视产业与当地经济建立网络关系，形成基于当地居民生产和生活的新型社区。

（6）专业创新型。我国的专业创新型的特色小镇目前主要有众创空间和基金小镇两类，且主要以政府为主体，由政策引导，精心打造形成。回顾西方创客空间的形成历史可以发现其具有三大历史性因素：一是文化基因。从反机械、消费主义和 DIY 文化演变而来的创客文化激发了社会大众创新创业的思想意识。二是人文基因。在创客文化的滋润下，崇尚自由、鼓励创新的欧美青年不安于现状，总想把脑际的奇思妙想通过双手加以实现。三是社会基因。创客文化背景下的创客空间蓬勃发展，进一步推动全社会鼓励创新创业的创客运动，创客运动影响深远，真正形成了“大众创业、万众创新”的社会浪潮。中国众创空间的提出，本质上也是为了引发本土化的创客运动，所以仅仅从历史维度加以界定的众创空间则是：在创客文化充分发育的基础上、在创客群体创新创业实践中引发全社会创客运动的创业服务载体。

众创空间主要是在特定地区形成的以创新平台为主要功能的特殊地区。如杭州的梦想小镇，以阿里巴巴为龙头，借力“互联网+”、云计算、电子商务等，搭建了多个创业平台。但是，由于缺少城镇其他方面的整体参与，还需要进一步完善城镇服务体系，以实现创新空间的社区化。上海枫泾镇以农产品创新创业平台为主，结合古镇旅游，形成了自己的特色，但两者仍然处于分离状态，目前仅处于起步期。杭州玉皇山下的基金小镇，利用其自然环境特点，由政府规划打造了一个有公共食堂、商务宾馆、停车场、超市的新区，以吸引私募、股权投资等企业，并通过建立金融家俱乐部等方式吸引金融人才入驻。但是，由于开始时间短，地方城镇发展几乎无历史基础，其形成路径类似于之前的园区成长过程，忽略了地方经济、城镇发展和居民生活的延续性，很可能会与周围地区脱节而孤立存在，并不符合城镇演化规律。

6.3.3 浙江新型城市化之路与特色小镇的成功之道

改革开放近40年来，地处中国东南沿海的浙江省致力于探索创新性地解放生产力并优化其空间布局，形成了以“小、快、灵”为特征的块状经济体系和县域经济特色产业格局。在市场经济的浪潮中，“船小好掉头”的块状经济体系和县域经济格局经历了一轮又一轮的风险考验，逐渐闯出了一条具有民间资本雄厚、块状经济发达、信息经济引领、创新氛围浓厚、历史文化厚重等特征的经济社会转型发展之路。进入21世纪以来，在工业化和城市化双轮驱动下，浙江小城镇经济、县域经济、城市经济、都市区经济发展都取得了不俗的成绩。随着中国经济步入新常态和新旧动能交替期，传统的块状经济在推动浙江的发展进程中渐显乏力，暴露出核心产业竞争力不足、资源有效利用率低、核心创新能力不足等问题。为贯彻落实中央提出的新型城镇化和全面深化改革总目标，平稳度过经济发展的瓶颈期，浙江省委、省政府借鉴中外发展经验，创造性地提出了特色小镇这一发展理念和发展模式，并在全省有效落实，有力地推动了浙江经济社会新一轮的改革发展。

2015年浙江在全国首先提出特色小镇的发展战略，立即引起社会各界的广泛关注，特色小镇迅速成为浙江引领中国经济新常态下改革发展的“金名片”。全国各地掀起特色小镇发展热潮，但同时暴露出盲目发展、一哄而上、小镇不小、特色不特、千镇一面、房地产化、政绩考核、形象工程等严重“走样”的问题。为此有必要以问题为导向进行正本清源，梳理分析浙江特色小镇发展模式的成功之道，探寻特色小镇可持续发展之路。进入21世纪以来，浙江高度重视城市工作并率先实践新型城市化，全省统一规划、统筹推进特色小镇建设，根植特色产业引领特色小镇高端化发展，确立特色小镇市场化导向的运作机制，打造人本导向的“产、城、人、文”四位一体平台，创新政府服务管理的体制机制，在块状经济向城市经济转型过程中培育形成了具有小空间大集聚、小平台大产业、小样本大示范等特点的特色小镇。特色小镇是政府以城市发展方式转变带动经济发展方式转变的重要抓手。

（1）高度重视城市工作，以新型城市化战略统筹城乡发展。浙江是中国探索实践城市化战略的先导省份。1998 年，时任浙江省委书记张德江在全国率先提出要大力实施城市化战略。进入 21 世纪以来，浙江推进城市化的力度越来越大、步伐越来越快。2006 年，时任浙江省委书记习近平又在全国率先提出并实施新型城市化战略，将城市工作提到前所未有的高度。2006 年 8 月，习近平主持召开了浙江省委城市工作会议，出台《关于进一步加强城市工作走新型城市化道路的意见》，在全国率先将城市工作作为一把手工程。习近平首次提出要“坚定不移地走新型城市化道路”，强调“坚持统筹发展、集约发展、和谐发展、创新发展”，“进一步优化城镇体系，完善城乡规划，提升城市功能，加强城市管理，创新发展机制，走资源节约、环境友好、经济高效、社会和谐、大中小城市和小城镇协调发展、城乡互促共进的新型城市化道路”。会议标志着浙江开启了新型城市化的新征程。在新型城市化战略成功实施的十年时间里，浙江城市化率从 56.5%上升到 65.8%；全省县城以上城市建成区面积从 2183 平方千米增加到 3140 平方千米；城乡居民收入倍差从 2.49 缩小到 2.07。在新型城市化的统领下，以城带乡、城乡统筹、推进城乡一体化发展的理念思路逐步形成，大中小城市和小城镇协调发展的城镇体系进一步优化，浙江成为全国城市化发展最快且城乡差距最小的省份之一。浙江新型城市化较好地实践了特色发展的理念，从璀璨亮丽的四大都市区到星罗棋布的特色小镇，从集聚辐射能力强大的三大城市群到一个个“小而美”、“小而精”的美丽县城、美丽乡镇，无不透露着浓郁的浙江风韵，城市特色化发展不仅为全国城镇化推进积累了经验，而且也为浙江特色小镇建设奠定了扎实的基础。

（2）全省统一规划、统筹推进，突出特色小镇战略地位。2014 年浙江启动省域国土面积总体空间规划编制，要求把浙江作为一个大城市来规划，把发展规划、城乡规划、土地利用规划、人口规划、生态规划等系列组合规划统筹发展。依托 2006~2015 年浙江省新型城市化战略十年的成功实践，浙江省委省政府创造性地将特色小镇建设作为转型升级期引领经济新常态的抓手，由省发展改革委牵头抓总，统一规划，统筹推进。一是完善政策规范，为特色小镇建设保驾护航。早在 2015 年 4 月，浙江省政府就在全国率先出台了特色小镇建设的指导文件，早于国家政策一年半。2017 年浙江省又出台了中国特色小镇建设的第一个地方标准《特色小镇评定规范》。二是配套机制改革，有效推动特色小镇战略的落地。围绕“互联网+政务服务”的改革目标，自 2014 年起，浙江以“四张清单一张网”改革为引领，不断深化全省统一架构、五级联动的浙江政务服务网建设，形成了全省事项清单统一发布、网上服务一站汇聚、数据资源集中共享的“互联网+政务服务”体系①。以特色小镇建设为载体，积极推动政府各级部门规范化、制度化协同运转，实现汇聚政策合力、优化组织协调、降低制度成本、提高行政效率，更好地发挥政府的作用。三是创新考核机制，明确市场化导向。特色小镇自创建培育以来，省发展改革委作为全省特色小镇建设主管部门较好地发挥了引导作用，严格执行特色小镇建设的相关规定，注重过程管理动态化，采取一季一通报、一季一现场会、一年一考核，不定期约谈的方式，奖惩分明，动态淘汰低速低效发展的特色小镇，截至 2017 年已有 6 个省级特色小镇被降格。

（3）根植特色产业、凝聚高端要素，引导特色小镇定位。一是在适应和引领经济新常态的实践中，浙江特色小镇建设强调产业定位突出“特而强”，要求紧扣产业升级趋势，锁定产业主攻方向，构筑产业创新高地。以信息、环保、健康、旅游、时尚、金融、高端装备制造七大产业为抓手，紧扣产业高端，主攻最有基础、最有优势、最具潜力的特色产业，将小镇建设与产业发展、块状经济转型与城市经济发展紧密结合，为产业升级发展搭建平台。二是通过产业结构的高端化推动浙江制造供给能力的提升，紧扣茶叶、丝绸、黄酒、中药、木雕、根雕、石刻、文房、青瓷、宝剑等历史经典产业，通过发展载体的升级助推传统特色产业新发展。三是优化创业生态，凝聚高端要素。浙江营造务实的业态环境，集聚创业者、风投资本、孵化器等高端要素，积极吸纳创新创业人才。四是高度重视旅游产业的发展。注重文化创意产业和旅游产业的结合，抓住中国旅游市场消费结构升级和消费能力提升的机遇，因地制宜规划设计一批包含旅游综合体的旅游小镇，提升景区景点独特的核

① 林玮．特色小镇建构的四种理论形态：发生、阶段、类型与功能［J］．中共杭州市委党校学报，2017（6）：58-66.

心吸引力和市场竞争力。

（4）确立市场化导向的运作机制，保障特色小镇良性运行。充分尊重市场机制在特色小镇形成和发展中的导向作用，充分激发社会力量在特色小镇壮大、提升中的主导作用，是浙江特色小镇建设的重要经验。一是坚持政府引导，企业为主体的运行方式。企业在特色小镇的创建过程中发挥了主体作用，成为最活跃的创新力量。特色小镇积极吸引各类企业的入驻，同时注意发挥龙头企业在建设中的关键作用。二是给予小镇独立运作的空间，发挥当地居民的主动性和积极性，鼓励各类建设主体参与特色小镇的建设，建设资金来源多样化。三是特色小镇的开发建设，坚持以社会资本为主体，实施产城一体化开发建设与持续运营。创新融资方式，以产业基金、股权众筹等融资为重点，加大引入社会资本的力度。特色小镇的开发，坚持与特色产业运营、旅游运营、城镇运营一体化，而不分离。四是以 PPP 模式为抓手，加强政府与企业合作的力度。鼓励私人企业、民营资本与政府合作，参与公共基础设施的建设，为特色小镇建设及时补进资金缺口①。

（5）打造“产、城、人、文”四位一体平台，体现特色小镇人本导向。特色小镇是一个由单一向复合、由孤立向联合、由分割向融合的发展过程。任何一个小镇在萌芽期都表现为单一产业、单一功能、孤立和分割状态，但是越来越成熟的特色小镇最终将实现“产城”融合、“产人”融合、“城人”融合，因此，在成熟阶段，虽然各小镇的特点都不相同，但结果却都是基于人本导向的上述三种职能的有机融合，具有产业、旅游、服务、环境、文化等多种功能。在小镇建设中坚持规划先行、多规融合，突出规划的前瞻性和协调性；注重生产、生活和生态功能的融合，秉持“产、城、人、文”四位一体的建设理念，根据当地的地形地貌、生态环境和历史人文特色，系统性地谋划小镇风格，展现“小而美”；发掘文化功能，注重把文化基因植入产业发展全过程；塑造并夯实小镇的城市社区功能，提高社区公共服务质量。

（6）创新体制机制，推动特色小镇大发展。无论是信息经济类的高新技

① 周红．特色小镇投融资模式与实务［M］．北京：中信出版集团，2017.

术产业小镇，还是历史经典类的传统产业小镇，每个小镇都以内嵌的创新元素提升自身的竞争力。一是规划理念的创新。浙江特色小镇建设强调建设“高颜值”小镇，其建设形态力求“精而美”，规定小镇规划空间要集中连片。坚持规划先行、多规融合，联动编制产业、文化、旅游“三位一体”，生产、生活、生态“三生融合”，工业化、信息化、城镇化“三化驱动”，项目、资金、人才“三方落实”的建设规划①。同时，从小镇的功能定位出发，强化建筑风格的个性设计，系统谋划规划品牌打造、市场营销和形象塑造。二是运营机制的创新。坚持企业主体的地位，引导培育企业文化。建立第三方服务市场，为入驻企业提供专业的融资、市场推广、技术孵化、供应链整合等服务，使特色小镇成为新型众创平台。三是制度供给的创新。在政策扶持上，灵活创新，突出“个性”，从“事先给予”改为“事后结算”，对于验收合格的特色小镇给予土地指标奖励和财政返还奖励，对如期完成年度规划目标任务的特色小镇，省里按实际使用建设用地指标的50%给予配套奖励，其中信息经济、环保、高端装备制造等特色小镇再增加10%的奖励指标，对3年内未达到规划目标任务的，加倍倒扣奖励指标②。

总之，浙江特色小镇是经济进入新常态之后政府探索推动经济发展的重要载体，虽然名为镇，但明显不同于城镇体系中传统意义上的镇，这也是特色小镇建设由发改委而不是住建厅主管的原因。从本质意义上来看，特色小镇是依托于城市而形成的特殊功能区，需要探索小镇与城市社区、大学校区、产业园区之间的功能衔接，满足创新创业人才的生产、生活、生态需求；特色小镇是具有一定规模和腹地延伸的超大型综合体，需要处理好不同产业要素在小镇内的集聚、疏散和流通问题，满足特色小镇的高端化、特色化、差异化发展需求。从发展历程来看，浙江特色小镇大多根植于原有开发区、产业园区的扎实产业基础，与城市中的重创空间、孵化器、创业园存在密切联系。从发展目标来看，浙江特色小镇的终极目标是惠及当地居民，使积极参

① 周晓虹．产业转型与文化再造：特色小镇的创建路径［J］．南京社会科学，2017（4）：12-19.

② 李强．特色小镇是供给侧结构性改革的浙江探索［J］．浙江林业．2016（3）：9-10.

与、支持特色小镇的当地居民成为小镇健康可持续发展的最大受益者。从建设主体来看，浙江特色小镇建设较好地利用了浙江民营经济发达的优势，社会资本投资小镇的热情高涨。从体制机制来看，政府的公共政策是特色小镇产业发展、功能完善的重要保障，浙江改革创新和开放包容的政府服务管理体系发挥了应有的保障作用。

综上所述，城市是一个包含众多网络结构的复杂巨系统。城市各子系统之间相互作用、相互支撑并推动着城市运行与发展。收益和成本的权衡决定着城市化的速度和水平，同时城市体系的分布决定着有多少人口集中在大城市或中小城市。城市病是产生于城市系统自组织过程中的非平衡状态，突出表现为城市化加速期城市发展超出其自身人口、资源与环境承载能力而导致的社会性、生物性失衡并影响城市生产生活的一系列负面社会问题。国家“十三五”规划提出：“转变城市发展方式，提高城市治理能力，加大城市病防治力度，不断提升城市环境质量、居民生活质量和城市竞争力，努力打造和谐宜居、富有活力、各具特色的城市。”随着小镇的特色化发展越来越受到重视，各地陆续出现各式各样的专业性小镇。但由于这类特色大都建立在某种微小的产品或产业上，地区影响力有限，距离能够缓解城市病的特色小镇还有较大差距。

7 结 语

在以城市群为主体形态的新型城市化战略体系中，一般认为加强小城镇建设有利于农民就近就地城市化，在二元经济结构、三元社会结构和多元待遇结构破解重构过程中更好地促进城乡协调发展，也有利于避免城市病的大规模蔓延，能够因地制宜地实现“大城小镇”式的可持续发展。小镇是新型城市化发展道路的应有之义，也是实现城市化可持续发展的重要支撑。在国家住房和城乡建设部提出加快构建特色小镇的号召之后，各地争先恐后地投资建设各类特色小镇，一时间特色小镇成为中国城市化和经济建设的热点。然而，蜂拥而上的特色小镇项目必须面对盲目投资、水土不服、效益低下、违背客观规律等一系列拷问和检验。在当前社会各界普遍感受到融资难的背景下，如何通过合理的制度创新和统筹安排探索行之有效的投融资体制，防止一哄而上、一哄而下的投机风险，确保城市化进程中足够的投资收益、解决城市化成本支付难题。

7.1 正视中国新型城市化的成本支付难题

关于城市化成本的问题，据有关部门统计，农民工市民化的成本为每人 5 万元至 10 万元，这个数据明显偏低。杭州曾做过调查，如果农民工市民化待遇全部落实，成本大约是每人 30 万元（包括提供保障性住房的费用）。即使以每人 10 万元测算，100 万农民工市民化的成本就需要 1000 亿元。要破解这一难题，关键是政府要为老百姓当好家，处理好“做大蛋糕”和“分好蛋糕”的关系。把所有的土地收益掌握在政府手里，然后进行合理分配，这是大前提。城镇化的成本由两部分组成：第一块是城镇户籍居民生活品质的提高、改善。这块成本的支付，解决的是原有数亿城镇户籍居民在新型城镇化过程中生活品质的提升和改善；第二块是流动人口特别是农民工，流入地城镇应该做到让他们“有收入”、“有房住”、“有书读”、“有医疗”、“有社保”、“有安全”、“有救助”、“有组织”的“八个有”和“安居乐业”，从“同城同待遇指数”经过长期努力，进而做到“同城同待遇”。这两个奋斗目标就是新型城镇化成本支付的去向。

“钱从哪里来”是农民市民化最大的问题，也是城镇化成本支付的应有之义。政府如何统一解决城市化的成本问题，总体来讲有五条途径：

一是流入地城镇财政预算安排。财政预算安排又分成两块，一块是中央、省财政，或者说是上级财政的转移支付；另一块是本级财政的预算安排。

二是从国有资产的经营性收益中支付。现在还有一些国有企业的资产经营性收入实际上是依托城镇的空间载体创造的，理应用到新型城市化的成本支付里面。不过，这个数量很少。

三是推行 PPP（Public-Private-Partnership）模式。PPP 模式通常被译为“公共私营合作制”，是指政府与私人组织之间为了合作建设城镇基础设施项目或是为了提供某种公共物品和服务，以特许权协议为基础，彼此形成一种伙伴合作关系。这种公私合营模式一定要有前提，即收费还贷机制。比如污水处理、自来水供应，高速公路建设，因为有收费还贷机制，可以采取 PPP 模式。如果没有收费还贷机制，就很难采取 PPP 模式。

四是从流入地城镇土地收益中支付。土地出让金能为城市发展解决“钱从哪里来”的问题，开辟城市建设资金渠道，比如交通、环境、能源、教育、医疗、就业、治安、社会保障、征地拆迁和公共基础设施建设等。

五是政府负债。政府负债不是真正的成本支付的方式方法，因为政府负债最后还是要靠前面的四种渠道解决。

前三种渠道，即“财政预算安排”、“国有资产收益安排”、“PPP 项目安排”对解决农民工市民化成本问题所起的作用是微乎其微的，城市化成本支付的 90%左右要靠流入地城镇的土地出让金。以杭州为例，杭州财政现在用于安排农民工市民化的预算很少，国有资产经营性收入还没有涉及农民工市民化，中央财政转移支付制度仍有待出台，目前所有要支付的成本主要来源于土地出让金。

城市化成本结构及支付方式在定性分析的前提下，在研究中也应该进行定量分析。我们以杭州为例分析一下城市化成本支付的现状。近年来，杭州的国有资产经营型收益用于城市化成本支付的数量是很少的。PPP 模式，主要是用于前几年的高速公路项目，但是也不多。关键是土地出让金，其 80% 都用于新型城市化成本支付。杭州的土地出让金直接用于八个方面，间接用于一个方面，一共是九个方面：一是建设“六房并举”的杭州特色保障性住房体系。二是建设“五位一体”大公交体系。三是打造“洁化、绿化、亮化、序化”的“国内最清洁城市”。四是实施背街小巷改善、庭院改善、危旧房改善、物业管理改善四大“民心工程”、“实事工程”。五是建设重大城镇基础设施。六是建设社会保障制度，特别是失地农民保障制度。七是建设重大社会项目。国家有关政策规定，农村社会建设项目，包括医院、学校、文化设施等的建设，可使用土地出让金。进入 21 世纪以来，杭州建设的新医院、新学校大都用的是土地出让金。八是解决农业、农村、农民“三农”问题。按照国家有关政策规定，杭州市从土地出让金中提取一定比例用于农业土地开发和农村基础设施建设。其他一些支农、惠农项目资金，也在土地出让金中安排。九是推进工业结构调整、转型升级。总之，千万不要孤立地看待土地出让金。无论哪座城镇，如果没有土地出让金，仅靠财政收入，就很难又好又快地实现新型城市化。

7.2 破解中国新型城市化的成本支付难题

关于土地出让金的使用，中央有一系列严格的规定。根据《关于规范国有土地使用权出让金收支管理办法的通知》（国发〔2006〕100 号）和《财政部 国土资源部 中国人民银行关于印发〈国有土地使用权出让收支管理办法〉的通知》（财综〔2006〕68 号）要求，土地出让收入使用范围包括征地和拆迁补偿支出、土地开发支出、支农支出、城镇建设支出及其他支出。土地出让收入的使用重点向新农村建设倾斜，逐步提高用于农业土地开发和农村基础设施建设的比重。2007 年，国家出台了《财政部关于印发〈廉租住房保障资金管理办法〉的通知》（财综〔2007〕64 号），规定“从土地出让净收入中按照不低于 10%的比例安排用于廉租住房保障的资金”。2011 年，国家出台了《关于从土地出让收益中计提教育资金有关事项的通知》（财综〔2011〕62 号），明确指出“要统一按照当年实际缴入地方国库的招标、拍卖、挂牌和协议出让国有土地使用权取得的土地出让收入，扣除当年从地方国库中实际支付的征地和拆迁补偿支出、土地开发支出、计提农业土地开发资金支出、补助被征地农民社会保障支出、保持被征地农民原有生活水平补贴支出、支付破产或改制企业职工安置费支出、支付土地出让业务费、缴纳新增建设用地土地有偿使用费等相关支出项目后，作为计提教育资金的土地出让收益口径，严格按照 10%的比例计提教育资金”。

为实现社会财富的公平分配，让人民共享改革发展成果，杭州市出台了《关于进一步加强市区国有土地使用权出让收支管理的若干意见》（杭政办〔2007〕43 号），对国家政策进行了全面落实：按出让面积每平方米 18 元的标准计提为造地改田资金；按出让面积每平方米 90 元的 15%计提为农业土地开发资金；按土地出让总成交价款的 3%计提为国有土地收益基金，主要用于土地收购储备；按土地出让总价款的 1%计提为社保资金；按土地出让总价款的 1%计提为廉租住房保障资金；按土地出让总价款的 2. 5%计提为城镇管理资金；按土地出让总价款的 2. 5%计提为公交专项资金。同时，将土地出让金用于医院、学校等重大民生工程的建设。

破解当前城市化成本支付、农民工市民化成本支付难题的关键是创新土地制度改革。要采用钱学森先生倡导的系统科学的方法，科学系统地进行土地问题研究，加快推进城市经济转型升级和新型城市化的统筹协调，以特色小镇等小城镇特色化发展区域为重点，稳步探索 PPP+XOD 的开发模式。

（1）建立完善的成本支付平台。农民转为市民需要在住房、就业、教育、医疗、养老等政策待遇方面大幅提高，而这需要大量资金为其提供支撑与保障。因此，必须建立以地方政府为主、中央政府为辅、流动人口所在企业与流动人口共同参与的资金分担机制：①地方政府主要承担基础成本，解决

“同城同待遇”过程中所需要的公共产品与服务、基本权利保障等问题。一是承担农民工市民化以后正常生活所需的教育、卫生等基础社会服务的供给成本；二是结合中央转移支付和农村土地流转收益，共同负担农民在城镇长期被拖欠的基本养老、医疗、工伤等社会保险支出；三是逐步将农民纳入住房保障范畴，允许农民购买经济适用房和租用廉租房。②制定合理的中央财政转移支付和土地建设指标分配政策，即“费随人转”、“指标随人转”。把常住人口作为财政分成依据，逐步调整各级政府之间的财政分配关系。建立健全财权与事权相匹配的财政管理体制，实现基层政府“事权”与“财权”的对应，确保基层政府具备提供公共服务和以一定财政资金调配人口空间分布的能力。③将土地出让金纳入户籍制度改革成本支付平台。④企业主要负责给予农民工正常的工资待遇、福利保障。总之，实现农民工市民化，要强化各级政府的责任，合理分担公共成本，充分调动社会力量，构建政府主导、多方参与、成本共担、协同推进的农业转移人口市民化机制。建立健全由政府、企业、个人共同参与的农业转移人口市民化成本分担机制，根据农业转移人口市民化成本分类，明确成本承担主体和支出责任。

（2）允许土地指标跨区域流转。人口型城市化和土地型城市化是对立统一的，只有解决城乡土地指标转换问题，才能真正将人口从农村转移出来，土地才可能进一步集中，农业集约化以及农民收入才有可能提高；同时，城市才有足够的建设用地指标，用于接纳“离乡又离土”的农民工，使农民工全面享受市民待遇，真正实现农民工市民化。具体建议如下：一是农民工根据自愿原则，将个人所占家庭承包经营土地及宅基地交还当地农村集体或留给其他村民耕作，作为当地基本农田，而将其土地指标包括规划留用地指标、农转用指标、基本农田指标、占补平衡指标等带到流入地城市，真正实现“离乡又离土”，改变对土地的依附关系。流入地城市根据农民工上交土地指标情况以及年龄、文化程度、职业稳定性等条件，赋予农民工城镇居民户籍身份和市民待遇。二是流入地城市把农民工带来的用地指标落实到本地实物形态的土地上，转换为本地城市建设用地，通过土地开发建设弥补解决农民工问题所需的城市发展空间、城市公共资源和公共财政收入，使农民工市民化具有现实可行性。同时，由非实物形态的土地指标与实物形态的土地结合而产生新的流入地城市“失地农民”，按照流入地城市农村居民“农转非”的途径实现市民化，成为新城镇居民。三是依据农民工是否跨县域、跨市域、跨省域流动，确定土地指标统筹调剂的审核主体、批准主体和农保地责任主体。四是中央核定和下拨省、市的建设用地指标可分成两大类：一类是经常性建设用地指标，另一类是农民工生存和发展所需的安置性建设用地指标，以解决因农民工转化为城镇户籍人口而产生的用地指标不足的矛盾。

（3）完善征地留用地政策和失地农民拆迁安置房转商品房政策，继续推进农地征用制度改革。以杭州为例，根据杭州市域范围内的产业、人口和环境承载力联动调控的要求，六个老城区要按照政策规定，继续坚持不折不扣地落实征地留用地制度、失地农民拆迁安置房转商品房制度、社保制度政策；萧山区、余杭区要参照六城区的标准执行，逐步与六城区并轨；五县市要根据实际情况，先参照本地城镇户籍居民享受的待遇标准进行，再积极创造条件，逐步向六城区的待遇标准靠拢。

（4）推进土地储备制度改革，建议土地收储的贷款不应作为政府负债进行统计、考核。一是采取国有存量土地收储和集体土地征地拆迁收储两种土地储备方式。按照规划，运用市场手段优化配置数量庞大的存量建设用地，是满足我国建设用地需求的根本途径，是保护耕地的根本措施，也是推进我国城市化进程的根本出路。因此，应加强地方土地储备中心的地位和功能，采取国有存量土地收储的土地储备方式，提高城市土地资产的附加值和出让效益。国有存量土地收储，是通过征用、收购、置换、转制、收回等方式，从分散的土地使用者手中把土地集中起来，并由土地储备中心组织进行职工和居民的安置、房屋拆迁、土地平整等一系列土地整理工作后，将土地储备起来，包括工业性、经营性的土地，全部收储。由土地储备机构通过土地收购—土地储备—土地出让这三个环节，将“生地”、“毛地”变为“熟地”、“净地”，然后根据城市经济社会发展对土地的需求或土地出让供应计划，以有计划出让、转让、年租等方式将土地投入市场。二是建议土地收储的贷款不应该作为政府负债进行统计、考核。国家可建立征地专项资金，依靠各级土地储备中心、各级政府收储土地。国家进行总量控制，确保资金安全运转、专项专用、封闭运行，彻底解决现行土地征收储备制度经常碰到的“钱从哪里来”的难题。

（5）推行“熟地出让”、“先招后供”的土地招拍挂方式。为增强国土资源发展动力，政府应该成为做地主体，培育土地市场，盘活土地存量，节约集约用地，提升土地价值，通过完善土地招拍挂制度，突破土地资源“瓶颈”。首先，应由政府建设基础设施，把土地做到产权清晰、配套完善、平整，由“生地”做成“熟地”后再出让，不允许“毛地出让”，努力实现土地收益的最大化。其次，应坚持“先招后供”原则，促进土地资产保值增值。遵循“货比三家、价高者得”和“不贱卖”原则，根据土地市场形势的变化，随时调整招商策略。不但公建综合用地要招商，住宅用地、工业用地也要招商，确保土地出让“不流标、不贱卖”。最后，应完善工业企业用地，建立有效的退出机制，用于保障性住房。

（6）扩大土地出让金使用范围。一座城市，政府土地出让金的多少，并不是判断政府土地收益是否合理的标准，而是应该看土地出让金用在哪里，是否坚持了“取之于民、用之于民”的原则。土地出让金的使用，是社会财富二次分配的重要手段。土地出让金不仅要坚持“应收尽收”，更重要的是要确保“取之于民、用之于民”，实现社会财富公平分配，让人民共享改革发展成果。因此，我们建议：进一步扩大土地出让金使用范围，可用于城市管理、公共交通建设、医院学校建设、城乡环境治理等方面。

（7）征地、土地储备、土地出让、土地出让金使用“四改联动”。解决好土地问题中的突出问题，既是当务之急，更是改革和完善现行土地管理制度的重中之重，也是实现中国新型城市化的突破口。土地制度的顶层设计，要以土地民生领域突出问题为突破口，推动城市土地制度的“四改联动”，解决城市化进程中“地从哪里来、钱从哪里来、人到哪里去”的问题。因此，要改变现行土地利用方式和改革土地管理模式，必须坚持“政府做地、企业做房”理念、坚持“集约用地、节约用地”理念、坚持“取之于民、用之于民”理念、坚持“大项目”带动土地开发的理念、坚持“无形资产经营”与

“有形资产经营”并重的理念，这样才能根除因土地问题引起的诸多城市病。如何解决好城市征地拆迁中的利益调整，如何培育公开、公正、公平的土地市场，如何建立土地储备制度及推行与之相适应的土地使用权出让、招拍挂制度来更好地实施土地利用总体规划和城市规划，越来越引起各级党委、政府的高度重视。完善城市土地使用制度，推进房地产的健康稳定发展，关键要做到“四改联动”，就是农地征用制度的改革、土地储备制度的改革、土地招拍挂制度的改革和土地出让金使用制度的改革要“四改联动”，做到优地优用，确保经济效益、社会效益、生态效益的最大化。

（8）培育新的支柱产业，以替代房地产业及相关产业。积极培育城市化时代能够足以替代土地出让收益的城市财政来源，这是一个非常重要的命题。根据中国社会科学院的预测，中国将在2030年基本完成城市化进程，开始进入后城市化时代。中国的城市管理者要在2030年前做两件事：一是考虑城市新的支柱产业规划，要培育房地产及其相关产业退出以后的城市新支柱产业，继续引领后城市化时代的经济社会发展。二是考虑土地出让金的替代方案，要培育出足以替代土地出让收益的新财源。如果永远把房地产业作为支柱产业、土地出让收益作为主要的财源，到了后城市化时代，这个城市就有可能没落甚至被淘汰，这是辩证的关系。2030年中国城市化基本完成以后，城市经济发展要靠新的支柱产业。如何用好土地出让收益和规划好城市新的支柱产业，这两个问题是完全连在一起的，是摆在所有城市管理者面前的两个战略性的历史命题。

7.3 大城小镇模式的可持续发展展望

浙江特色小镇建设抓住了中国经济转型期产业结构升级、旅游经济快速增长、消费能力提升的机遇期，为破解发展不平衡、不充分的难题和提升人民美好生活的品质注入了新动力，为企业创新创业搭建了新平台，为满足多样化需求激发了新动能，为推动产业结构转型升级增加了新元素，为实现产城融合和新型城市化提供了新样板。但也应保持清醒，正视诸如开发区模式惯性思维、传统运营机制束缚、城市社区要素不足、人才引进困难重重、政府服务管理边界不清等潜在问题。因此，特色小镇的可持续发展是社会各界要深入思考的重大课题。

（1）注重顶层设计，明确特色小镇定位、目标、路径、要素、保障。一要坚持突出特色，结合当地经济社会发展实际，实行“多规合一”，培育发展特色产业，注重保护生态环境，完善公共基础设施和服务设施，防止千镇一面，同质化发展，统筹推进特色小镇建设。二要明确政府管理边界，政府重在搭建平台、提供服务，防止大包大揽，防止造城造镇运动。三要坚持深化改革，加大体制机制改革力度，创新发展理念和发展模式；创新规划建设理念，助推传统产业转型升级，培育壮大新经济，为特色小镇建设提供制度保障。四要坚持以人为本的特色小镇建设方向，统筹生活、生产、生态空间布局，完善城镇功能，提高人民群众的获得感和幸福感，防止政绩工程和形象工程。

（2）注重环境品质，提升特色小镇的生态建设和公共服务保障能力。一要树立“绿水青山就是金山银山”的发展理念①，保护城镇特色景观资源，加强环境综合整治，构建生态网络屏障，溯源倒逼系统治理，带动城镇生态环境品质全面改善。二要按照不低于 AAA 级景区的标准规划建设特色小镇，打造宜居宜业宜游的美丽城镇，将美丽资源转化为“美丽经济”②。三要加强历史文化名城名镇名村、历史文化街区、民族风情小镇等的保护，以建筑历史博物馆的理念保护城镇街区格局和独特风貌，彰显乡愁特色，建有历史记忆、有文化脉络、地域风貌、民族特点的特色小镇。四要空间布局与周边自然环境相协调，建设路网尺度合理、高度密度适宜、建筑彰显传统文化和地域特色的城镇生态宜居空间。

（3）注重市场化运作，提升特色小镇的市场竞争力。一要坚持企业的市场化运作主体，特色小镇的成败关键在于企业的活力，只有企业有动力和活力，特色小镇才能健康可持续发展下去。二要活化资金筹措方式，增强资本

---

① 杨国胜，孙奇．用五大发展理念引领特色小镇建设［J］．浙江经济，2015（23）：50-51.

② 翁建荣．浙江特色小镇建设的重要经验［J］．浙江经济，2017（10）：25-26.

的流动性，引入第三方金融服务机构。三要创新考核机制，奖励与惩戒相结合。一方面坚持质量为导向。要选取产业、形态、制度、功能等最基本的考核指标，同时根据各地差异，主导产业不同，因地制宜选取特色指标，建立一个公平合理的考核体系；另一方面坚持优胜劣汰，通过考核的小镇予以奖励，不能通过考核的小镇予以惩戒。

（4）注重社会化融资，提升特色小镇的资金吸纳能力。一要深化政府和社会资本合作，健全价格调整机制和政府补贴、监管机制，广泛吸引社会资本参与城市基础设施和市政公用设施建设和运营，加快城市基础设施和公共服务设施建设。二要加大政府投入力度，编制公开透明的政府资产负债表，政府投入要向有发展潜力的特色小镇倾斜。三要强化金融支持，安排专门资金定向支持特色小城镇功能提升。四要探索 XOD+PPP 模式，培育“基础设施+产业+生态”建设发展模式。探索 XOD+PPP 模式，以城市经济、社会、生态三大类基础设施和城市土地一体化开发利用为理念，提高城市土地资产的附加值和出让效益，为特色小镇建设创新融资方式，拓宽融资渠道。

（5）注重产业特色，提升特色小镇的发展平台作用。在产业发展上，要有业态创新，推进产业转型升级，以产业升级推动社区功能的升级。在城市建设上，结合智慧城区和特色小镇建设，通过智能化改造，提升智慧楼宇经济社区的服务管理品质。一要强化产业支撑，走差异化、规模化、特色化的道路，培育特色小镇的资源优势、比较优势、竞争优势、产业优势，促进企业集群发展。二要加快产业转型升级，建立优胜劣汰的产业筛选机制，注重产业的规模效应，提高产品附加值。三要注重产业与特色文化相融合，以文化创意产业为龙头，一方面传承特色文化，延续文化根脉[①]；另一方面结合时代特点创新文化内涵，打造独特的“产、城、人、文”相融合的文化城市。四要做好产业政策服务，确立城市治理和政府服务管理理念，政府协助企业解决生产经营过程中碰到的政策问题，打造优良的地区投资环境。

综上所述，特色小镇是浙江适应和引领经济新常态发展的战略选择，是

① 刘沛林等．留住乡愁：特色旅游小镇与新型城镇化建设［M］．长沙：湖南大学出版社，2016.

浙江应对产业转型升级、克服土地瓶颈、优化环境容量等多项资源禀赋约束而做出的策略选择，是具有中国特色的城乡治理体系现代化和产业转型发展的综合试验区①，有力地推动了浙江经济社会大发展。特色小镇已逐渐成为浙江推进供给侧改革、城乡一体化发展、产业结构升级、文化传承的重要载体。目前浙江各地特色小镇建设仍在推进，虽然对于特色小镇的类型划分很不统一，但随着特色小镇的发展，未来各个行业之间还会有很大程度的融合，还需要在产业定位、生态建设、融资方式、文化传承等方面继续开拓创新，以新机制、新理念、新载体为指导，建设可持续发展的特色小镇。可以预见，在不久的将来，浙江也会涌现出像瑞士的达沃斯、法国的普罗旺斯、美国的卡梅尔那样风景秀丽、特色鲜明、闻名遐迩的小镇，深刻改变浙江经济社会的发展格局，推动浙江新型城市化水平和质量向更高层次迈进。

到目前为止，我国的城市化和特色小镇建设主要是政府主导。根据政府在其中的地位和投资数额以及影响社会资本介入的程度，可以对特色小镇进行细分。依托特色小镇构建大城小镇发展模式的主要任务之一就是打破现有开发区、园区和新城建设等开发模式，创新可持续发展模式。因此，深刻领会地区发展的自然规律，按照健康城镇成长的路径，正确定位政府、企业、公共机构、社区自治组织和居民等各利益相关者的角色，处理好经济发展与环境保护、文化创意和历史底蕴、聚集核心发展与腹地发展等关系，是寻找特色小镇可持续发展模式的基本原则。当然，在实际操作过程中，不同地区、不同阶段、不同类型的小镇所采取的模式也需要因地制宜，各取所需，这样才能保证发展道路各具特色。

---

① 林玮．特色小镇建构的四种理论形态：发生、阶段、类型与功能［J］．中共杭州市委党校学报，2017（6）：58-66.

参考文献

[1]［美］阿瑟·奥沙利文．城市经济学［M］．周京奎译．北京：北京大学出版社，2008.

[2]［美］爱德华·J. 布莱克利，南赛·格林·莉．地方经济发展规划理论与实践（第4版）［M］．沈体雁，周楚，李京京等译．北京：北京大学出版社，2016.

[3]［美］奥利弗·吉勒姆．无边的城市——论城市蔓延［M］．叶齐茂，倪晓辉译．北京：中国建筑工业出版社，2007.

[4] 艾建国．中国城市土地制度经济问题研究［D］．华中农业大学博士学位论文，2000.

[5]［美］彼得·卡尔索普，威廉·富尔顿．区域城市——终结城市蔓延的规划［M］．叶齐茂，倪晓辉译．北京：中国建筑工业出版社，2007.

[6] 柴彦威．城市空间［M］．北京：科学出版社，2000.

[7] 陈建忠．特色小镇建设重在打造特色产业生态［J］．浙江经济，2016（13）.

[8] 陈津．探索存量与增量空间相融合的城市有机更新路径——以余杭梦想小镇为例［J］．小城镇建设，2016（3）.

[9] 陈立旭．论特色小镇建设的文化支撑［J］．中共浙江省委党校学报，2016（5）.

[10] 陈锦富，任丽娟，徐小磊等．城市空间增长管理研究述评［J］．城市规划，2009（10）.

[11] 陈明星，叶超，付承伟．国外城市蔓延研究进展［J］．城市问题，2008（4）.

[12] 陈鹏．基于土地制度视角的我国城市蔓延的形成与控制研究［J］.

规划师，2007（3）.

［13］陈顺清．城市增长与土地增值［M］．北京：科学出版社，2000.

［14］陈秀山，张可云．区域经济理论［M］．北京：商务印书馆，2003.

［15］陈炎兵，姚永玲．特色小镇——中国城镇化创新之路［M］．北京：中国致公出版社，2017.

［16］陈宇．基金小镇何以成为“格林尼治”小镇？［J］．杭州（周刊），2016（8）.

［17］崔功豪，马润潮．中国自下而上城市化的发展及其机制［J］．地理学报，1999（2）.

［18］丁成日．城市经济与城市政策［M］．北京：商务印书馆，2008.

［19］丁成日．城市“摊大饼”式空间扩张的经济学动力机制［J］．城市规划，2005（4）.

［20］丁成日．土地价值与城市增长［J］．城市发展研究，2002（6）.

［21］［美］杜安伊等．郊区国家：蔓延的兴起与美国梦的衰落［M］．苏薇等译．武汉：华中科技大学出版社，2008.

［22］杜菲等．中国特色小镇建设政策汇编［M］．北京：经济管理出版社，2017.

［23］段德罡，芦守义，田涛．城市空间增长边界（UGB）体系构建初探［J］．规划师，2009（8）.

［24］段进．城市空间发展论［M］．南京：江苏科学技术出版社，1999.

［25］［英］菲利普·麦卡恩．城市与区域经济学［M］．李寿德，蒋录全译．上海：格致出版社，上海人民出版社，2010.

［26］冯健．转型期中国城市内部空间重构［M］．北京：科学出版社，2004.

［27］冯科，吴次芳，韦仕川等．管理城市空间扩展：UGB及其对中国的启示［J］．中国土地科学，2008（5）.

［28］冯科，吴次芳，韦仕川，刘勇．城市增长边界的理论探讨与应用［J］．经济地理，2008（3）.

［29］冯奎，黄曦颖．准确把握推进特色小镇发展的政策重点——浙江等地推进特色小镇发展的启示［J］．中国发展观察，2016（18）．

［30］高珮义．中外城市化比较研究［M］．天津：南开大学出版社，2004.

［31］葛欣萍，李光全．以创新推动特色小镇发展［J］．中共青岛市委党校青岛行政学院学报，2016（2）．

［32］顾朝林．概念规划［M］．南京：东南大学出版社，2003.

［33］顾朝林，甄峰，张京祥．集聚与扩散——城市空间结构新论［M］．南京：东南大学出版社，2000.

［34］顾杰．城市增长与城市土地、住房价格空间结构演变——基于杭州的实证研究［D］．浙江大学博士学位论文，2006.

［35］关涛，宗晓杰．经营城市土地若干问题的战略思考［J］．城市规划，2005（4）．

［36］郭鸿懋，江曼琦，陆军等．城市空间经济学［M］．北京：经济科学出版社，2002.

［37］韩昊英，冯科，吴次芳．容纳式城市发展政策：国际视野和经验［J］．浙江大学学报（人文社会科学版），2009（2）．

［38］洪世键．大都市区治理：理论演进与运作模式［M］．南京：东南大学出版社，2009.

［39］洪世键，张京祥．城市蔓延机理与治理——基于经济与制度的分析［M］．南京：东南大学出版社，2012.

［40］洪志生，洪丽明．特色小镇众创平台运营创新研究［J］．福建农林大学学报（哲学社会科学版），2016（5）．

［41］黄亚平．城市外部空间开发规划研究［M］．武汉：武汉大学出版社，1995.

［42］黄亚平．城市空间理论与空间分析［M］．南京：东南大学出版社，2002.

［43］简新华，黄锟．中国城镇化水平和速度的实证分析与前景预测［J］．

经济研究，2010（3）.

［44］姜斌，李雪铭．世界城市化模式及其对中国的启示［J］．世界地理研究，2007（3）.

［45］姜巍，张菀航．“特色小镇”要有持久生命力［J］．中国发展观察，2016（18）.

［46］蒋芳，刘盛和，袁弘．城市增长管理的政策工具及其效果评价［J］．城市规划学刊，2007（1）.

［47］金永亮．关于浙江创建特色小镇的实践及借鉴［J］．广东经济，2016（1）.

［48］［美］柯林·罗．拼贴城市［M］．北京：中国建筑工业出版社，2003.

［49］李明超．城市现代化的内涵与外延刍议［J］．重庆社会科学，2007（5）.

［50］李明超．历史社会学兴起的学科基础探析［J］．学术探索，2008（4）.

［51］李明超．城市化的和谐发展探析［J］．中共福建省委党校学报，2008（3）.

［52］李明超．我国城市化进程中的小城镇研究回顾与分析［J］．当代经济管理，2012（3）.

［53］李明超．文化规划的发展成效、模式分析与经验启示——以英国为例［J］．城市发展研究，2015（11）.

［54］李明超．城市治理导向的社会服务管理创新刍议——以杭州为例［J］．当代经济管理，2015（11）.

［55］李明超．城市流动人口管理变革：透视积分制［J］．重庆社会科学，2016（11）.

［56］李明超．城市土地征收、储备、出让改革联动述论［J］．西部论坛，2017（5）.

［57］李明超．城市治理导向的楼宇经济社区发展模式探讨［J］．同济大

学学报（社会科学版），2017（3）.

［58］李明超．古典二元经济结构思想演变与比较——基于待遇的研究视角［J］．技术经济与管理研究，2017（7）.

［59］李强．特色小镇是浙江创新发展的战略选择［J］．中国经贸导刊，2016（4）.

［60］李强等．西方城市蔓延研究综述［J］．外国经济与管理，2005（10）.

［61］李郇，殷江滨．劳动力回流：小城镇发展的新动力［J］．城市规划学，2012（2）.

［62］林峰．特色小镇孵化器——特色小镇全产业链全程服务解决方案［M］．北京：中国旅游出版社，2017.

［63］刘沛林等．留住乡愁：特色旅游小镇与新型城镇化建设［M］．长沙：湖南大学出版社，2016.

［64］刘冬华．面向土地低消耗的城市精明增长研究［D］．同济大学博士学位论文，2007.

［65］刘海龙．从无序蔓延到精明增长——美国“城市增长边界”概念述评［J］．城市问题，2005（3）.

［66］刘宏燕，张培刚．增长管理在我国城市规划中的应用研究［J］．国际城市规划，2007（6）.

［67］刘小瑜．中国产业结构的投入产出分析［M］．北京：经济管理出版社，2003.

［68］陆铭．大国大城：当代中国的统一、发展与平衡［M］．上海：上海人民出版社，2016.

［69］罗震东，张京祥．当前中国非城市建设用地规划研究的进展与思考［J］．城市规划学刊，2007（1）.

［70］马斌．特色小镇：浙江经济转型升级的大战略［J］．浙江社会科学，2016（3）.

［71］牛凤瑞，潘家华．中国城市发展报告［M］．北京：社会科学文献出版社，2007.

［72］乔海燕．基于地域文化特征的嘉兴旅游特色小镇建设［J］．城市学刊，2016（3）．

［73］秦开大，赵帅，秦翠平．“互联网+现代农业”趋势下主导产业选择模型及路径分析［J］．科技进步与对策，2016（12）．

［74］秦诗立．特色小镇建设须着力“特”与“色”［J］．浙江经济，2015（12）．

［75］仇保兴．紧凑度和多样性——我国城市可持续发展的核心理念［J］．城市规划，2006（11）．

［76］邵益生，石楠．中国城市发展问题观察［M］．北京：中国建筑工业出版社，2006.

［77］苏斯彬，张旭亮．浙江特色小镇在新型城镇化中的实践模式探析［J］．宏观经济管理，2016（10）．

［78］谈月明．浙江特色小城镇发展道路探索［M］．杭州：浙江大学出版社，2013.

［79］孙群郎．美国城市郊区化研究［M］．北京：商务印书馆，2005.

［80］谈明洪，李秀彬，吕昌河．我国城市用地扩张的驱动力分析［J］．经济地理，2003（5）．

［81］屠启宇．金字塔尖的城市［M］．上海：世纪出版集团，上海人民出版社，2007.

［82］汪劲柏，赵民．论建构统一的国土及城乡空间管理框架——基于对主体功能区划、生态功能区划、空间管制区划的辨析［J］．城市规划，2008（12）．

［83］王丹，王士君．美国“新城市主义”与“精明增长”发展观解读［J］．国际城市规划，2007（2）．

［84］王放．中国城市化与可持续发展［M］．北京：科学出版社，2000.

［85］吴缚龙，马润潮，张京祥．转型与重构中国城市发展多维透视［M］．南京：东南大学出版社，2006.

［86］王小鲁．中国城市化路径与城市规模的经济学分析［J］．经济研

究，2010（10）.

［87］王小章．费孝通小城镇研究之“辩证”兼谈当下中心镇建设要注意的几个问题［J］．探索与争鸣，2012（9）．

［88］王一鸣．我国中小城市旧城改造中存在的问题研究［J］．重庆大学学报（社会科学版），2015（3）．

［89］王莹，江永碧．培育更具时代性的人文特色小镇［J］．浙江经济，2016（3）．

［90］卫龙宝，史新杰．浙江特色小镇建设的若干思考与建议［J］．浙江社会科学，2016（3）．

［91］温铁军．中国的城镇化道路与相关制度问题［J］．开放导报，2000（5）．

［92］向春玲．中国特色城镇化重大理论与现实问题研究［M］．北京：中共中央党校出版社，2015.

［93］谢守红．大都市区的空间组织［M］．北京：科学出版社，2004.

［94］徐剑锋．特色小镇要聚集“创新”功能［J］．浙江社会科学，2016（3）.

［95］徐梦周，王祖强．创新生态系统视角下特色小镇的培育策略——基于梦想小镇的案例探索［J］．中共浙江省委党校学报，2016（5）．

［96］徐绍史．国家新型城镇化发展报告 2015［M］．北京：中国计划出版社，2016.

［97］许学强，周一星，宁越敏．城市地理学［M］．北京：高等教育出版社，1997.

［98］薛军民．产业支撑：小城镇成长的动力源泉［J］．黑龙江社会科学，2013（5）．

［99］叶裕民．中国城市化之路［M］．北京：商务印书馆，2001.

［100］俞孔坚，李迪华，韩西丽．论“反规划”［J］．城市规划，2005（9）．

［101］曾淑婉，郭亮．基于区域关联视角的主导产业选择研究［J］．学

习与探索，2014（11）.

［102］张波．中国城市成长管理研究［M］．北京：新华出版社，2004.

［103］张敦富，叶裕民．城市经济学原理［M］．北京：中国轻工业出版社，2005.

［104］张合林，郝寿义．城乡统一土地市场制度创新及政策建议［J］．中国软科学，2007（2）.

［105］张鸿铭．特色小镇：杭州转型升级、创新发展的新动力［J］．杭州科技，2016（2）.

［106］张鸿雁．中国城市化的反思与重构［J］．城市问题，2010（12）.

［107］张江华，沈观宝等．深入与反思——费孝通的小城镇理论与30年来的中国城镇化［M］．北京：社会科学文献出版社，2015.

［108］张洁．优化土地配置的“小镇故事”——杭州市首批特色小镇建设调研［J］．中国土地，2016（9）.

［109］张蕾，王超．“内外兼修”提升特色小镇信用环境［J］．浙江经济，2015（24）.

［110］张蔚文．政府与创建特色小镇：定位、到位与补位［J］．浙江社会科学，2016（3）.

［111］张京祥，邹军，胡丽娅．城镇体系规划［M］．南京：东南大学出版社，2002.

［112］张京祥，陈浩．中国的“压缩”城市化环境与规划应对［J］．城市规划学刊，2010（6）.

［113］张京祥，吴缚龙，马润潮．体制转型与中国城市空间重构——建立一种空间演化的制度分析框架［J］．城市规划学刊，2008（6）.

［114］张京祥，于涛，殷洁．试论营销型城市增长策略及其效应反思——基于城市增长机器理论的分析［J］．人文地理，2008（3）.

［115］张可云．区域经济政策［M］．北京：商务印书馆，2003.

［116］张忠国．城市成长管理的空间策略［M］．南京：东南大学出版社，2006.

［117］中国城市发展创新模式研究课题组，泛华建设集团有限公司．系统思维提升城市价值——揭秘中国城市发展创新模式［M］．北京：中国城市出版社，2011.

［118］周红．特色小镇投融资模式与实务［M］．北京：中信出版集团，2017.

［119］朱介鸣．市场经济下的中国城市规划［M］．北京：中国建筑工业出版社，2009.

［120］朱琴芬．新制度经济学［M］．上海：华东师范大学出版社，2006.